美國首位
遇刺身亡的總統

林肯

Abraham Lincoln

從廢奴到人權，穿越蓋茲堡的回音！
永恆的林肯，為自由與民主發聲

戴爾‧卡內基 Dale Carnegie 著　胡彧 譯

【一個名字，一段傳奇，一生奉獻】

解放黑奴、蓋茲堡演講、贏得連任、內戰勝利⋯⋯
從律師到總統，林肯不屈不撓的精神，成就了他波瀾壯闊的一生

目錄

簡介

第一部　青蔥歲月的奮鬥

　　一、一波三折的維吉尼亞往事 …………………………… 010

　　二、悽苦的童年記憶 ……………………………………… 018

　　三、艱難困苦的學習生涯 ………………………………… 025

　　四、鋒芒初顯，事業開端 ………………………………… 033

　　五、噙滿淚水的苦澀初戀 ………………………………… 043

　　六、與瑪麗的邂逅 ………………………………………… 054

　　七、婚禮前後的如潮風波 ………………………………… 062

　　八、正式步入婚姻殿堂 …………………………………… 071

第二部　步履維艱的攀登之路

　　九、紛爭不斷的婚後生活 ………………………………… 078

　　十、窮苦的律師生涯 ……………………………………… 087

　　十一、無可奈何地逃避回家 ……………………………… 092

　　十二、開局不利的仕途生涯 ……………………………… 099

　　十三、折衷方案的機遇 …………………………………… 105

　　十四、冉冉升起的帝國之星 ……………………………… 114

目錄

　　十五、獲得總統候選人提名 ……………………… 127

　　十六、與鄉鄰深情告別 …………………………… 133

　　十七、入主白宮，內憂外患 ……………………… 144

第三部　迎接勝利，輝煌頂峰

　　十八、首戰失利，危機迫近 ……………………… 152

　　十九、空談誤國，紙上談兵 ……………………… 158

　　二十、雪上加霜，內憂外患 ……………………… 164

　　二十一、寬廣胸懷，相容並包 …………………… 172

　　二十二、解放黑奴，創造歷史 …………………… 186

　　二十三、蓋茲堡，偉大演講 ……………………… 195

　　二十四、任用悍將，戰爭轉折 …………………… 207

　　二十五、贏得連任，再展宏圖 …………………… 220

　　二十六、內戰結束，締造輝煌 …………………… 230

　　二十七、不受歡迎的總統夫人 …………………… 234

　　二十八、總統遇刺，巨星隕落 …………………… 244

第四部　尾聲

　　二十九、舉國哀悼，入土為安 …………………… 258

　　三十、惡貫滿盈，凶手末日 ……………………… 262

　　三十一、荒誕不經，虛假傳言 …………………… 276

　　三十二、林肯夫人的不幸晚年 …………………… 285

　　三十三、卑劣的盜墓事件 ………………………… 297

簡介

戴爾‧卡內基（Dale Carnegie，西元 1888～1955 年）是 20 世紀最偉大、最廣為人知的成功學大師，被譽為美國現代成人教育之父。他一生都在致力於人性問題的研究，充分運用精深的心理學和社會學知識，對全人類存在的共同心理特點，進行最深入的探索和分析，開創並發展出一套獨特的融合了演講、推銷、為人處世、智慧開發於一體的，集大成式的成人教育方式，讓億萬民眾從卡內基的教育中獲益匪淺。

20 世紀上半葉，卡內基以他對人性的敏銳洞察力，以大量出身平凡的人最終取得成功的故事，透過他的演講和著作喚起無數迷惘者的鬥志，激勵他們不斷前行，最終得以取得輝煌的成功。

卡內基在大量實踐的基礎上嘔心瀝血撰寫而成的著作，是 20 世紀最暢銷的成功勵志經典，自問世以來，被譯成多種文字，暢銷全世界，成為西方最持久的暢銷書之一，占領了世界各地的大小書店。這些書和卡內基的成人教育實踐相輔相成，將卡內基的人生智慧傳播到世界各地，影響了千千萬萬人的思想和心態，激發了他們對生命的無限熱忱與信心，更加勇敢地面對現實中的困難，自覺努力追尋更好的人生。

卡內基的首部著作是《語言的突破》（The Quick and Easy Way to Effective Speaking）。卡內基讀書時便把演講作為出人頭地的捷徑而曾長期潛心鑽研過。後來，當他於西元 1912 年開始為紐約基督教青年會夜校開班授課時，他首先進行的就是「公開演講」課的傳授。西元 1926 年，他根據自己多年來的心得體會以及多位學員學習的經驗，寫出了一本題名為《公開演講：企業人士的實用課程》（Public Speaking: a Practical Course for Business Men）的經典教科書。後來，這本教材又經過幾年的實驗和反覆

簡 介

修訂，於西元 1931 年以《語言的突破》為名正式出版發行。這本書的主旨是要人們克服一切不必要的畏懼，建立起強大的自信心，更有效地發表建議。卡內基在書中闡述的若干經典演講模式，融合了公開演說術、推銷術、心理學和商業談判技巧，可以說是說話藝術的集大成者。

於西元 1932 年出版的《林肯傳》(Lincoln, the Unknown)，是卡內基繼《語言的突破》之後的第二部成功著作。卡內基出生於美國密蘇里州一個貧窮的農民家庭，他童年時代的經歷與林肯非常相似，他把林肯的奮鬥歷程看作是人生經典。卡內基在諸多著作中都曾多次提到林肯。《林肯傳》將林肯透過艱苦奮鬥，最終成為美國總統，還有他為美國人民乃至全人類的進步而英勇獻身的，波瀾壯闊的一生全面展現在人們面前，字裡行間自始自終充滿了溫馨與熱情，在浩如煙海的林肯傳記中，寫得最生動、最感人、也是最富有啟迪意義的一部。

但是，最著名的，使卡內基得以享譽世界的著作，卻是西元 1936 年出版的《人性的弱點》(How to Win Friends and Influence People)。這部書和《語言的突破》一樣，都是由卡內基授課時所用的教材精煉演變而成的。卡內基確信一個人的成功，只有 15% 是由於其掌握的專業技術，而 85% 則要靠人際關係和待人處世的能力。他深信，人們除了渴望健康以外，最需要的便是研讀改善人際關係、教人做人處世藝術的書。但是，當時並沒有這樣的書。於是，他決定自己親自撰寫一部。卡內基閱讀了這方面能夠找到的一切資料，還親自約請了幾十位成功之士，找出各個時代的偉人做人處世技巧的共通之處，發現他們使用的每一個有關如何得到朋友和說服別人的實用方法。於是，卡內基把獲得的資料，彙編整理成簡短的講稿，用於人際關係訓練班的實際教學，然後由學員們去親自實踐、驗證、豐富和發展，使他的教材愈來愈精煉與實用，並於西元 1936 年正式出版。

在成人教育班剛創辦的時候，卡內基就發現，學員們經常談論的是他

們自己的憂慮。卡內基認為，憂慮是人類面臨的最大問題之一。因為在醫院裡，有半數以上的床位都被那些在精神和情緒上有問題的人所占用。卡內基發現，在成人教育班裡，無論是高級主管，還是家庭主婦，都有各式各樣的問題和苦惱，需要他專門開一門征服憂慮的課程。但是，他翻遍了紐約公共圖書館的全部藏書，也沒能找到適合成人教育班使用的教材，於是他決定自己來寫這樣一本書。他閱讀了曾經面臨嚴重問題的著名人物傳記，從中獲知這些人物是如何解決問題的；又向幾十位成功人士請教他們克服自身憂慮的辦法，整理出一套消除憂慮的原則，讓學員們在生活中實際應用，然後在班上談論他們應用的結果，使他的原則不斷地得到充實和完善。最終，又一部優秀著作《人性的優點》（*How to Stop Worrying and Start Living*）於西元 1948 年成書。

簡 介

第一部
青蔥歲月的奮鬥

第一部　青蔥歲月的奮鬥

一、一波三折的維吉尼亞往事

在哈羅茲堡還被稱作哈羅德堡的歲月裡，那裡曾有一位名叫安·麥金蒂的女人，據古老的史書記載，安和她的丈夫是最早將豬、鴨和紡車「引進」肯塔基州（Kentucky）的人。這些書還宣稱，在那片林木使光線變得陰暗、四處瀰漫著血腥氣的未開發的蠻荒之地上，她是製作奶油的第一人。不過，使她當之無愧地成為名人的真正原因，是她創造了經濟和紡織方面的一大奇蹟。在那片充滿神祕色彩的印第安人居住區，既種不了棉花，也買不到棉花；養綿羊的話，那裡的大灰狼也會輕易地將牠們斬盡殺絕；因此，幾乎找不到任何原料可以用來織布。後來，心靈手巧的安·麥金蒂找到了紡線和織出「麥金蒂」布的辦法：她就地取材，利用兩種既充裕又便宜的東西──蕁麻纖維和野牛毛。

這是個重大發現，引得家庭主婦們紛至沓來地登門求教，有的甚至從遙遠的一百五十英里外匆忙趕來。她們圍坐在她的小屋中，專心學習這種新工藝。她們一邊紡線織布，一邊交頭接耳地說話，她們談的並不總是蕁麻和野牛毛，正經的談話常常會變了味，演變成張家長、李家短的嚼舌根。時隔不久，安·麥金蒂的小屋就成了該社區公認的醜聞情報交換站。

在那個時期，未婚通姦是一種可遭到控告的犯罪行為，生養私生子也被歸入輕度犯罪的範圍內。顯而易見，在安的生活中，鮮有別的活動能比她去做一件事給她萎靡的精神能帶來更巨大、更持久的滿足感，而這種事就是弄清某個痛苦的失身女孩背後的隱私故事，然後跑到大陪審團那裡去報案。在哈羅德堡地方法庭的卷宗中，在很多女孩被控未婚通姦的案件檔案中，無一例外地註明「報案人：安·麥金蒂」，這些不幸女孩的遭遇令人扼腕。在西元1783年春季，哈羅德堡總共審理了十七樁案件，其中有八

一、一波三折的維吉尼亞往事

椿被劃入到未婚通姦類案件。

在針對此種行為的指控中，有一樁案件的指控是西元 1789 年 11 月 24 日大陪審團提出的，起訴書卷宗的抬頭上寫著：

「露西・漢克斯未婚通姦。」

這並不是露西首次觸犯法律，早在數年之前，在她還在維吉尼亞州（Virginia）居住時就已經觸犯了法律。該案由於年代過於久遠，一直儲存至今的古老文件可謂鳳毛麟角，它們給出的僅是極為簡明的事實扼要記錄，而對這些事實的背景卻隻字未提。不過，從這些古老的檔案和其他資料來看，一個極度接近於事實的故事可以被建構起來。不管怎麼說，故事的主要框架應當是確定無疑的。

漢克斯一家在維吉尼亞的老家坐落在一片狹長的土地上，這塊條狀土地的一側毗鄰拉帕漢諾克河（Rappahannock River），另一側則臨近波多馬克河（Potomac River）。在這一塊狹長的土地上，曾居住著華盛頓家族、李氏家族、卡特家族和方特勒羅伊家族，還居住著其他許多名門望族，這些上層社會的人物經常會去基督教堂做禮拜，而該地區出身於像漢克斯家那樣貧窮、未受教育家庭的人也會去那裡做禮拜。

西元 1781 年 11 月的第 2 個星期日，露西・漢克斯像往常一樣來到基督教堂做禮拜，就在這一天，華盛頓將軍（George Washington）把去他那裡做客的拉法葉將軍（Gilbert du Motier, Marquis de Lafayette）帶到了這個教堂，引得大家伸長脖子爭相觀看。僅僅在一個月之前，這位尊貴的法國人伸出援手，助華盛頓一臂之力，使約克縣康沃利斯勳爵（Charles Cornwallis, 1st Marquess Cornwallis）的軍隊鎩羽而歸。

那天上午，在唱完最後一首讚美詩，說完祈福語後，來做禮拜的教區居民排成一行單人佇列，逐一從兩位軍界的蓋世英雄面前走過，並和他們

011

第一部　青蔥歲月的奮鬥

兩人握手。

不過，拉法葉的愛好除了軍事戰術和國家大事之外，還專注於其他領域。他對美豔的年輕女子抱有極為濃厚的興趣，當別人在他和一位他覺得非常富有魅力的女子之間做引介時，他的慣常做法是當場獻給她一吻，以示由衷讚美。這一天上午，他在基督教堂前面總共吻了七個女孩子，他這樣做使大家議論紛紛，而與此同時，教區長嗓音如此洪亮地朗讀《路加福音》（Gospel of Luke）第三章反倒沒在圍觀者中產生多少迴響。他親吻的七個幸運女孩之一就是露西‧漢克斯。

這一親吻引發了一連串事件，它們在改變美國未來走向上所產生的作用與拉法葉為我們所打的各場勝仗所發揮作用的總和一樣大，甚至也許更大。

那天上午去教堂做禮拜的人中有一位單身漢──一個富有的，出身貴冑的單身漢，他很久以前就隱約聽別人說起過漢克斯一家，他們目不識丁而又貧苦不堪，生活在比他的社會階層低得多的社會底層社交圈子中。可是，那天上午──當然他的這種看法也許是憑空想像出來的──他認為拉法葉賞給露西‧漢克斯的那個吻，要比賜予其他女孩的吻更平添一份親熱和熱情。

這位種植園主極端仰慕拉法葉這位偉大的法國將軍，認為他既是一位軍事天才，又是一位美貌女子的資深鑑賞家。於是就在那時，這位種植園主不可自拔地陷入了對露西‧漢克斯的單戀之中。當他靜下心來思索時，他想起世界上有些最有名的美女就是在像露西那樣的貧苦家境中長大的，其中有些人的家境甚至還不如她。例如：漢密爾頓夫人（Dame Emma Hamilton）、杜巴利夫人（Toggle the table of contents Madame du Barry），杜巴利夫人是一位貧窮裁縫的私生女，她幾乎是個文盲，可是在路易十五時

一、一波三折的維吉尼亞往事

代，整個法國的最高權力幾乎都掌握在她的手裡。她們——這些歷史上的先例——為這位單身漢帶來了安慰，她們有助於使他的欲望平添幾分貴族應當保有的尊嚴。

他開始對露西想入非非是始於星期日，等到星期一時，他把這件事情反覆思考了一整天。到了星期二上午，他騎馬來到了漢克斯家，走進地面未經鋪設地板的小屋中，主動提出僱傭露西到他的種植園農舍裡擔任傭人。

他已經有了幾位傭人，他並不需要再增加一位傭人，儘管如此，他還是僱傭了露西，給她一些比較輕鬆的家事，而且沒引見她結識已有的那幾位傭人。

在那個年代，維吉尼亞許多富有家庭的慣常做法是把兒子送到英國去留學，露西的僱主也曾就讀於牛津大學，他把他珍愛的藏書帶回到美國。有一天，他信步走進書齋，發現露西手拿抹布坐在那裡，專注地凝視著一本歷史書中的插圖。

一個沒有受過教育的僕人竟然能做出這樣的事情，令人不可思議，但是，他並沒有指責她，他關上書齋的門，在她身邊坐了下來，為她朗讀插圖下方的說明文字，並把它們的意思以粗淺的方式解釋給她聽。

她靜靜地聆聽著，顯然對他所說的很感興趣。最後，她表示自己想要學會閱讀和寫字，這使他感到非常驚訝。

在西元1781年的那個年代裡，一位女僕竟懷有這樣的抱負，其令人驚異的程度，生活在現在的人是很難體會到的。那個時候，維吉尼亞沒有免費就讀的學校，能寫自己名字的人還不足人口總數的一半，而在女人當中，這一比例更小，事實上，幾乎所有下層社會的女子都只能依靠畫個符號來代替簽名。

第一部　青蔥歲月的奮鬥

可是，這裡竟然有一個渴望學會讀書寫字的女僕，維吉尼亞上流社會的人即便不把這說成是叛逆，也會把這稱作是危險的想法。但是，露西的僱主很是欣賞這種想法，他自願當起了她的指導教師。那天晚上吃完晚飯之後，他把她喚進了書齋，開始教她讀字母表中的字母。幾個晚上之後，他用手抓著她握著鵝毛筆的手，教她怎樣寫字母。在那以後，他教了她很長一段日子，他教得非常出色，這一點我們應該在這裡濃墨重彩地記錄下來，以示讚許。她手書的真跡現今依然存世，它表明她寫的字灑脫奔放、龍飛鳳舞，從中可以管窺其書寫者擁有何等的自信。她的筆跡顯示了她的精神、個性和氣質，她不僅使用了「approbation」這個「難」詞，而且拼寫得完全正確。在那個時代，這可是一樁相當了不起的成就，因為即使是像華盛頓這樣的人，在拼寫是否正確方面也並不總是白璧無瑕的。

晚上的識字及拼寫課結束之後，露西和她的指導老師就在書齋中肩並肩地坐著，看著壁爐中翻騰起舞，蒸騰向上的火焰，或是遠眺月亮從林子的背後升起的場景。

她愛上了他，也信賴他，可是這種信賴超出了應有的限度──隨之而來的是持續了數週的焦慮，她吃不下東西，睡眠也非常差，她憂心忡忡、面容憔悴。當她覺得對她自己都不再能隱瞞住感情的時候，她把實情對他講了。一瞬間，他想到了娶她，但這僅僅是一閃念間的事情。家庭、朋友、社會地位上的巨大差異，會牽涉到的各種複雜情況，可能出現的令人不快的場面……不，不僅如此，除此之外，他也開始對她感到厭倦了。於是，他給了她一些錢，把她打發走了。

在其後的幾個月裡，人們對露西都在指指點點，在背後放冷箭，見到她就迅速躲開。

有個星期天的早晨，她不顧顏面，竟帶著她的女兒來到教堂做禮拜，

一、一波三折的維吉尼亞往事

這立即引起了軒然大波。教堂會眾中恪守婦道的女人個個義憤填膺，禮拜堂中有一位婦女甚至豁然起身，厲聲喝斥，要求「把那個蕩婦轟走」。

這已經夠了，露西的父親不想讓他的女兒再被人這樣肆意侮辱下去，於是，漢克斯一家把他們僅有的一點財產裝上馬車，踏上了遷居的征途，他們走過荒野大道，穿過坎伯蘭峽谷，最後在肯塔基州的哈羅德堡定居下來。在那裡，誰也不認識他們，關於露西孩子的生父是何許人，他們編的謊話比較容易被當地人信服。

可是，在哈羅德堡，露西還是跟她先前在維吉尼亞時一樣漂亮，她對男人的吸引力也絲毫沒有減弱，她被很多男士追求和恭維，她再次陷入了愛情的漩渦中，而這一次，她就比較容易迷失自我了。有人發現了這件事，並把這件事告訴了另一個人，隨後，這件事又傳到了安·麥金蒂家裡。於是，正如我們已經說過的那樣，大陪審團指控露西犯了未婚通姦罪。可是，當地的治安長官知道露西並不是那種應該被繩之以法的女人，於是，他把法庭傳票往口袋裡一塞，然後就外出獵鹿了，並沒有去找她的麻煩。

露西那次倖免是在 11 月。翌年 3 月，法庭又開始了審案辦案，在此期間，有個女人來到了法庭，進一步對露西說三道四、誣衊誹謗，她要求說，這個蕩婦應該被拽到法院來，對針對她的指控作出回應。於是，法庭又發出了一張傳票，可是，勇敢的露西把傳票撕得粉碎，並把它的碎片扔到了遞送傳票者的臉上。法庭再次開庭辦案定在 5 月，在此之前，有位與眾不同的男青年出面了，要不是他的非凡壯舉，露西毫無疑問會在 5 月開庭時被強行拽上法庭。

他名叫亨利·斯帕羅。他騎馬進了城，在她家小屋前停下來把馬繫好，然後走進了屋子。

第一部　青蔥歲月的奮鬥

「露西，」他大概是這樣對她說的，「那些女人說的那些有關妳的閒話，我根本不在乎。我愛你，想求妳做我的妻子。」不管當時他的原話到底是怎麼說的，反正他的確是向她求了婚。

可是，她不願意馬上結婚，她不想讓小城裡的人說閒話，說什麼斯帕羅是被她逼著才匆匆與她完婚的。

「亨利，我們等一年之後再說吧，」她堅持說，「在那之前，我想向大家證明我能生活得正派而又體面。這段時間過去之後，如果你娶我的心意依舊未變，你就來找我，我會等你的。」

亨利‧斯帕羅馬上去領取了結婚證，此時是西元1790年4月26日，之後法庭傳喚的事也就不了了之了。大約一年以後，他們舉行了婚禮。

露西結婚之事使聚集在安‧麥金蒂家中的婦女們很是不滿，她們喋喋不休地大發議論，一致的看法是：這個婚姻長不了，露西會故態復萌，重蹈與男人亂搞的覆轍。亨利‧斯帕羅聽到了這種閒話，因為這種流言蜚語在這裡已經傳得沸沸揚揚、家喻戶曉。他想讓露西避開這種傷害，於是，他提議他們把家搬到更西邊的地方去，在周圍居民比較友好的環境中從頭開始新的生活。她拒絕了這種慣用的逃避方式，她說她不是個壞女人，而且說這話時，她把頭抬得高高的。她不打算逃跑，她決心就在哈羅德堡這裡定居下去，把「戰鬥」進行到底。

她的確這樣做了，她前後養育了八個孩子，就是在這個原先一提到她的名字就會引發粗俗嘲弄的社區，她用自己的實際表現挽回了自己的名譽。

最後，她的兒子中有兩人成了傳教士，她的外孫中有一人，即她那位非婚生女兒的兒子，成為了美國歷史上最偉大的總統之一，他就是亞伯拉罕‧林肯（Abraham Lincoln）。

一、一波三折的維吉尼亞往事

我述說上面的故事是為了向讀者說明離林肯較近的長輩的情況，他本人十分看重他的那位教養極佳的維吉尼亞州外祖父對自己的潛在影響。

威廉・H・赫恩登（William Henry Herndon）曾和林肯合夥經營律師事務所，時間長達二十一年之久，他大概比其他任何人都更了解林肯。值得慶幸的是，他寫過一部《林肯傳》（Herndon's Lincoln: The True Story of a Great Life），共三卷，於西元1888年出版，這部著作是浩如煙海的關於林肯的著作中最重要的作品之一。下面我摘錄的文字就來自該書第一卷：

關於他的出身和家世，我只記得林肯提到過一次。時間大約在西元1850年，那次我們倆正坐著由一匹馬拉著的輕便馬車前往伊利諾州默納德縣的法院。我們要去處理的這個案子可能會需要我們在訴訟過程中直接或間接地談到性格特點的遺傳問題。在馬車行進在路上時，我首次聽到他談起了自己的母親，他詳談了她的性格特點，提到或列舉他從她身上繼承到了什麼樣的特性。除此之外，他還提到她是露西・漢克斯與維吉尼亞州一位教養良好的農場主或莊園主兩人所生的私生女，他說自己的看法是，從他的外祖父那裡，他繼承到了他的分析能力、他的邏輯思維能力、愛動腦筋的習慣、雄心壯志的志氣以及使他有別於漢克斯家所有其他成員和後裔的一切特性。在議論特性遺傳問題時，他的理論是：由於某些原因，非婚生子女比起合法婚姻所生的子女來，常常是前者較為堅強和聰明。拿他的情況來說，他認為他的較好本性和較好的特性來自那個眼界開闊而又素未謀面的維吉尼亞人。雖然向我披露他母親是個私生女不是件使他心裡好受的事情，但它喚起了他對自己母親的回憶。當輕便馬車顛簸著在路上前進時，他神色沮喪地接著說道：「上帝保佑我的母親，我現在取得的成就和有希望在將來作出的成就都應歸功於她。」說到這裡，他突然不作聲了。我們之間的交流停止了，馬車仍在前進，但是，隨後的一段時間裡，我們倆誰都沒說話。他情緒低落地悶頭想著心事。看著他深深地陷入沉思之

第一部　青蔥歲月的奮鬥

中，我猜測他的冥想無疑與他剛才所披露出的事情有關，我沒有勇氣去進一步詳細詢問他的家庭情況。他所說的話和說話時語調的低沉給我留下了深刻的印象，他和我的這次談話是我永世難忘的一段經歷。

二、悽苦的童年記憶

　　林肯的母親南希‧漢克斯（Nancy Hanks）是被她的嬸嬸和叔父撫養成人的，她似乎從未接受過教育，我們所了解到的情況是她不會寫字，因為在簽署契約時，她是用畫記號的辦法來代替簽名的。

　　她生活在光線昏暗的密林深處，煢煢孑立，落落寡合。在她二十二歲時，她嫁給了整個肯塔基州社會地位最低的男人中的一位——一個以打零工和獵鹿為生，又呆笨又無知的男人，他名叫湯瑪斯‧林肯（Thomas Lincoln），但他居住過的邊遠林區和甘蔗叢地帶定居點的人都稱呼他為「林克霍恩」。

　　湯瑪斯‧林肯是個流浪漢和漂泊者，終其一生毫無建樹。他居無定所，四處漂泊，為了填飽肚子，什麼工作他都肯接手，他做過的工作包括築路、砍伐灌木叢、設定陷阱逮熊、開墾荒地、用犁耕地種玉米、蓋木屋等。歷史文件表明，他曾先後三次被僱傭擔任監獄看守，帶著滑膛槍看守犯人。在西元1805年，肯塔基州的哈丁縣（Hardin）曾以一小時六美分的薪酬僱傭他，交給他的工作任務是抓捕和鞭打不服從命令的黑奴。

　　他的理財能力極差，可以證明這一點的例子是：他在印第安納州（Indiana）的一個農場生活了十四年，在這段時間裡，他只需要每年繳納十美元的土地使用費，這是很低廉的價格，但他卻存不下這點錢來保證按期支

二、悽苦的童年記憶

付。有一陣子他很窮，窮得他的妻子拼做衣服時竟不用針，而是用野生植物的刺；他卻去了肯塔基州伊麗莎白敦（Elizabethtown）的一家商店，為他自己買了一副絲綢質地的吊褲帶，而且還是賒帳購買的。在這之後過了不久，他在一次拍賣會上用三美元買了一把劍。他很可能走路光著腳，還挨著餓，卻雙肩掛著絲綢吊褲帶，腰上佩帶著那把劍。

婚後不久，他把家搬到了鎮上，想以做木工為生。他弄到了一份建造磨坊的活，可是他沒能把木材加工成方方正正的木料，有時他鋸成的木料在長度上也有偏差，於是，他的僱主斷然拒絕為他這種拙劣的手藝而支付報酬，這直接導致雙方三次對簿公堂。

湯姆・林肯（湯瑪斯的暱稱）自林區，雖然他生性呆笨，但他不久就意識到，他的歸屬地應當依舊是林區，於是他帶著他老婆，回到了林子旁邊一片貧瘠、多砂石的農場。從那以後，他再也沒有輕率魯莽地為了到鎮上去闖蕩而放棄農事。

離伊麗莎白敦不遠，有一大片沒有林子的土地，大家把它稱作「禿地」。早在好幾代人之前，印第安人就在那裡放火，把那片地上的森林和長在大樹下的下層灌木叢燒成一片白地，使陽光照耀下的天然牧草可以茁壯生長，從而使野水牛被吸引到那裡去打滾和吃草。

西元1808年12月，湯姆・林肯以每英畝六十六又三分之二美分的價格購買了「禿地」上的一個農場。農場裡有一個獵人棚屋，那是個十分簡陋的小木屋，屋子周圍長著一些野生酸蘋果樹。離此半英里的地方，流淌著諾林河的南部支流，而河邊的山茱萸在春天到來時會綻放花朵，爭奇鬥豔。在夏季，老鷹在人們頭頂上的藍天中緩緩盤旋，草地上高大的牧草被風吹拂得高低起伏，宛如一片一望無際的綠色海洋。很少人會判斷力差到如此程度而選擇在這裡安家落戶，因此，冬天一到，這裡就會成為整個肯

019

第一部　青蔥歲月的奮鬥

塔基州最為人跡罕至、最荒涼的地區之一。

西元1809年，冬季即將過去之時，就在這塊荒涼「禿地」旁邊的一間獵人棚屋中，一代偉人亞伯拉罕‧林肯來到了這個世界上。他出生在一個星期日的上午，出生地點是由若干木桿拼搭而成的，上面覆蓋有玉米葉子的一張床上。屋子外面，暴風雪正在肆虐，2月的寒風捲裹著雪花，透過搭建木屋的圓木之間的縫隙吹了進來，使雪花舖撒在蓋在南希‧漢克斯與她孩子身體上的熊皮表面。她命中注定會在九年之後，在三十五歲的壯年時期過早去世，生命被這種開拓者式的生活帶來的過度勞累和艱難困苦所透支，因而提前耗盡了全部活力。她一生感受到的幸福極為有限，無論她在哪裡生活，她的周圍都會出現關於她的私生女身分的流言蜚語。懷著感激之心的人民現在已經在林肯的出生地點——即她以分娩之痛使其變得神聖的地點——建立起一座大理石殿堂，那天上午她不能展望未來並看到這座偉大的殿堂，這是一件多麼令人遺憾的事啊！

那時候，在所謂的「荒野」地區，流通中的紙幣其真實價值常深受人們的懷疑，其中不少紙幣可謂一文不值。因此，生豬、鹿腿、威士忌、浣熊皮、熊皮和各類農產品常被用作交易的媒介，即使是傳教士，有時也接受威士忌作為他們講道所得報酬的一部分。在西元1816年秋天，即亞伯拉罕‧林肯七歲時，他的老爸湯姆‧林肯用他肯塔基州的那個農場換得了大約四百加侖的玉米威士忌酒，然後帶著全家移居到了印第安納州荒涼的原始森林中，那裡光線陰暗、人跡罕至，離他們家最近的鄰居是一個靠獵熊為生的人。在他們的周圍，樹木野生葡萄藤和大樹下長著的灌木叢是這樣的稠密，以至有人想走過那片地區的話，就得奮力用砍刀為自己劈出一條路來。這裡就是亞伯拉罕‧林肯從七歲起將要在這裡生活整整十四年的地方，正如丹尼斯‧漢克斯（Dennis Hanks）所描述的那樣，那個地方「就位於灌木叢中」。

二、悽苦的童年記憶

當林肯全家搬遷來此時，這裡已經在下著冬天的第一場雪，湯姆‧林肯匆匆搭建了一個那時被稱作「三面牆營房」，現在會被稱作是棚屋的木屋。這個木屋沒有門、沒有窗，室內的地面不鋪設地板，它僅三面有「牆」，外加一個用木桿和灌木搭建而成的屋頂，第四面整個敞開著，風、雪、雨夾雪和寒氣可從那裡輕而易舉地長驅直入，屋內的溫度和屋外毫無差別。當時在印第安納州，農場主都不會讓他的牛或豬在如此簡陋的棚子裡過冬，可是，在西元1816年末至1817年初的那個漫長的冬季裡——那是歷史有記載以來最寒冷，暴風雪最厲害的冬季之一——湯姆‧林肯覺得這棚屋對他自己以及全家來說就已經夠好了。

那個冬季，南希‧漢克斯和她的孩子們在那裡睡覺時就像小狗一樣，他們蜷縮著身體躺在棚屋的一個角落裡，身體下邊是傾倒在泥土地面上的一大堆樹葉，外加幾塊熊皮被墊在上面。

至於吃的東西，他們沒有奶油，沒有牛奶，沒有雞蛋，沒有水果，沒有蔬菜，甚至連馬鈴薯都沒有，他們主要靠食用野味和堅果艱難度日。

湯姆‧林肯曾試著養豬來改善生活，但那一帶的熊都飢腸轆轆，牠們把豬逮住活活吃掉了，湯姆最終血本無歸。

就在印第安納州，亞伯拉罕‧林肯遭受了嚴重貧困的折磨，其苦不堪言的程度超過了後來他所解放的成千上萬名黑奴所遭受過的貧苦，而他的那段苦日子足足持續了很多年。

在那片地區，大家都不知道世界上還有牙科醫生這種人的存在，離林肯家最近的醫生也遠在35英里之外，因此，當南希‧林肯牙痛時，湯姆‧林肯這位老兄大概會模仿其他開拓者所通常做的事，他用山核桃木削成一顆木釘，讓木釘的一頭頂住那顆疼痛的臼齒，然後用石塊在木釘的另一頭猛力一擊，正所謂長痛不如短痛，一勞永逸。

第一部　青蔥歲月的奮鬥

從最早的開拓者來到中西部的時代開始，開拓者們一直遭受著一種被稱作「牛奶病」的神祕疾病的侵襲，這種病對乳牛、綿羊、馬還有人全部都是致命的，有時甚至會蔓延到好幾個社區，奪走那裡每一位居民的生命。誰也不知道這種病是怎麼產生，又是如何傳播的，在長達百年的時間裡，醫學界對這種病一直一籌莫展。在 20 世紀初，有關的科學研究顯示，人畜之所以會發病，是因為牲畜食用了一種被稱作「治蛇咬傷白根」的植物，經由從乳牛體內擠出的牛奶，將其中的毒素傳染給人類。在多林木的牧場和幽深陰暗的深谷裡，「治蛇咬傷白根」長勢好、數量多，時至今日，這種植物依然時常奪走那裡牧民的生命。伊利諾州（Illinois）的農業部每年都在各個縣政府所在地貼出告示，要當地農民徹底剷除這種植物，告誡他們如不根除，他們可能會因此喪命。

西元 1818 年秋，這一可怕的災禍降臨在印第安納州的巴克霍恩谷（Buckhorn），因患上「牛奶病」而全家罹難的情況比比皆是。南希·林肯曾幫助護理獵熊人彼得·布魯納的妻子，他們家的小木屋離林肯家僅有半英里遠。布魯納太太後來突然去世了，而南希自己也在隨後病倒，她感到頭暈目眩，腹部陣痛，持續強烈嘔吐，她被抬著送回到她家裡那個由樹葉和熊皮鋪成的地鋪上。她手腳冰涼，但她體內的重要器官又彷彿著了火一般，她不停地嚷嚷要水喝，水、水、再來些水……

湯姆·林肯極為迷信徵兆和預兆，因此，在她病倒的第二天夜裡，當他聽到小木屋外有條狗發出長長的哀嚎聲時，他覺得自己的老婆已經回天乏術，死亡為期不遠。

最後，南希甚至連把腦袋抬離枕頭都乏力做到了，說話聲也很微弱，她把亞伯拉罕和他妹妹招呼到自己跟前，她想要對他們說話。他們彎下身子以便能聽得見她說什麼。她要他們個好好相處，要照她教給他們的那樣去生活，要堅定對上帝的信仰，始終不移。

二、悽苦的童年記憶

讓大家沒想到的是，這些話竟成了她的臨終遺言，因為她的嗓子和體內整個臟器系統此時已處於麻痺的初始階段。她陷入了長時間的昏迷當中，最後死於她患病後的第七天，這一天是西元 1818 年 10 月 5 日。

湯姆·林肯把兩個銅質分幣放在她雙眼的眼瞼上，以使眼睛保持閉合狀態；隨後，他走出家門，到林子裡去砍了一棵樹，他把樹劈開並鋸成粗糙而又很不平整的幾塊板材，然後用木釘把它們釘在一起做成了一個箱狀物，在這個極度簡陋的棺材裡，安放了露西·漢克斯的女兒那辛勞一生、耗盡活力的遺體。

兩年前，他用雪橇載著她把她帶到了這片定居地，現在，還是用雪橇，他把她的屍體拉到了一座林木繁茂的小山山頂上——那裡離他們的木屋有一英里遠，既沒有牧師的祈禱，也沒有任何儀式，就這樣草草地把她下葬了。

亞伯拉罕·林肯的母親就這樣離開了人世，我們大概永遠不會知道她的長相，也永遠不會知道她的脾氣秉性，原因是，她短暫一生的大部分歲月都是在幽暗遠離人煙的森林中度過的，遇見過她的人極為稀少，他們對她的印象也十分模糊。

在林肯總統去世後不久，有一位要替他寫傳記的人曾著手收集林肯母親的情況，那時她去世已有半個世紀之久了。他採訪了曾見過她而還尚在人世的寥寥數人，可是，他們有關她的記憶猶如逝去的夢般模糊不清，甚至有關她的相貌，他們的說法都完全不同。有一個人把她描述為一個「滿身是肉的矮胖女人」，可是另一個人說她「長得很瘦、一副弱不禁風的樣子」。有一個人提出她的眼睛是黑色的，而另一位則堅稱是淡褐色的，還有一位確信她的眼睛看上去是綠色中夾雜著一點淺藍色。她的表弟丹尼斯·漢克斯曾與她在同一屋簷下一起生活了十五年，他的描述中提到她長

第一部　青蔥歲月的奮鬥

有一頭「淺色的頭髮」，但在進一步仔細回想以後，他又提出了完全相反的說法，稱她的頭髮應當是黑色的。

她去世後的六十年裡，她的安息地連塊墓碑都沒有，所以今天，我們只知道她墳墓的大概位置。她被葬在曾撫養過她的叔父和嬸嬸的墳墓旁邊，不過，要準確說出這三座墳墓中哪座是她的安息之地，如今已經是件不可能完成的任務了。

南希臨終前，湯姆・林肯已經搭建起一個新的木屋，它有四面木牆，但是，沒有地板，沒有窗戶，也沒有門，木屋的入口處懸掛有一張骯髒的熊皮，室內昏暗，而且異味薰人。湯姆・林肯的大部分時間都耗費在去林中打獵，把他的兩個失去母親的孩子留在家裡做家事，薩拉做飯，亞伯拉罕則負責生火，還要去一英里外的泉眼處打水並把水運回家。由於沒有刀叉，他們只能用最原始的辦法——用手抓飯，他們的手指幾乎永遠都是不乾淨的，因為去打水是件很困難的事，而且他們也沒有肥皂。南希生前似乎自製過鹼汁軟皂，可是她生前留下的那一點點自製皂早已用光了，而這兩個孩子不知道怎樣自製肥皂，湯姆・林肯則不願意動手造肥皂。於是，他們繼續生活在貧窮和骯髒之中。

在漫長而又天寒地凍的冬季，他們沒辦法洗澡，也幾乎沒人想辦法把他們沾滿塵土、破爛不堪的衣服去洗一洗，樹葉和熊皮鋪成的床變得骯髒不堪、令人生厭，沒有陽光能夠照進木屋使它變得暖和一些、乾淨一些，屋子裡唯一的可見光是爐火的光或是豬油燈的光。有人對那時其他邊疆的小木屋做過準確的描繪，從這些描繪中，我們可以想像到沒有主婦的林肯小屋一定會是個這樣的樣子：它散發著臭味，害蟲滿地，跳蚤滿屋。

在如此骯髒的環境中生活了一年以後，甚至連湯姆・林肯這位邋遢慣了的老兄也覺得受不了了。他決定再娶一個新老婆，她會讓小屋變得乾淨

整潔起來。

　　十三年前，他曾在肯塔基州向一個名叫薩拉‧布希的女人求過婚，那時她拒絕了他而嫁給了哈丁縣的一個監獄看守，可是那位看守後來去世了，留給她三個孩子和一些沒還清的債務。湯姆‧林肯覺得現在正是他再次向她求婚的天賜良機，於是，他走到小河邊，把身體洗得乾乾淨淨，他用細砂搓洗他那積滿汙垢的手和臉，然後，他用皮帶把他的那把劍懸掛在腰上，啟程穿越陰暗的樹林深處，回到他早年闖蕩過的肯塔基州。

　　當他抵達伊麗莎白敦後，他又買了一副絲質吊褲帶，然後一邊吹著口哨，一邊昂首闊步地走在大街上。

　　此時是西元1819年。在那段時間裡，世界上發生了很多事情，大家都在談論著人類的巨大進步──用蒸汽機驅動的輪船首次成功橫渡了大西洋！

三、艱難困苦的學習生涯

　　亞伯拉罕‧林肯十五歲時，他已經認全了字母表中的字母，而且還能讀懂一點文章，但他讀得非常吃力，也不會書寫。西元1824年秋天，有一位常年漂泊在外的邊遠林區教書先生來到了皮金河邊的定居點，並在那裡創辦了一所私人學校。林肯和他的妹妹每天早出晚歸，要走四英里的路，穿過森林，去阿澤爾‧多爾西這位新來的老師那裡讀書。多爾西辦的學校那時被人稱作「聒噪」學校，孩子們在學習的過程中都必須說出來。那個老師認為，學生以這種方式學習，他就能知道他們是否處於努力學習的狀態下，他在教室裡不斷走動，手裡拿著教鞭，誰不出聲他就狠狠抽誰

第一部　青蔥歲月的奮鬥

一鞭子。由於老師對大聲叫喊的學習方式如此執著地鼓勵，每個學生都竭盡所能地大喊，想把其他學生的聲音給壓下去，他們發出的喧囂聲常可在四分之一英里之外的地方清楚聽到。

在這個學校上學時，林肯戴著一頂松鼠皮帽子，穿著一條用鹿皮做成的褲子，褲管的下襬太短，根本無法到達他的鞋面，使得稜角分明的幾英寸小腿由於完全暴露在風雪中而被凍成了青紫色。

學校的校址位於一間極為粗陋的小木屋中，屋子的舉架非常低，老師在裡面站立起來要很小心地避免自己的頭頂撞到屋頂。最讓人難以忍受的是木屋沒有窗戶，用圓木拼建起來的每面木牆上都特地少放一根木柱，這樣也就形成了縫隙，然後以油紙擋住，以使光線能透進來，多少有些照明作用，地板和座位是用圓木從中劈開而得到的板材，再以鉚釘彼此鉚接而成的。

林肯的識字課是節選自《聖經》的部分篇章作為教材，在他的寫字練習中，他以華盛頓和傑佛遜的筆體作為臨摹對象，他的字型很接近他們的字型，通常顯得字跡清楚、筆劃分明。大家對他寫的字頗多讚譽，有些不識字的附近居民甚至會不惜步行好幾英里來找林肯，就為了懇請他為他們寫信給遠方的親人。

那時候，他確實嘗到了學習給他帶來的種種好處，對學習產生了高度濃厚的興趣。每天在學校學習的那幾個小時實在是過於短暫，於是回到家裡後他會堅持繼續學習。當時紙張非常稀少，是件奢侈品，於是他就用木炭當筆，在一塊木板上練習寫字。有時，他在建構木屋牆壁的圓木的較平的一面上進行計算，每當原先沒字的平面上寫滿了數字和詞語時，他就會用一把刮刀把它們全都刮掉，然後又開始在那上面寫字。

因為太過貧窮，他買不起算術書，於是借了一本，把書裡的內容抄在

三、艱難困苦的學習生涯

與普通便條紙一樣大小的一張紙上，然後用麻線把它們縫在一起，這樣他就有了一本自製的、屬於他自己的獨一無二的算術書。在他去世時，他的繼母那裡還儲存著這本書的殘餘部分。

在那個時期，他開始表現出一種獨特的個性特點，這種特點使他與其他邊遠林區的學習者有著本質上的差異：他想把他對各種問題的看法與思考都記錄下來。有時，他甚至開始嘗試寫詩。他把他寫下的詩和散文拿給一位名叫威廉·伍德的鄰居，徵求他的意見。他不斷默記和背誦自己寫下的詩篇，他的隨筆逐漸引起了人們的注意。他寫的一篇關於國家政治的文章讓一位律師留下了難以磨滅的印象，這位律師把這篇文章寄了出去，使它最終得以公開發表。俄亥俄州（Ohio）的一家報紙也曾刊登過林肯寫的一篇關於論內在氣質的文章。

不過，我們剛才所說的這些故事都是後來才發生的，他在學校那裡所寫的第一篇文章是被他的玩伴們所做出的殘忍行為所激發出來的。這些玩伴常常抓一隻泥龜，然後把點燃的煤塊放在牠們的背上。林肯會強烈懇求他們停止這種殘忍的惡作劇，並馬上跑到龜那裡，用赤腳把龜背上的火紅煤塊踢開。他的第一篇隨筆是呼籲人們善待動物的倡議書，早在此時，孩提時期的他已經顯現出了他對受苦受難者的深切同情之心，在他成年之後，這種同情心已經深深鑲嵌在他的靈魂深處，成為他最重要的性格特點之一。

五年以後，他時斷時續地在另一所學校接受過教育，他自稱那一段時間是「一點一點地不斷累積著自己的學識」。

林肯不斷試圖獲得正規教育的努力就這樣宣告了終結，累加起來，他在學校接受較為系統教育的時間不會超過十二個月。

西元 1847 年，他當選為國會議員，在填寫一個有關個人背景的表格

第一部　青蔥歲月的奮鬥

時，他遇到的問題是：「你的教育程度達到何種水準？」他對這個問題的回答很直白，沒有絲毫遮掩：「我所接受的教育存在一定的缺陷。」

當他被提名成為美國總統候選人後，他坦承：「當我剛達到成年人的年齡時，我知道的東西並不多，不過不知道為什麼，我會讀、會寫，也能按照內乘積等於外乘積這條定律進行數學計算，可我知道的也就只有這麼多。從那時起直到今天，我一直都沒再上過學，與那時的我所具備的文化素養相比，現在我已有了些許進步，這些進步是我在意識到『沒學識注定無路前行』的壓力後，艱難困苦，玉汝於成，不斷依靠自學累積起來的。」

那麼，他的老師是誰呢？是那些篤信巫術、相信世界是塊平地、愚昧無知的流動教書匠。可是，在那些時斷時續、忽長忽短地接受非系統教育的時間裡，他培養起了人類可能具有的最有價值的內在潛質之一，即愛知識、好學習。即便是在接受過大學教育的所謂菁英人群中，這一潛質也是極為寶貴、極為罕見的。

閱讀能力為他展現出一個嶄新的、神奇的大千世界，一個他先前做夢也沒夢見過的絢爛世界。這種能力徹底改變了他，它開闊了他的眼界，賦予他無窮的想像力，而且在長達二十五年的荏苒時光裡，閱讀始終是他的生活中最主要的感情寄託與生活核心之一。他的繼母在嫁給他父親時帶來了為數不多的五卷藏書：《聖經》、《伊索寓言》（*Aesop's Fables*）、《魯賓遜漂流記》（*Robinson Crusoe*）、《天路歷程》（*The Pilgrim's Progress*）和《水手辛巴達》（*Sinbad the Sailor*）。年輕的林肯認真研讀這些書，視若無價之寶。他把《聖經》和《伊索寓言》放在伸手可及的地方，便於經常翻閱，他對這兩本書真正做到了倒背如流，這兩本書對他日後的行文風格、他的說話方式以及他的論述方法都產生了極為深遠的影響。

三、艱難困苦的學習生涯

　　不過，這些書還不足以滿足他對讀書的全部欲望，他渴望能讀到更多的優質好書，可是他沒錢買書。於是，他開始向別人借閱書籍、報紙，只要是印在紙上的東西都行。他曾步行前往俄亥俄河岸邊，從那裡的一位律師手中借到了一本《印第安納州修訂法律大全》（The Revised Laws Of Indiana），從這本書中，他首次閱讀到了偉大的〈獨立宣言〉（The Declaration of Independence）和《美國憲法》（Constitution of the United States of America），這讓他心潮起伏，澎湃不已。

　　他時常為住在他家附近的一位農夫刨樹椿和鋤玉米地，他從他那裡借到了兩三本傳記讀物，其中之一是帕森・威姆斯（Parson Mason Weems）撰寫的《華盛頓傳》（Life of George Washington）。這本書使他讀得廢寢忘食，在夜晚，只要光線許可，他就會一直讀下去，不畏因此可能導致的眼睛痠疼。入睡之前，他把它插在木牆兩根圓木之間的縫隙中，這樣，第二天一早，當清晨的第一縷光線透過木牆縫照進棚屋時，他就又可以接著往下讀了。有一天夜裡，暴風雨乍起，書被越過木牆的雨滴打溼了，當林肯還書時，書的主人大為不悅。作為對這次無心之失的補償，林肯只得整整三天都在為他切玉米稈並堆成堆，以便日後用作牲畜的飼料。

　　不過，在他全部的借書經歷中，他尋獲到的最具價值的一本書是《史考特教程》，該書在公共演講方面的詳細講解使他受益匪淺，並使他首次領略到若干著名演講詞和演講者的風采，它們包括西塞羅（Marcus Tullius Cicero）和狄摩西尼（Demosthenes）的演說，及莎士比亞（William Shakespeare）筆下經典人物的臺詞。

　　他常手持翻開了的《史考特教程》，在樹底下來回踱步，或是朗誦哈姆雷特（Hamlet）對演員們的囑咐，或是背誦安東尼（Mark Antony）在凱撒（Gaius Iulius Caesar）屍首旁的演說詞：「朋友們、羅馬人民、同胞們，聽我說，我到這裡來是為了埋葬凱撒，而不是為了頌揚他。」

第一部　青蔥歲月的奮鬥

當林肯讀到他覺得尤為精彩的一段話時，假如手頭沒有紙筆，他就會用粉筆把它寫在一塊木板上。最後，他細心製作成了一本收錄精彩語錄集錦的剪貼冊，他在冊子中寫下了所有他最鍾愛的演講橋段，他所用的筆是用老鷹的羽毛莖製造而成的，墨水是美國產植物商陸的汁液。他隨身攜帶著這本集錦冊，不時還會拿出來細心研讀，直到他能夠熟練背誦冊子中收錄的全部長詩和演講詞。

當他去地裡工作時，他總是隨身帶著書籍。當馬匹在玉米地的盡頭處稍事歇息時，他就坐在圍欄頂部的橫桿上仔細翻閱著書籍。在午飯時間，他不好好地坐著和家裡的其他人一起吃飯，而是一手拿著個玉米麵餅，另一手拿著一本書，腳抬得比他的頭還要高，注意力完全被書中的內容所牢牢吸引，對周圍的一切視若無睹。

在法院開庭期間，林肯時常要步行十五英里的遙遠路途，到河邊的那些小鎮去聆聽律師的慷慨呈詞，熱情辯護。此後，當他和其他人一起在地裡工作時，他會不時地撂下鋤頭或乾草叉，爬到圍欄上，大聲重複他在羅克波特或布恩維爾所聽來的律師們的辯護詞；還有的時候，他會模仿禮拜日在小鴿子河教堂講道的浸禮會傳教士，他們講道時永遠是高聲陳辭、立場堅定、口若懸河。

亞伯・林肯到地裡工作時常會隨身攜帶一本書名為《奎因笑話》的笑話書，當他騎坐在圓木上，大聲朗讀書中的笑話時，他的聽眾所爆發出的鬨笑聲會在樹林中久久迴盪，而一行行玉米之間的野草正在快速生長蔓延，地裡的小麥也正變得愈發金黃。

僱林肯工作的農夫們抱怨他太過懶惰，「一身的懶骨頭」。他承認這一點，他說：「我父親教會我怎樣工作，但他從未教會我要怎樣熱愛勞動。」

湯姆・林肯這位老爸發出了強制性質的命令：這一切愚蠢的行為必須

三、艱難困苦的學習生涯

立即禁止。但是，這些「愚蠢的行為」並未告終，亞伯還是繼續自顧自地講笑話、進行演講。有一天，當著其他人的面，他老爸對著他的臉來了狠狠的一擊，把他打倒在地。他隨後大哭了起來，但什麼話也沒說。那時候，父子二人間的隔閡已經在變得越來越深，這一隔閡自始自終都未能消除。雖然林肯在其父年邁時從經濟上給予過一定的照顧，但在西元1851年，當老父臨終時，彌留之際躺在床上，作為兒子的林肯卻並未去看望他。林肯曾說：「即便我們兩個現在見面，帶來的快樂是否會多於痛苦也要在我的心中劃上一個問號。」

西元1830年冬，「牛奶病」再次大規模爆發並流行，死神的陰影又一次籠罩在印第安納州巴克霍恩谷上。

內心的煩躁和徹底的灰心喪氣驅使人們開始四處漂泊，居無定所的湯姆·林肯變賣掉了他的豬和玉米，把他那遍布樹椿的農場也變賣掉了，並獲利八十美元。隨後他製作了一輛簡陋的運貨大車（他首次擁有這種車），用它搭載著全家人和家具，把鞭子遞給亞伯，然後朝拉大車的牛大吼一聲就出發上路了。他們的目的地是伊利諾州的一片谷地，印第安人把它稱作「桑加蒙」（Sangamon），含義為「豐衣足食之鄉」。

載荷很重，壓得大車發出吱吱嘎嘎的呻吟聲，一連兩個星期，牛都在拉著大車緩緩前行。他們越過丘陵地帶，穿過印第安納州的密林深處，然後走過伊利諾州蒼涼偏僻、荒無人煙的大草原，那裡遍地的野草在夏日的燦爛陽光下足以長到六英尺的高度，但在他們路過那裡時，它們已經變得枯黃了。

在溫森斯（Vincennes），林肯首次見到了印刷機，那一年他二十一歲。

在迪凱特（Decatur），這些舉家外遷者曾在縣法院門前的廣場上露宿過夜。二十六年以後，林肯舊地重遊時曾分毫不差地指出當年牛車在此停駐的地點。

第一部　青蔥歲月的奮鬥

他說：「那時我並不知道自己是否擁有足夠的理智去承擔起一名律師所要擔當起的職責。」

赫恩登在《林肯傳》中告訴我們：

林肯先生曾對我描述過這次旅程。他說，冬天的冰霜尚未從大地上消失，在白天，道路的表面會融化開來，可是到了夜裡就會再次結冰，這樣就使旅行──尤其是依靠牛車為交通工具的旅行──慢得令人生厭，完全難以忍受。不用說，路上遇到的河都是沒有橋的，因此，他們時常不得不涉水過河，除非有能夠依靠走遠路通過河流的路線可以使他們繞過河去。每天早晨的那段時間，河裡除了水以外，河面上還結著薄冰，牛每邁出一步，就得先踩破9平方英尺的薄冰。他們隨身攜帶的物品除了各類必需品，還有一條寵物狗，牠跟在牛車後面一路小跑。有一天，這小傢伙被落到了後面，到牠趕上來時，他們已經過了河。林肯一家人發現小狗不見了蹤影，就回過頭來向後望，他們發現它牠正站在河的對岸，一邊發出嗚嗚的哀叫，一邊在那裡不斷跳躍，顯得非常痛苦。河水正沖刷著我們過河時壓破了的冰面的邊緣，湍急地流過，這可憐的小寵物不敢依靠自己的力量遊過河去。為了找回一條狗而讓牛車轉頭重新渡河是非常不理智，也是非常不划算的，因此，多數人在急著往前趕路想法的支配下都決定拋下小狗，繼續前進。林肯對赫恩登講述說：「可是，即便是條狗，拋下牠不管的想法也使我無法接受。於是我脫下鞋襪，淌水過河，把小狗夾在腋下，以勝利者的姿態回到了牛車那裡。那時，小狗高興得發瘋似的活蹦亂跳，還用各種其他方式表達了牠的感激之情。雖然我為了把牠弄過河而吃了不少苦頭，牠的感激之情卻給了我豐厚的回報。」

當林肯一家坐著牛車穿越大草原時，國會正在爭論一個至關重要的問題：各州是否有權退出聯邦。爭論的雙方情緒激烈，預示著凶多吉少的未來。在這場爭論中，國會參議員丹尼爾‧韋伯斯特（Daniel Webster）站起

身來，用極為深沉洪亮的嗓音發表了一次演說，林肯後來把這一演說看成是「美國演講史上氣勢最宏大的典範之作」，它以〈對海恩的第二次辯論〉(Second Reply to Hayne)這一名稱聞名於世，林肯後來把它的結束語當作他自己的政治信仰，結束語是這樣的：「自由和聯邦，現在並將永遠結成一體、永不分離！」

脫離聯邦這一引來無數風暴的問題將在三分之一個世紀之後得到解決，解決這個問題的人不是非凡的韋伯斯特，不是天才的克萊(Henry Clay)，也不是名聲顯赫的卡爾霍恩(John C. Calhoun)，而是我們現在正說到的這個坐在車上朝伊利諾州出發的趕牛人，他身無分文、籍籍無名、涉世不深，他戴著一頂浣熊皮帽子，穿著一條鹿皮馬褲，饒有興味地唱著情趣低俗的歌曲：

歡鬧吧，你這片樂土，

要是你不喝醉，那我就得下地獄。

四、鋒芒初顯，事業開端

林肯一家在伊利諾州靠近迪凱特的一片狹長林木地帶定居了下來，那片林木區位於高聳在桑加蒙河河邊的一道峭壁下。

亞伯為家裡工作，包括伐木、搭建木屋、砍掉灌木、開墾土地、用牛拉著犁耕出十五英畝田地並在那上面種植玉米，把木料做成欄杆，再用欄杆把地圈起來。

到了第二年，他受僱於他所在社區的其他農戶，為他們打零工，做諸如犁地、用叉子堆起乾草堆、把木材劈成欄杆材料以及殺豬等工作。

第一部　青蔥歲月的奮鬥

　　亞伯在伊利諾州度過的第一個冬季是該州有史以來最冷的冬季之一，風在草原上吹積成的雪堆深達十五英尺，大批的牛被凍死了，鹿和野生火雞幾乎全都滅絕，甚至連人也有被凍死的。

　　在這個冬季，林肯和一戶農民達成協議，他付出的勞動是劈出一千根欄杆木，對方給他的報酬則是一條褲子，其布料是用白胡桃樹樹皮漂染成棕色的斜紋布。他每天得跋涉三英里才能抵達工作的地方。有一次，在橫渡桑加蒙河時，他所乘坐的獨木舟翻船了，他跌入了周圍都是冰塊的河水中，在他抵達距離那裡最近的住戶沃尼克少校家之前，他的雙腳都被刺骨的河水凍壞了，他有一個月的時間都只能臥床。因此，那段時間他只好躺在沃尼克少校家中的壁爐前，或是替人講故事，或是閱讀一本名為《伊利諾州法規合集》的書。

　　此前，林肯曾追求過少校的女兒，可是，少校對此並不贊同。少校認為自己的女兒，沃尼克家的人，去嫁給這個笨手笨腳、沒受過什麼教育的，只會賣苦力來劈欄杆木的人？一個沒有土地、沒有金錢、沒有前途的人？一點門兒都沒有！

　　確實，林肯一文不名，沒有任何土地，而且不僅如此，他甚至都沒想過自己有朝一日能夠擁有任何土地。他一生最初的二十二年歲月都是在農場度過的，他對拓荒者的務農生活已經感到厭煩了。他不喜歡這種折磨人的苦力活，不喜歡這種寂寞單調的生活。渴望著出人頭地，渴望著接觸社會上不同階層的人，他想要的是這樣的工作：它能使他遇到其他人，使他能在自己周圍集合起一大群人，並讓他們在聽他講故事時不斷爆發出熱烈的歡呼聲與掌聲。

　　先前還住在印第安納州時，亞伯曾當別人的助手，他們駕著一艘平底船在密西西比河（Mississippi River）中順流而下，最後到達紐奧良（New Orleans），他從中得到的樂趣是多麼大啊！那次經歷充滿了新奇、冒險和

034

四、鋒芒初顯，事業開端

刺激。有一天夜裡，船在迪謝納太太的種植園那裡靠岸停泊著，一幫攜帶著刀子和棍棒的黑人爬到了船上，他們意圖把船上的人全部殺死，把屍體扔進河裡，然後把載著貨物的船順流而下地開走，把它弄到紐奧良的盜匪老窩去。

林肯當時抓著一根棍子，以他長而有力的手臂揮動著棍子，把搶劫者中的三人打得掉到了河裡，然後開始追趕其他搶劫者，迫使他們逃亡到了河岸上。可是，在搏鬥過程中，有個黑人用刀砍傷了林肯的額頭，在他的右眼上方留下了一道永遠沒能消褪的傷疤。

湯姆‧林肯無法將亞伯這個大男孩永遠地栓在這個拓荒的農場上。

由於已經見識過紐奧良這個繁華的港口城市，亞伯便又為自己找了一份在河上奔波的工作。在傭金為每天五十美分、外加紅包的條件下，他和他的同父異母弟弟以及一位遠房表弟做起了這份差事。他們把樹砍倒，切削成一根根的圓木，以河水為載體，把圓木弄到一家鋸木廠去，並作成一條八十英尺長的平底船，在船上裝載鹹豬肉、玉米和生豬，然後就啟程出發，順流而下地駕船航行在密西西比河上。

在船上，林肯為全體船員做飯、當舵手、幫大家講故事、玩七點成局的紙牌遊戲。他還會大聲高唱：

> 戴頭巾的土耳其佬自以為天下第一，
> 他趾高氣揚走來走去好不神氣，
> 捲曲的連鬢鬍子使他揚揚得意，
> 可沒人會看他臉上那些東西，
> 除了不知天高地厚的他自己。

密西西比河上的這次旅行給林肯留下了極為深刻的印象。赫恩登在《林肯傳》中寫道：

第一部　青蔥歲月的奮鬥

在紐奧良，林肯首次見識到了令人毛骨悚然的蓄奴制環境下，黑人悲慘生活的真實場景，他見到了「用鐵鏈拴著的黑奴——被鞭打、被折磨」。針對這種極端非人道主義的做法，他的是非感和正義感促使他產生了強烈的牴觸情緒。以前他就時常聽說和閱讀得知的情況現在活生生地展現在他面前，他的心靈和良知隨之覺醒了。毋庸置疑，就像當時也同在船上的他的一位同伴後來回憶的那樣：「就在那時，就在那個地方，蓄奴制猶如一把尖刀，深深刺進了他善良的心靈深處。」一天上午，當他和他那兩位親戚在紐奧良城內閒逛時，在他們路過的某個地方正在舉行奴隸拍賣會。被拍賣的是一位全身充滿青春活力、長相標緻的混血女孩，競拍者對她進行了細緻而又徹底的檢查，他們用手指捏她的皮肉，還讓她在拍賣室裡像匹馬似的來回小步快走，以展示她的矯捷步態，這樣一來——就正如拍賣會主持人所說的那樣——「競拍者就可以心滿意足」地弄清楚他們競買的「東西」是否真的完好健全。這一拍賣活動是如此徹頭徹尾地令人滿心厭惡，以至林肯帶著深切感受到的「難以克制的憎恨」離開了拍賣現場。他一邊叫他的同伴跟他趕快離開，一邊說：「天啊！老弟，讓我們離開這鬼地方吧。只要我有機會毀滅那東西（意思是指『蓄奴制』），我就會馬上給它致命一擊。」

僱傭林肯前往紐奧良的那個人，叫登頓·奧法特，非常欣賞他。奧法特喜愛他講的笑話和故事，也喜愛他的誠實質樸。他僱傭林肯這位年輕人回伊利諾州來砍伐一些樹木，並用這些木料在新塞勒姆（New Salem）建起了一座木屋充作雜貨舖。新塞勒姆是個不起眼的小村鎮，鎮裡共有十五到二十座小屋，它們被修建在高高聳立的陡岸上，俯視著蜿蜒流淌的桑加蒙河。在這裡，林肯在雜貨舖當店員，還經營著一家兼營碾磨糧食和木材加工的作坊。在這裡，林肯度過了六年時光——這正是對他的未來產生深遠影響的六年。

四、鋒芒初顯，事業開端

村鎮裡有一幫粗野好鬥、喜歡四處搗亂的小流氓，自稱「克拉里樹叢男孩幫」，他們自誇自己的威士忌酒量力壓整個伊利諾州內任何其他男孩幫派，罵街罵得更難聽，摔跤摔得更好，打人出手也更狠。

這幫孩子在本質上並不算壞，他們為人忠誠、坦率、慷慨，而且很有同情心，可是，他們過於喜歡賣弄自己，喜歡出風頭。因此，當多嘴的登頓‧奧法特在鎮上宣稱他雜貨店裡的店員亞伯‧林肯體格強健、本領過人時，「克拉里樹叢男孩幫」聽說後很興奮，自命不凡的他們要給這個不知地厚的傢伙來點顏色看看。

可是，事情的結果卻不是他們所能預料的，亞伯‧林肯這位年輕高手贏得了競走比賽和跳躍競賽，而且，由於他身材高大，手臂很長，在扔大木槌或砲彈的比賽中，他可以比他們裡的任何人都扔得遠。除此之外，他會講那種他們聽得懂，卻又聞所未聞的有趣故事，而且在講那些邊遠地區的故事時，他能讓他們連續數小時都捧腹大笑。在林肯與「克拉里樹叢男孩幫」首領傑克‧阿姆斯壯比賽摔跤的那一天，全鎮人都蜂擁而至在場邊駐足，站在白櫟樹底下爭相觀戰；那一天是林肯在新塞勒姆那段生涯的巔峰時刻，當他把阿姆斯壯摔倒在地時，他達到了巔峰，他取得了最終的勝利。從那時起，「克拉里樹叢男孩幫」把林肯看成了知己好友，並對他忠心不二，他們把他推舉為他們賽馬比賽以及鬥雞比賽的裁判；當林肯不幸失去工作而無家可歸時，他們把他帶到木屋中並為他提供一日三餐及棲身之地。

在新塞勒姆這塊土地上，林肯找到了一個他苦苦尋覓了多年的重要機會，即克服他自身的恐懼、學會在公開場合侃侃而談，放聲演講的機會。先前在印第安納州時，他在這種事情上的唯一機會是面對在地裡工作的，成員稀少的小團體講話；可在新塞勒姆這裡，有個名叫「文學社」的團體，其成員每週六晚上都會在拉特利奇酒店的餐廳當中碰頭，林肯欣然加入

第一部　青蔥歲月的奮鬥

了這一社團，並在其展開的活動當中成為最重要的表演者，他講述著各式各樣紛繁的故事，朗誦他自己創作出來的詩歌，就諸如「桑加蒙河上的航運」等話題進行即席演講，以及就當時的各種時事問題與別人進行公開辯論。

這類活動的價值難以估量，它們極大拓寬了他的思考範圍，激發了他的雄心壯志。他發現，他擁有以熱情澎湃的演講來影響別人的非凡領導能力。這一發現做到了此前林肯所做的任何其他事情都從未做到的一點，即培養起了他的強大勇氣和自信心。

幾個月之後，奧法特的雜貨舖由於經營不善而被迫停業了，林肯成為失業人員。那時恰好是舉行選舉的前夕，該州公民正在熱烈談論政治話題，於是，林肯打算趁此機會好好利用自己的演講才能。在當地一所學校的教師門特‧格雷厄姆的輔導下，他花費數週時間，苦練他面對大眾的正式演講能力。他在演講詞中宣布自己要參加州議會議員的競選；他說，他贊成「內部改良……桑加蒙河上的航運……更好的教育……司法」等。

他在演講的結尾說：「我出生在一個處於社會最底層的家庭中，而且迄今為止也始終生活在社會的最底層，我沒有富翁或名人那樣的親友來舉薦我。」

他的演講詞以下面這句哀婉動人的句子結束：「不過，要是那些有頭腦、有教養的人認為我不適宜走到群眾前拋頭露面，我也不會因此而懊惱萬分的，因為我對挫折和失望已經再熟悉不過了。」

幾天之後，有一個人騎著馬飛也似的來到了新塞勒姆，他帶來了一個令人震驚的恐怖消息：索克印第安部落的大首領「黑鷹」正帶著他驍勇善戰的屬下殺過來，他們一路上不斷焚燒民宅、搶掠婦女、殺戮居民。消息中還說，這些膚色微紅的印第安人正沿著羅克河（Rock River）不斷製造

四、鋒芒初顯，事業開端

「紅色恐怖」。

恐慌之中，雷諾州（Reno）州長號召大家參軍入伍，成為志願兵。那時的林肯是個「沒有工作、身無分文的公職競選人」，他於是加入了抵抗軍，在軍隊裡當了三十天志願兵，曾被選為隊長。他想把部下訓練成像「克拉里樹叢男孩幫」那樣指揮起來如臂使指的人，可是，他們對他的命令的回應卻是衝著他大喊「見你的鬼去吧」。

赫恩登在《林肯傳》中提到，林肯一直認為他參加抗擊「黑鷹」之戰的那段經歷「有點像度假活動和偷雞歷險」，事實差不多是那樣。

後來，林肯在國會所做的一次演說中稱，他沒對任何印第安人發動過攻擊，但他曾「向著野洋蔥發起衝鋒」；他說，他連一個印第安人都沒見到，不過他倒是「和蚊子進行過多次浴血奮戰」。

從軍回來之後，「林肯隊長」又投身到政治競選當中，他挨家挨戶地拉票，和大家握手，為人講故事，無論誰說什麼話，他都表示贊同。而且，無論何時何地，只要有人群，他就抓住機會對他們進行拉票演說。

選舉結果是他落選了，雖然在新塞勒姆投票站所投的總共二百零八張選票中，只有三票沒投給他。

兩年之後，他再次參加競選。這次他成功獲得了選舉勝利，為了能買一套像樣的衣服，以便能穿著它前往州議會，他只得向人借錢。

在西元 1836 年、1838 年和 1840 年，他都當選為州議會議員。

那時候在新塞勒姆住著一個生計艱難的人，他的妻子只得靠為人幫傭來勉強維持生計，而他要麼釣魚要麼拉小提琴或朗誦詩歌，一天一天混日子。鎮上大多數人都看不起這個名叫傑克‧凱爾索的人，認為他是個徹頭徹尾的懶漢，可是林肯卻很喜歡他，和他相交甚密，並受到他很大的影響。在遇見凱爾索之前，莎士比亞和伯恩斯（Robert Burns）對林肯而言幾

乎毫無意義,他們只是一個個普通的姓名而已,而且是並沒有任何深入了解的姓名。可是現在,當林肯坐在那裡聽傑克·凱爾索朗讀《哈姆雷特》(Hamlet)和《馬克白》(Macbeth)時,他首次意識到了英語可以產生如同交響樂般美妙和諧的視聽效果,它可以成為一種無限美妙的東西,它對理智和熱情之間爭鬥的表達猶如一陣颶風颳過,給予人無比的震撼!

莎士比亞贏得了他的敬畏,而羅伯特·伯恩斯則贏得了他的愛和同情,他甚至感到自己和伯恩斯有親屬關係。和林肯一樣,伯恩斯很窮;亞伯出生在一間小木屋裡,伯恩斯也是在小木屋裡出生,而且其殘破程度不亞於亞伯的那個木屋;伯恩斯也曾手扶犁把犁地,不過這個耕地的孩子把犁翻起地裡的田鼠窩看成是一場小小的悲劇,一件值得作為素材採用並用詩作使其不朽的事件。伯恩斯和莎士比亞的詩歌使林肯的眼前呈現出一個全新的廣闊世界,這個世界有意義、有感情,也很可愛。

不過在他看來,最令人驚訝的事情是:莎士比亞和伯恩斯都沒上過大學,他們人受過的正規教育程度都與自己相差無幾。

有時,他壯著膽子暗自思索,雖說自己是文盲湯姆·林肯的沒受過幾天教育的兒子,但或許也可以勝任遠比現在更好的一些工作,或許今後他不必像以前那樣,還總是做賣雜貨或打鐵的雜活。

從那時起,伯恩斯和莎士比亞成了他最喜愛的作家,他讀得最多的是莎士比亞的著作,比他所讀的所有其他作家的著作加在一起還要多,讀莎翁的書對他的文風產生了很大影響。甚至在他入主白宮之後,雖然當時南北戰爭造成他工作繁重、憂心忡忡,使他臉上出現了深深的皺紋,但他還是把不少時間花費在讀莎士比亞的作品上。他在百忙中抽出時間與研究莎士比亞的權威討論莎翁戲劇,就劇中的某些片段與他們進行通信交流。他被暗殺之前的那一週中,他還曾對著一群朋友大聲朗讀《馬克白》,熱情

四、鋒芒初顯，事業開端

朗誦持續了足有兩個小時。

雖說新塞勒姆那位名叫傑克・凱爾索的釣魚人生性懶惰、胸無大志，但他的影響卻延伸到了白宮……

新塞勒姆鎮的締造者暨鎮上酒店的老闆是南方人，名叫詹姆斯・拉特利奇，他有個長相俊秀的女兒，名叫安（Ann Rutledge）。林肯遇見她時，她只有十九歲。她是一個非常迷人的女孩，長著一雙會說話的藍眼睛和一頭金棕色的秀髮，林肯無法自拔地愛上了她，儘管她已經和鎮上最富有的商人訂下了婚約——安已經答應當約翰・麥克尼爾的妻子，但講明要等她上完兩年大學之後才能結婚。

林肯來新塞勒姆鎮之後不久就發生了一件奇事：麥克尼爾變賣了他的商舖，說他要回紐約州去把他的父母和家裡的其他人接回到伊利諾州來。在他離開鎮子前，他向安坦白了一件事，安聽了後差點暈倒在地。可是，她還處於少不更事的年齡，而且她也愛他，因此，她相信了他的那番話。

幾天之後，他從塞勒姆鎮出發了，他向安揮手作別，答應一定會經常寫信給她。

林肯那時是該鎮的郵件主管人，郵件一週兩次會隨公共馬車被送來，但郵件也不多，因為當時寄一封信要花費6.25到25美分不等的不菲郵資，郵資的多寡按郵件的行程遠近而定。林肯無論去哪裡，都在他頭頂上的帽子裡攜帶收到的各類信件。鎮上的人碰到他時，會問他是否有自己的信件，這時，林肯會把帽子從頭上摘下來，把他那堆信件逐一檢查一遍，看看有沒有屬於他們的信。

安・拉特利奇固定每週兩次會詢問有沒有她的信。過了三個月後，第一封信才姍姍來遲，麥克尼爾在信中解釋說，他沒能早一些寫信來是因為途經俄亥俄州時，他發高燒病倒了，他在長達三週的時間裡臥床不起，而

041

第一部　青蔥歲月的奮鬥

且在其中的部分時間裡處於昏迷不醒的狀態。

又過了三個月，第二封信才在安的望眼欲穿中到來，而且收到這封信似乎比杳無音信更糟。信寫得極為含糊其辭，寫信人的口氣也很冷淡。麥克尼爾在信中說，他父親病得很厲害，他正受到他父親債主的不斷騷擾，他不知道他何時才能回來。

在這之後的幾個月中，安還是不斷關注著郵件情況，希望還會有信來，但信始終沒來。他真的曾經愛過她嗎？這個時候，她開始產生了懷疑。

林肯看到她非常苦惱，就主動提出要想辦法幫助他找到麥克尼爾。

「不用了，」她說，「他知道我在哪裡，如果他不太願意寫信給我，那麼，我肯定不會在乎到要讓你去設法找他的程度。」

隨後，她對她父親坦白了麥克尼爾臨走前對她做的異乎尋常的坦白。他承認數年間，他一直在使用假名字來欺騙生活在他周圍的人，他的真名並不是新塞勒姆鎮上大家以為的那樣叫麥克尼爾，而是叫麥克納馬。

為什麼他要用假名來欺騙大家呢？他解釋說，他父親在紐約州那裡的生意已經瀕臨倒閉，負債累累，債主紛至沓來，索債甚急。作為家中長子，他沒向家人透露他的目的地就離開家來到了「西部」，為的是能先賺上一筆錢。他擔心的是，要是他使用真名，他家人可能會得知他的去向並來找他，那樣的話，他就不得不擔負起養活全家的責任。他不想在他努力奮鬥、白手起家之時被諸如此類的負擔所拖累，因為這種拖累足以讓他的事業在數年間毫無進展，於是他就為自己取了個假名字。可現在，既然他已經累積起了可觀的財產，他打算去把他的父母接到伊利諾州來，讓他們和自己共同過上富足的好日子。

這件事在鎮上哄傳開來，成為一樁大新聞，大家把麥克尼爾的說法視為彌天大謊，把他本人定性為騙子。情況看上去不妙，而七嘴八舌的閒話

更是把這事說得糟糕透頂。誰也說不清他是什麼樣的人，也許他已經結婚了，也許他是為了躲開兩個或三個妻子而藏了起來，誰知道呢？也許他是銀行劫匪，也許他是殺人越貨的強盜，也許他是這種人，也許他是那種人。但無論如何，他確實已經拋棄了安‧拉特利奇，她應該為此而感謝上帝。

新塞勒姆鎮人的評說和定論就是這些，林肯則什麼也沒說，但他在心裡想了很多事情。

終於，他曾希望和祈求得到的機會悄然來臨了。

五、噙滿淚水的苦澀初戀

拉特利奇酒店位於一座飽經風雨剝蝕的簡陋木屋當中，它並沒有任何特色使它足以在邊疆一帶上千所木屋中脫穎而出。外鄉人路過此地的話，都不會對它看上第二眼，可林肯現在卻做不到對那裡視若無睹。在他看來，這座小屋就是他的整個世界和天地的核心，而且，每當他跨過它的門檻時，他的心跳就會加快，彷彿全身的血液都要凝結一般。

他拿著從傑克‧凱爾索那裡借來的一本《莎士比亞戲劇集》(*Tales From Shakespeare*)，伸展雙腿躺在酒店櫃檯上，翻過若干頁，然後反覆朗誦下面的這段臺詞：

好柔和啊！什麼光從那邊的窗戶透了過來？
那是來自東方的絢爛光芒，茱麗葉就是我的太陽。

他合上了書，此時此刻他已經讀不下去了，也喪失了基本的思維能力。他在那裡躺了一小時，似醒非醒，第一天晚上安所說的那些令人心醉

第一部　青蔥歲月的奮鬥

的話語再次迴盪在他的耳畔。現在，他的全部生活重心只圍繞著一件非同小可的事，那就是能有機會和她共度美好的時光。

在那個時期，頗為流行的事情之一是舉辦縫被子聚會，安總是被邀請去參加這種活動，在聚會上，她的手藝總是技壓群芳，纖細的手指穿針走線極為俐落。林肯常在早晨和她一起騎著馬前往縫被聚會的集合地點，到晚上再去那裡接她。有一次，他大著膽子走進了聚會所在的那座房子——在這種時候，男人是很少膽敢進去的——並在她身邊坐了下來。她的心開始激動得怦怦直跳，臉上也泛起了陣陣紅霞，在激動之中，她的手都拿不穩針了，縫出的針腳也變得不夠整齊統一。年紀大一些、較為鎮靜的婦女注意到了這一點，她們的臉上露出了會意的微笑。安親手縫的這條被子被它的主人儲存了許多年，在林肯成為美利堅合眾國總統之後，她引以為傲地把它拿出來向參觀者展示，並把他的心上人縫得那些走了樣的針腳特地指給他們看。

在夏日的夜晚，林肯和安常一起沿著桑加蒙河河岸散步，他們聽到夜鶯在岸邊的樹上啼叫，看到螢火蟲在夜幕中飛舞，並編織出金線。

在秋天，他們去林子裡漫步，那時候，櫟樹的色彩分外引人注目，山核桃的果實紛紛掉落到地上，發出嗒嗒的聲響。在冬季的雪後時分，他們穿行在森林裡，此時的景象是：櫟樹、白蠟樹和胡桃樹都穿著連伯爵也買不起的「貂皮衣服」。榆樹上最一無所有的細枝也在身上堆疊起一英寸厚的璀璨「珍珠」。

那時候，生活對他們人來說都顯得聖潔而又溫馨，擁有著全新的、大放異彩的非凡意義。只要林肯站在安的面前靜靜俯視著她的那雙湛藍的眼睛，她的心就會高興得唱起了歌；只要她的手觸碰到了他，他就會激動得停止呼吸。他甚至驚異地發現：活在這個世界上是如此無法用語言形容的

五、噙滿淚水的苦澀初戀

美好……

在這之前不久，林肯和一位名叫貝里的人合夥做起了生意。貝里是一位傳教士的兒子，酗酒成性。新塞勒姆這個小鎮在經濟方面每況愈下，鎮上所有的店鋪的經營都難以為繼，但林肯和貝里兩人都沒能看透當時的糟糕局面，他們買下了一座木屋中三家面臨倒閉的店鋪，把它們合併起來，開了一家屬於自己的商舖。

有一天，一位趕著車向愛荷華州（Iowa）搬遷的移居者把他有頂篷的馬車停駐在林肯與貝里擁有的商舖門前，此時道路極為泥濘難行，他的馬顯得疲憊不堪，他決定讓車上的貨物減少一些，於是他把一個裝有各類家庭用品的大木桶賣給了林肯。林肯並不想要家用雜物，但他感覺那幾匹拉車的馬確實很可憐，他付給了那個移居者五十美分，並沒檢查木桶裡裝著什麼就推著木桶把它滾到了商舖的後屋裡。

兩個星期之後，他閒極無聊時想看看自己到底買下了什麼，就把桶裡裝的東西全都倒在了地上。在這個雜物堆的最底部，他找到了一部布萊克斯通（William Blackstone）寫的《英格蘭法律評論》（*Commentaries on the Laws of England*），就馬上開始如飢似渴地讀了起來。那時候農夫都忙著在田裡工作，店裡的顧客很稀少，因此，他有充足的時間。這部書他越讀越感興趣，先前他從未讀書讀得如此廢寢忘食，如醉如痴，他一直堅持到把這部書的全部四卷都精讀完畢。

之後，他做出了一個重大決定：他矢志要成為一位成功的律師，要是安·拉特利奇嫁給這種人，她會感到驕傲。她也非常贊同他的計畫，兩人商定，在他完成法律攻讀計劃並正式成為一名律師之日，就是他們喜結連理之時。

在讀完布萊克斯通的那部書之後，林肯出發穿越大草原來到二十英里

第一部　青蔥歲月的奮鬥

外的春田市（Springfield）：他去那裡是要尋找一位律師，想從他那裡借閱法律方面的其他書籍，這位律師是林肯在抗擊「黑鷹」一戰中結識的。在回家的路上，他一隻手拿著一本翻開的書，邊走邊看。當他遇上費解難懂的地方時，他會越走越慢，直至駐足不前——他會站在那裡仔細研讀，一直到他弄懂它的意思為止。

在路上，他一直堅持這樣學習著，直至他讀了二十至三十頁左右並弄懂了其中艱澀的句子和難懂段落；他堅持學習直到黃昏降臨，堅持到他已看不清書上的字句……星星出來了，他也餓了，於是他才再次加快了腳步。

在那段時間，他心無旁騖，一天到晚總是在研讀著他的法學書籍。白天，他仰面躺在商舖旁的一棵槐樹的樹蔭下看書，把他的赤腳高高地支起來，搭在樹幹上；夜晚，他在桶匠店裡用滿地都是的廢木料點上火，藉著它的光勤懇閱讀。他常常獨自大聲朗讀。有時，他會合上書本，把他剛讀過的那一段的意思寫下來，之後再進行修改，直到他寫下的東西意思非常簡明，連小孩子都聽得懂。

在那段時間，林肯無論去哪裡——無論是去河邊漫步，去林子裡散步，或是去田裡工作——無論去哪裡，他的手臂下總夾著一本奇蒂或布萊克斯通的著作。有一次，一個僱林肯劈木柴的農夫在下午四時左右從牲口棚的拐角那裡走過來時，他發現林肯正光腳坐在木柴堆頂上研讀法律書籍。

門特·格雷厄姆告訴林肯，如果他想在政治和法律方面有所建樹，他就必須懂得語法。

林肯問格雷厄姆：「我從哪裡可以借到語法書？」

格雷厄姆回答，六英里外的鄉下住著個農夫，名叫約翰·萬斯，他有

一本《柯卡姆語法》(*English Grammar in Familiar Lectures*)。林肯一聽，馬上站了起來，把帽子往頭上一戴就立即出發借書去了。

林肯只用了很短時間就掌握了柯卡姆(Samuel Kirkham)在書中所講述的語法規則，這使格雷厄姆非常驚訝。三十年之後，這位任教多年的教師說，他曾教過的學生超過五千人，但林肯在「追求知識、鑽研文學」方面，是他遇到過的「最認真、最勤勉、最直爽的年輕人」。

門特・格雷厄姆說：「據我所知，為了研究同一種意思的三種表達方式中哪種為最優，他曾花費了好幾個小時。」

在完全掌握了柯卡姆語法後，林肯接著讀完了吉朋(Edward Gibbon)撰寫的《羅馬帝國興衰史》(*The History of the Decline and Fall of the Roman Empire*)，羅林(Charles Rollin)撰寫的《古代史》(*Ancient History: Military of Greek & Roman*)，一本美國軍事名人傳，傑佛遜(Thomas Jefferson)、克萊、韋伯斯特的傳記，以及湯瑪斯・潘恩(Thomas Paine)著述的《理性時代》(*The Age of Reason*)。

穿著「藍棉布緊身短外套、製作粗糙的笨重鞋子、淺藍色的褲子──這褲子與上衣和襪子的搭配很混亂，褲腰比上衣低三英寸左右，褲管比襪子高一二英寸」，這位非凡的年輕人在新塞勒姆鎮四處走動，他讀書、研究、懷揣甜蜜的夢想、不斷講故事給人聽，「無論去哪裡」，他都結交了「一大群摯友」。

已故的艾伯特・J・貝弗里奇(Albert Jeremiah Beveridge)是與林肯生活在同一時代的傑出林肯研究者，他在自己撰寫的不朽作品《林肯傳》(*Abraham Lincoln*)中說：

不僅是他的智慧、善良和知識對大眾具有非凡吸引力，而且他怪異的服裝和略顯禮貌欠缺的笨拙也提高了他的知名度，他那不同尋常的短褲尤

第一部　青蔥歲月的奮鬥

其引起了大家的議論，也使大家發笑，成為大家茶餘飯後的重要談資。不久，亞伯‧林肯就成了家喻戶曉的名人。

最後，林肯──貝里雜貨公司倒閉了，這並非是出人意料的結果：由於林肯的心思全花在了書本上，而貝里總是在喝威士忌，而且喝得爛醉如泥，這樣的結局自然是不可避免的。這時的林肯身無分文，他沒錢支付食宿費，於是，他只得去做他能找到的任何體力工作：他為人砍灌木、用木叉把乾草堆成草堆、搭建圍欄、剝榛子殼，曾在鋸木廠打工，還做過一段時間的鐵匠。

後來，在門特‧格雷厄姆的幫助下，他潛心學習起了幾何、函式等複雜的學科，使他自己具備了當土地測量員的條件。他賒帳購買了一匹馬和一個羅盤，砍了棵葡萄藤作為丈量用的測鏈，然後就出發去做城鎮地塊的測量工作了，每測量一塊地，他就能得到37.5美分的報酬。

在這段時間裡，拉特利奇酒店也倒閉了，林肯的心上人只得前往一個農場主那裡幫廚當女傭。此後不久，林肯也在那個農場裡找到了一份犁地種玉米的活。到晚上，他就去安所在的廚房，站在那裡幫她擦拭洗乾淨的碟子。一想到自己離她很近，他的心中便充滿了無法言喻的幸福感，但非常遺憾，在他後來的悠長歲月中，他再也沒有體會到這種狂喜和滿足。在他生命裡的最後一段日子中，他曾對他的一位朋友坦承了他的心聲：早先他在伊利諾當赤腳農民的歲月比他在白宮的歲月更使他感到快樂。

可是，這對戀人的快樂儘管極其強烈，卻也極其短暫。西元1835年8月，安突然病倒了。起初，她並沒感到有什麼病痛，只是感到無精打采、疲憊不堪，她試著像往常那樣堅持進行工作，可是，一天早晨，她卻連床都起不來了。那天她發起了高燒，於是她弟弟騎著馬到新塞勒姆鎮把艾倫醫生請來看病，醫生說她患上了傷寒。她的身體滾燙，但她的腳卻冰涼得

五、噙滿淚水的苦澀初戀

只能用熱石頭才能夠焐熱；她老是要水喝，卻老是失望。從現在的醫學知識來看，本應使用大量的冰使她的身體得以降溫，同時大量為她補水，盡量滿足她汲取水分的要求；可惜，那時的艾倫醫生並不具備這種知識。

使人擔驚受怕的幾週終於慢慢過去了，最後，安虛弱得甚至連手都無法從床上抬起來了。艾倫醫生囑咐說要讓病人處於絕對的休息狀態，因此，探視者均被謝絕，甚至在林肯去看望她的那一夜，他也沒被允許和她見上一面。但是，在隨後的兩天裡，她始終在不斷小聲唸叨著他的名字，懇求要見他一面，那情景非常令人憐惜，於是醫生只得派人去叫林肯來。他到了以後，立刻趕到她的床邊，房門被關上了，房間裡只剩下他們。而這段時間，將是他們相處的最後一段時光。

第二天，安陷入了深度昏迷狀態，昏迷持續到她離開人世，她永遠離開了她愛的人和愛她的人。

隨後的幾個星期是林肯一生中最可怕的一段時光，他無法入睡，茶飯不思。他僵硬的嘴唇不斷呢喃著不想活了，他說他要追隨安而去，這可嚇壞了大家。他的朋友們立即警惕了起來，他們把他隨身攜帶的小折刀收走，並時刻留神觀察他的舉動，以防他自殺。他不想見任何人，悄悄躲開所有人，就算碰到了，他也不會像過去那樣熱情地打招呼了，甚至就像沒看見他們似的，他似乎正凝視著另一個與他無關的世界，幾乎沒意識到這個世界的現實存在。

他日復一日地步行五英里路前往康科德（Concord）公墓，安就在那裡入土為安。有時，他會在墓地當中呆坐很久，久得引起了他朋友們的強烈擔憂，他們就前往墓地把他強行帶回家。暴風雨來臨時，他會突然大哭起來，說一想到雨點敲打著她的墳墓，他就感到錐心之疼。

一次，有人發現他步履蹣跚地行走在桑加蒙河的河岸上，嘴裡咕噥著

049

第一部　青蔥歲月的奮鬥

不連貫的話語，大家擔心他可能會因此精神失常。

於是，艾倫醫生被找來為林肯診治。在意識到問題出在哪裡後，他囑咐說，必須馬上找份工作給林肯，有事做了之後，他才不會整天胡思亂想。

在鎮子以北一英里的地方，住著林肯的一位密友，名叫鮑林・格林；他把林肯帶到家中，承擔起了照看林肯的全責。他家的位置偏僻而安靜，在他家的後面，長滿櫟木的陡崖突兀而起，並起伏著向西部綿延；在他家的前面，平坦的河岸低地一直延伸到河邊長著成排樹木的桑加蒙河。南希・格林刻意讓林肯始終處於忙碌狀態，她讓他劈柴、挖馬鈴薯、摘蘋果、擠奶，在她紡線時幫她拿著紗。

但幾週過去了，幾個月過去了，幾年過去了，可是林肯依舊處於強烈的悲傷情緒中。

安去世兩年後的西元1837年，身為州議會議員的林肯曾對另一位議員說：「雖然在別人看來，似乎我有時會非常快樂地享受生活，但當我一個人獨處時，我的情緒依舊會非常低落，低落到我都不敢讓自己隨身攜帶刀具，怕自己會做出可怕的事情。」

從安去世的那天起，他就像是變了個人似的。那時籠罩在他頭上的憂鬱陰雲有時會短暫地散去，但憂鬱卻一直在變得越來越嚴重，直到他逐漸成為整個伊利諾州最哀傷的人。

赫恩登是後來林肯在律師事務所時的合夥人，他說：「我從未發現林肯在二十年間曾有過真心快樂的一天……無論他走到哪裡，臉上總是帶著憂鬱的表情。」

從安去世起直至林肯生命的終結，林肯幾乎是鬼迷心竅般喜歡主題涉及悲嘆和死亡的詩篇。他時常數小時都一言不發地沉默坐著，出神地想心

事，看上去簡直就是沮喪之神的化身；隨後，他會突然張口背誦起〈最後一片葉子〉(The Last Leaf) 中的這幾行詩：

長滿苔蘚的大理石，安放在那兩片嘴唇之上，
在它們開花之時，他曾將它們親吻；

他喜歡聽到的名字已經在許多年前被刻成了墓碑的碑文。

在安去世後不久，他把一首篇名為〈終有一死〉的詩背誦下來，這詩的第一行是：「啊，凡人之心哪有理由去揚揚得意？」這首詩成了他最喜愛的詩。當他以為沒有其他人在聽時，他常獨自一人背誦這首詩；他曾在伊利諾州的幾家鄉村客店裡向聽眾朗誦這首詩；在公開演說中，他也朗誦過它；還曾在白宮中向客人朗誦過。他把這首詩抄寫了若干份，分送給他的朋友。他曾說：

「要是我能夠寫出這樣的詩篇，即使我得交出我全部的財產並為此負債累累，我也在所不惜。」

他最喜歡的是這首詩的最後兩節：

是呀！希望和失望，快樂和苦累，
像晴天和雨天，混雜在一起，交替輪迴；
歡歌和輓歌，笑容和眼淚，
好比後浪接前浪，永遠相伴相隨。
從健康茁壯的花季，到死亡時的蒼白無力，
從金碧輝煌的客廳，到棺材和壽衣，
人生短暫猶如白駒過隙，苦短嘆息間飛逝已完，
啊，凡人之心哪有理由揚揚自得！

安的靈柩所在地康科德公墓歷史悠久，那是一塊靜謐祥和的土地，位於一座寂靜農場的中間。墓地的三面被麥田包圍，第四面正對一片綠草如

第一部　青蔥歲月的奮鬥

茵、牛羊遍野的牧場，公墓墓地自身現已長滿灌木叢和藤蔓，是人跡罕至的一塊地方。在春天，鵪鶉在墓地裡築窩，打破此處寂靜的唯有綿羊的叫聲和鵪鶉的鳴叫。

在長達半個多世紀的時間裡，安・拉特利奇的屍骨始終平平安安地安葬在那裡，但在西元 1890 年，一個當地從事殯葬生意的人開始在四英里之外的彼得斯堡（Petersburg）經營一塊新的墓地；那時的彼得斯堡已有一處名為玫瑰山公墓的墓地，那裡風景秀麗、地方寬敞。這就造成新公墓墓地的銷售頗為困難。於是，這個貪婪的喪葬承辦人突然起了邪念，策劃出一個可怕的陰謀：他要褻瀆林肯心上人的墳墓，把她的屍骨遷到他所經營的那個新公墓去，然後利用「她葬在那裡」這一點來吸引大眾眼球，來達到其增加墳地銷量的目的。

於是，「在西元 1890 年 5 月 15 日或是在那前後的某一天」──這裡引號中援引的是令人震驚的他坦白的原話，他掘開了她的墳墓。他在其中找到了什麼呢？我們知道答案，因為有一位說話不多的老太太曾對本書作者講述了全部有關情況，還發誓說她說的都是真話──她現在還活著，居住在彼得斯堡。她是麥格雷迪・拉特利奇的女兒，是安・拉特利奇的表妹。麥格雷迪・拉特利奇當年常和林肯一起在田裡工作，在林肯當土地測量員期間，他曾替林肯打雜，他曾和林肯一起生活。因此，關於林肯與安之間的愛情，他所了解的情況很可能是除這對伉儷之外的人士中最多的。

在一個夏日的夜晚，萬籟俱寂，這位老太太坐在她家門口的搖椅上對本書作者說：「我常聽到我父親說，安死以後，林肯先生常走五英里路到安的墳地去，而且在那裡待上許久，久得我父親都擔憂起來，怕他出了什麼事，於是就匆忙趕去把他帶回家來⋯⋯對，安的墳墓被掘開時，我父親和那個喪葬承辦人在一起，我常聽到我父親說，他們能找到的安的遺體所留下的唯一痕跡，只有她衣服上的四顆珍珠鈕扣。」

五、噙滿淚水的苦澀初戀

於是，那個喪葬承辦人迫不及待地拿走了那四顆珍珠鈕扣，還挖走了一些墳上的土，把它們埋在了彼得斯堡新開張的那個由他經營的奧克蘭公墓，然後，他就開始大肆宣揚安・拉特利奇安葬在那裡。

現在，在夏季的那幾個月，成千上萬的瞻仰者會開車前往那裡，在據稱是她的墳墓那裡浮想聯翩。我常看到他們低著頭、流著淚站在那裡，他們腳下不遠處掩埋著那四顆珍珠鈕扣，在這四顆珍珠鈕釦的正上方豎立著一塊美觀的花崗岩紀念碑，碑上鐫刻著選自埃德加・李・馬斯特斯（Edgar Lee Masters）的《匙河詩選》（*Spoon River Anthology*）的這樣幾句詩：

雖然我一無所有、默默無聞，
但我願這不朽的樂章永遠迴盪在世間：
「別恨任何人，要愛全人類。」
我願千百萬人寬恕千百萬人，
我願一個民族的慈祥善良的臉散發著正義和真理的光芒。
我是安・拉特利奇，在此處的野草下長眠，
我生前承蒙林肯的深愛，
雖與他未能結成連理就陰陽永隔，
但我和他已成為一體。
啊，合眾國！
我在九泉之下衷心祝您永遠昌盛！

可是，安的不可褻瀆的遺骸依然長眠於古老的康科德公墓，那個貪婪的喪葬承辦人是無法把它遷走的。她依然在那裡，人們記憶中的她也依然在那裡。在鶉鶉鳴叫、野玫瑰盛開的那片地方，有一個地點因林肯曾在那裡灑下淚水而變得神聖。他曾說，那個地點是他心靈的埋葬與永恆的休憩之處，那個地點也會是安・拉特利奇真正嚮往的長眠之所。

六、與瑪麗的邂逅

　　安去世兩年後的西元1837年3月，林肯從新塞勒姆鎮啟程，騎著一匹借來的馬來到春田市，開始了被他自己稱作「成為見習律師」的生涯。

　　他在馬鞍的袋子裡裝載上的他全部財物，他擁有的全部東西只不過是幾本法律書籍、幾件換洗用的襯衫和一些內衣。他還帶著一隻陳舊的藍色短襪，裡面裝著一些面值為6.25美分和12.5美分的硬幣，這些錢是新塞勒姆鎮郵政站在突然停業前，他代收上來的郵資。林肯在春田市的第一年手頭時常急需現金，而且需求極為緊迫，他原本可以先花掉這些郵資，然後在有關政府部門的人來結算和收取郵資時，用他自己的錢再補上財政窟窿，但如果他這樣做了，他就會感到自己的品德出現了缺陷。因此，當郵政審計員最後來結算時，林肯移交給他的錢非但一分不差，而且就是前一兩年間，他擔任郵政站主管時代收上來的那些硬幣。

　　在林肯騎著馬來到春田市的那個上午，他不僅沒有完全歸屬於自己的積蓄，而且更糟的是，他還欠著別人一千一百美元的債務，這在當時可是一大筆錢：此前，他和貝里在新塞勒姆鎮合開雜貨店的冒險投資慘遭厄運，其虧損造成了這一嚇人的債務總額。後來，貝里由於酗酒過度而突然暴病身亡，留下林肯一個人承擔起全部的還債責任。

　　當然，林肯不一定非得還債，他本可以以分割責任、商舖倒閉等為藉口，利用法律上的漏洞來逃避部分債務。

　　可是，林肯的高尚人格不允許自己在為人處世方面這樣做，恰恰相反，他主動到他的債主那裡去，向他們承諾：他必定會連本帶利地把欠他們的每一塊美元都還清，只要他們願意給他一定的時間。債主們除了一個人，其他人都同意，不同意的這個人名叫彼得·范·伯格；他馬上和林肯

六、與瑪麗的邂逅

對簿公堂並獲得勝訴，於是林肯的馬和測量土地用的工具被公開拍賣，拍賣收入歸屬於伯格。不過，其他人還是選擇了等待，林肯為了對他們言而有信，在長達十四年的時間裡始終費心存錢，過著節衣縮食的日子。甚至時間已經推移到了西元 1848 年 —— 這時他已貴為國會議員，他還在把他薪水的一部分拿出來寄回老家，以償還因雜貨店倒閉而欠下的那筆陳年老債的最終剩餘部分。

林肯抵達春田市的那個上午，他把馬拴在公共廣場西北角上的喬舒亞·F·斯皮德百貨店的大門前，下面是斯皮德親口講述後來發生的事情經過：

他是騎著一匹借來的馬來到鎮上的。他已經在全鄉唯一的木匠那裡訂製了一張單人床架，走到我的店裡後，他把馬鞍袋放到櫃檯上，向我詢問購買與一張單人床架配套的家具要花多少錢。我拿起石板和石筆計算了一番，算出全套家具所需總金額為十七美元。他聽後說：「這大概還算是挺便宜的，但可惜雖然挺便宜，我卻拿不起這筆錢，假如你能夠賒帳賣給我，一直賒到聖誕節，並且我在這裡成功成為實習律師的話，那麼我會在那時付清賒帳欠款；如果我當律師失敗了，那我就很可能永遠付不了那筆賒帳了。」他說話的語氣極為沮喪，沮喪得我都替他感到難過。我抬眼看了看他，心想 —— 就像我現在想得那樣 —— 我一生中從未見到過如此憂鬱、這麼沮喪的一張臉。

我對他說：「似乎這筆小債務就會給你造成很大的影響，那麼，我想我有個計劃可以提出來供你考慮，如果照計劃進行，那麼你既能達到你的目的，又不會欠債。我有個很大的房間，裡面有張很大的雙人床，如果你願意，我十分歡迎你和我同睡那張床。」他問：「房間在哪裡？」我一邊指著從店鋪通往我房間的樓梯，一邊回答說：「就在樓上。」他什麼話都沒說，把他的馬鞍袋往手臂上一搭，走上樓去把馬鞍袋放在地板上，然後，

第一部 青蔥歲月的奮鬥

又走下了樓。他臉上露出了愉快的笑容，大聲對我說：「好吧，斯皮德，我真的大為感動，很承你的情。」

於是，在隨後的五年半時間裡，林肯一直在店鋪的樓上過夜，他與斯皮德同床共眠，從未需要支付任何房租。

另一位名叫威廉・巴特勒的朋友把林肯帶到家裡，他不僅讓林肯蹭飯吃長達五年之久，而且林肯的衣服有不少還是他買來送給他的。林肯在有能力時很可能盡其所能付給過巴特勒一點錢，但兩人從來沒有講定過價碼，整體而言，搭夥這件事屬於朋友之間那種較為隨意的約定，是友誼而非利益上的合作。

在吃住問題上能有朋友援手相助，使林肯對上帝充滿了感激之情。因為要是沒有巴特勒和斯皮德的幫助，他就絕不會在成為律師的道路上獲得成功。

他與名叫斯圖爾特的另一位律師建立了合夥關係。斯圖爾特的大部分時間都投入到了政治事務中，他把律師事務所的例行事務都交給了林肯。例行事務並不多，而且事務所也很不像樣子，內部陳設只有「一張又小又髒的床、一件野牛皮做的律師服、一把椅子、一張長凳」，還有一個蹩腳的書櫃，裡面放著幾本法律書籍。

這家事務所留存下來的文件表明，事務所開張後的前六個月只接收過五筆律師費：一筆是2.5美元；另有兩筆各5美元，還有一筆10美元；在另外一次訴訟中，他們只得收下了一件大衣，算作是客戶支付的部分律師費。

這使得林肯極為洩氣，以至有一天他路過佩奇・伊頓木匠店時特地停住了腳步對老闆坦白說，他想放棄律師行業而改當木匠。再往前倒退幾年，當林肯在新塞勒姆鎮攻讀法律書籍時，他就認真考慮過把他的那些法律書籍拋在一邊，去當個鐵匠。

六、與瑪麗的邂逅

在春田市的第一年，林肯非常孤獨。與他見面的人差不多隻是那些常在晚上聚集到斯皮德商店來，待在店鋪的後面爭論政治話題和消磨時間的男人。林肯在星期天不願去教堂做禮拜，因為就像他所說的那樣，他不知道在正規的教堂中舉止要怎樣才算是得體的，而春田市的那些教堂都非常金碧輝煌。

在他剛來的第一年間，只有一個女人和他說過話，而且他在給一位朋友的信中提到，「要是她沒有必要和他說話的話」，她就絕對不會理會他的。

可是，在西元 1839 年，有一位女士來到了鎮上，她不僅和他說話，而且還開始追求他，並決心嫁給他共度此生，她名叫瑪麗·陶德（Mary Todd）。

有人曾問過林肯，陶德那家人為什麼那樣來拼寫他們的姓，他回答說，他猜測原因是他們覺得寫兩個「d」才算是大吉大利，雖然上帝（God）也不過擁有一個「d」而已。

陶德家族自誇是名門望族，其族譜可一直追溯到西元 6 世紀。瑪麗·陶德的祖父、外祖父、曾祖父、曾外祖父和叔祖父輩分的人曾官至將軍和州長，有一位前輩還曾擔任海軍部長。瑪麗自己曾在肯塔基州萊辛頓的一所貴族法語學校接受過教育，這所學校是維克托里·夏羅特·勒克萊爾·芒泰勒太太與她的丈夫興辦的，這兩個法國貴族在法國大革命期間從巴黎逃了出來，以擺脫被送上斷頭臺的厄運。他們把瑪麗訓練成為能說一口巴黎腔法語的人，並教會了她跳八人交誼舞和切爾克斯圓舞，舞步的風格與早先凡爾賽宮裡那些風雅朝臣的翩翩舞步毫無二致。

瑪麗在為人處世的態度上有些自高自大、盛氣凌人，她自視甚高，具有非常強烈的自我優越感，而且她始終堅信，總有一天她會嫁給一位日後

第一部 青蔥歲月的奮鬥

會成為美國總統的男人。雖然這好像令人難以置信，但她不僅始終抱持著這種信念，還公開宣揚自詡。由於她的話聽起來相當愚蠢，人們就嘲笑她並暗中譏諷她，但沒什麼能動搖她的信念，也沒什麼能阻止她的自詡。

她的親姐姐在談及瑪麗時說她「喜歡炫耀和張揚，喜歡浮華和權力」，還說她是「我所認識的最有野心的女人」。

不幸的是，瑪麗時常發脾氣，於是，在西元1839年的一天，在和繼母吵了一架後，她砰地一下用力關上了自家的大門，氣沖沖地離開家前往春田市她已婚的姐姐家裡和她住在一起。

如果她矢志不渝地要嫁給一位未來的總統，那麼，她無疑選對了最合適的地方，因為，待在全世界任何一個其他地點都不會比待在伊利諾州春田市這裡更接近於實現她的夢想，更能讓她的前景光明。那時的春田市只是一個又小又落後的邊疆偏僻鄉鎮，是在不見樹木的廣闊無垠的大草原上，在沒有明確規劃的情況下逐步自發擴展形成的，鎮上的道路全部都是未經鋪設的土路，沒有路燈，也沒有人行道，甚至沒有水溝。牛在鎮上四處亂走，完全處於散養狀態，進出任何地方都是隨心所欲；豬在城市的主要街道上的土坑裡恣意打滾，一堆堆腐爛的肥料發出陣陣令人作嘔的氣味飄散瀰漫在空氣中。全鎮的總人口只有一千五百人，但是在西元1839年，有兩位注定要在西元1860年成為總統候選人的年輕人都居住在那裡。一位是史蒂芬·A·道格拉斯（Stephen Arnold Douglas），他將會成為代表民主黨北派的總統候選人；另一位就是亞伯拉罕·林肯，他將作為共和黨候選人參加競選。

他們都先後與瑪麗·陶德相識，兩人在同一時間段內都曾追求過她，並都曾擁抱過她。她曾表示他們兩人都曾向她求婚。

據她姐姐說，當瑪麗被問及她想嫁給哪一位追求者時，她總是回答：

六、與瑪麗的邂逅

「當然是最有希望成為總統的那一位。」

這等同於說是想嫁給道格拉斯，因為就當時的情況看來，道格拉斯的政治前途似乎要遠比林肯光明百倍。儘管道格拉斯時年只有二十六歲，但已得到了「小巨人」的綽號，而且，他那時已經成為了國務卿；而林肯僅僅是一位住在斯皮德店鋪樓上閣樓裡，尚在通往成功的道路上不斷打拚，籍籍無名的律師，他甚至連共食的膳食費都難以按時支付。

道格拉斯注定在林肯的名字響徹全美國的好多年前，就已經成為全美最有權勢的政治巨頭之一。事實上，就在林肯成為總統的兩年前，絕大多數的美國人對他的了解還僅僅停留在一件事上，即他曾與大權在握的傑出人物史蒂芬‧A‧道格拉斯展開過辯論。

瑪麗身邊的所有親人都認為她對道格拉斯的關注程度遠超她對林肯的關注，事實很可能是她確實對前者較為在意。在女士的心目中，道格拉斯是個比林肯強得多的理想伴侶，他具有更強的個人魅力、更好的政治前景、更得體的待人接物方式及更高的社會地位。

此外，他擁有低沉而富有磁性的洪亮嗓音，他那向後梳的黑髮猶如湧起的波濤，他跳華爾茲跳得極好，而且，他會不時對瑪麗‧陶德說上幾句極為甜美的恭維話。

他這樣的男子絕對是她的理想情人，她一邊照鏡子，一邊小聲地自言自語：「瑪麗‧陶德‧道格拉斯。」這個姓名聽起來如此美妙，於是她不由得開始幻想她自己在白宮裡和他一起跳華爾茲舞……

在道格拉斯追求瑪麗的那段時間裡，有一天他與一位在報社當編輯的人打了一架，而且就在春田市的公共廣場上，在眾目睽睽之下發生了衝突，而那位編輯是瑪麗閨中密友的丈夫。瑪麗很可能對道格拉斯的這次打架行為當面表達了不滿。

第一部　青蔥歲月的奮鬥

　　道格拉斯還曾在一次公共宴會上喝得酩酊大醉，隨後，他爬上餐桌，在桌子上走來走去，還跳起了華爾茲，他一邊喊，一邊唱，一邊把酒杯、火雞、威士忌酒瓶和肉汁碟都踢到了地上。瑪麗事後可能也表達了極度的不滿。

　　此外，在他對她大獻殷勤的那段日子裡，如果他帶上另一位女孩去參加舞會，她就會大鬧一場，弄得大家都尷尬異常。無論發生過什麼，總之道格拉斯的求愛最終不了了之。

　　但貝弗里奇參議員曾經表示：儘管曾有消息說道格拉斯曾向瑪麗求婚，卻由於「品行」不佳而被拒絕，但這種說法顯然是在諸如此類例子中非常多見的旨在保護自己的不實宣傳。道格拉斯非常精明，老於世故，是不會落下這種口實的，事實應該是他從未向瑪麗求過婚。

　　在極度的失望中，瑪麗開始對道格拉斯仕途上的死敵亞伯拉罕·林肯投入異乎尋常的關愛，她試圖以此來激起道格拉斯的忌妒之情。但這並未使道格拉斯回心轉意，於是，她想好了將林肯俘獲的全盤計劃。

　　瑪麗·陶德的姐姐愛德華茲在後來曾這樣表述瑪麗對林肯的追逐：他們兩人在房間裡坐著時，我時常也在那裡，瑪麗總是在交談時處於主動的一方，林肯先生則坐在她身邊靜靜地聆聽著。他幾乎總是一言不發，只是默默地安靜凝視著她，彷彿不可抗拒地被她的某種無形但足以使他甘拜下風的力量吸引著，她的智慧使他悠然神往，她的敏銳洞察力使他沉湎無法自拔。不過，他做不到與具有瑪麗這種教養背景的女子進行不間斷的交談。

　　那年7月，已被談論了數月之久的輝格黨（Whig Party）大聚會正式開始，與會的會眾潮湧般來到春田市，使整個小鎮都空前熱鬧起來。他們來自鎮子周圍數百英里之外的多個地方，隊伍中旗幟飄揚，樂隊演奏著樂

六、與瑪麗的邂逅

曲。芝加哥代表團將一條裝配成雙桅船的政府用船依靠拖船拖拽橫跨了半個州來到這裡，船上演奏著各類音樂，女孩們在跳著舞，禮炮被鳴放到空中。

民主黨人曾把輝格黨的候選人威廉・亨利・哈里哈里森（William Henry Harrison）說成像一個居住在小木屋裡、喝著烈性蘋果酒的老婦人。於是，輝格黨人就給一個小木屋裝上輪子，用六十頭牛拉著它穿行在春田市的街道上，一棵山核桃樹在小木屋旁搖來晃去，樹上有浣熊在彼此嬉戲，在木屋門的旁邊有一個裝有龍頭的烈性蘋果酒酒桶。

夜幕降臨後，林肯在點燃的火把的照耀下進行了一次政治演說。

在此之前的某次會議上，林肯所屬的黨派，即輝格黨，曾被指責是貴族派頭十足、穿著最精美的衣服，卻來號召吃不飽飯的平民百姓投他們的票。林肯在演說中對此進行了回答：

「初來伊利諾州時，我是一個沒受過教育的窮小子，沒有親朋故友的外鄉人。我在一條平底船上開始了我的打工生涯，酬勞只有每月八美元。我當時只有一條長褲，是用鹿皮製成的，當鹿皮被弄溼、又被陽光晒乾後，它就會大幅收縮，我的褲子不斷收縮，直到我的小腿在已經露出幾英寸之多。我的個子越長越高，我的褲子由於老被弄溼而變得越來越短，同時也越來越緊，直到褲腳在我的小腿上留下了一圈明顯的藍色條紋，這一條紋至今依舊清晰可見。我說要是這都可以被指責是個只會穿著華而不實的衣裳，卻不知道民間疾苦的貴族，那麼，我必須承認我就是這樣的一種人。」

聽眾們紛紛吹起了口哨，他們呼喊著、尖叫著，以此表示他們對林肯及其演說的推許。

當林肯和瑪麗來到她姐姐愛德華茲夫人家的門口時，瑪麗對他說她是

多麼為他感到驕傲，對他說他是個最了不起的演說家，有朝一日，他一定可以成為總統。

他垂下目光凝望著她，在皎潔的月光下，她正站在他的跟前，她的神態向他洩露了一切情感。他伸過手去，把她攬入懷中，輕輕地吻她……

婚禮舉行的日子定在西元 1841 年的元旦那一天。

此時離那一天只剩下半年時間了，可在那之前，卻有風暴山雨欲來。

七、婚禮前後的如潮風波

瑪麗‧陶德與亞伯拉罕‧林肯訂婚之後不久，她就想要開始改造他。她不喜歡他的穿著打扮，她時常把他與自己的父親相比較。在十多年間，差不多每天清晨，她都在目送羅伯特‧陶德走上萊辛頓（Lexington）的街道，他攜帶著一根黃金把手的手杖，身穿藍色絨面呢外套與白色亞麻布的長褲，褲腳邊用皮帶捆著塞到靴子裡。可是，林肯在天熱時就不會穿外套，更糟的是，有時他甚至會不戴上硬領。一般情況下，他穿著的吊帶褲僅有一根吊帶處於吊著的狀態；當他衣服上的扣子掉了時，他就會找來木頭自己動手將其削成一根木釘，然後用它把衣服敞開的部分牢牢固定在一起，顯然這副儀容打扮並不符合上流社會的習慣。

此類不修邊幅的粗俗裝扮徹底激怒了瑪麗‧陶德，於是她特別與他專門談了這件事，但不幸的是，在她和他談話時，她完全沒有注意方式和技巧，沒能在溝通時表現得老練而溫柔。

雖然早先在萊辛頓時，維克托里‧夏羅特‧勒克萊爾‧芒泰勒太太興辦的學校教會了瑪麗跳八人交誼舞，但在與別人打交道的精妙技巧方面，

七、婚禮前後的如潮風波

她卻顯然一無所知，於是，她採用了必定會在最短時間內消滅一個男人心中愛意的方法——她不斷地找碴並嘮叨。她使林肯感到極其彆扭，彆扭得都想時刻躲著她。以前他每週會抽出兩到三個晚上來看她，可現在，他有時過了十天都不願意去探望她一次。於是，她就寫信給他，沒完沒了地抱怨和批評他的「疏忽」。

不久之後，一位叫馬蒂爾達·愛德華茲的女士來到了鎮上。馬蒂爾達是一位個子高䠷、儀態端莊、嫵媚動人的金髮女郎，是瑪麗·陶德的姐夫尼尼安·W·愛德華茲的表妹，她也在寬敞的愛德華茲宅第當中住了下來。當林肯來看望瑪麗時，馬蒂爾達也注意到了這位高個子的小夥子，開始設法不時地在林肯面前出現，她不會說巴黎腔的正宗法語，她也不會跳切爾克斯圓舞，但她知道怎樣更好地俘獲男人的心，結果林肯開始喜歡上她了。當她熱情如火的走進房間時，林肯對她十分感興趣，以至於有時顧不上傾聽瑪麗·陶德正在講的話，這使瑪麗氣惱異常。有一次，他帶著瑪麗出席一個舞會，但他討厭跳舞，於是他讓她和別的男人跳，而他自己則坐在角落裡和馬蒂爾達談天說地。

瑪麗指責他移情別戀，喜歡上馬蒂爾達時，他也沒否認；於是她情不自禁地哭了起來，要求他永遠不把目光停留在馬蒂爾達身上。

曾經前景光明絢爛的愛侶，如今彼此不斷爭鬥，充滿不和，彼此猜忌，關係已經接近分崩離析。

現在林肯明白了他和瑪麗在各個方面都有著巨大的差異：無論是在教養、背景、性格、情趣和思想看法上都是完全格格不入的。他們兩人時常惹對方生氣，林肯意識到他們的婚約必須解除，否則他們的婚姻必將是災難性的。

瑪麗的姐姐和姐夫兩人也得出了相同的結論，他們力勸瑪麗完全放棄

第一部　青蔥歲月的奮鬥

和林肯結婚的念頭，並一再警告她：他們明顯不般配，這樣的婚姻絕不會給他們帶來幸福。

可是，瑪麗卻怎麼都聽不進去。

林肯希望把這一令人痛苦的事實真相向瑪麗挑明，好幾週之後的一個夜晚，他終於鼓足了勇氣。他來到斯皮德的店裡，來到壁爐旁，從口袋中拿出一封信，然後遞給斯皮德讓他朗讀一遍。斯皮德事後說：

信是寫給瑪麗・陶德的，他在信中清楚無誤地說明了他的感受。他對她說，他平心靜氣、非常慎重地仔細考慮了他們的關係，現在覺得他能夠給予她的愛，還不足以使她值得嫁給他。他想讓我去送出這封信，在我拒絕時，他聲稱會委託另一個人去辦理此事。我提醒他說，一旦把那封信交到陶德小姐手中，馬上就會造成對她有利而對他極端不利的局面。我對他說：「在私下交談中說的話能夠被忘卻、被誤解或是沒被注意到，也沒有證據被留存下來，但一旦你把這些話寫下來，那麼這些白紙黑字的話語就會成為對你不利的證據，而且是十足的證據。」我隨即把那封命運不濟的信扔到爐火中，付之一炬。

因此，我們將永遠無法知曉林肯對她說的話語的確切內容，但「我們可以大致正確地推想出他寫給瑪麗・陶德的信的內容」—— 貝弗里奇參議員說 ——「藉助的手段是重讀一下他寫給歐文斯小姐的最後一封信」。

關於林肯與歐文斯小姐交往的情況可以談得較為簡短，事情發生在四年前。歐文斯小姐是貝內特・埃布林夫人的妹妹，貝內特是林肯還居住在新塞勒姆鎮時結識的。西元1836年秋，埃布林夫人要回肯塔基州去看望她的娘家人，她在動身前對林肯說，假如他同意娶她的妹妹，她就把她帶著一起返回伊利諾州。

林肯在三年前曾見過她的那位妹妹，於是他就答應了。之後不久，她

七、婚禮前後的如潮風波

的妹妹出現了，她的臉蛋非常漂亮，而且她有教養、有水準，經濟上也不錯，可是林肯不想娶她，他思考「她似乎喪失了應有的矜持自律」。此外，她比他大一歲，而且個子較矮、人又很胖。林肯對她的評價是：「與法爾斯塔夫倒像是天生一對。」「我對她一點都不滿意，」林肯說，「我該怎麼辦呢？」

埃布林夫人「非常著急」，她希望讓林肯信守承諾。

但林肯對婚事並不熱心，他後來承認他那時「總是為當初的草率承諾而感到後悔」，一想到要娶她，他就分外害怕起來，就猶如「愛爾蘭人害怕絞索」一般。

於是，他寫信給歐文斯小姐，坦率而又老練地對她陳述了他自己的感受，試圖使自己從婚約中解脫出來。我們選取了其中的一封信，是西元1837年5月7日林肯在春田市寫的，我相信它能夠使我們頗為準確地從中推論出他寫給瑪麗·陶德的信件的內容。

瑪麗朋友：

在這封信之前，還有兩封要寄給妳的信，我已經寫下了開頭，但那兩封都是我還沒寫到一半就覺得非常不滿意，於是，我把它們撕掉了。第一封我覺得說得不夠認真，第二封又走了極端。我最後決定寄給妳如今這封信，不管它寫得到底和不合時宜，或者能否讓妳滿意。

無論怎樣，生活在春田市是一件相當乏味的事情，至少對我而言，情況確實如此。在這裡，我感受到的寂寞堪稱超過了我的前半生所感受到的寂寞的總和。從我來到這裡開始，直到現在，只有一個女人與我說過話，而且如果不是迫不得已，她是不會和我說話的。我從未去教堂做過禮拜，在可預見的未來裡大概也不會去，我之所以要躲開，是因為我不懂得做禮拜時我該怎樣做才算得體，對這一點我是有著足夠的自知之明的。我常常想起我們有關妳到春田市來生活的談話，恐怕妳對這裡的生活是根本不會

第一部　青蔥歲月的奮鬥

感到滿意的，這裡常能見到上等馬車招搖過市，但是妳注定只能當一個對此情此景的看客，卻不能做一位神氣活現的乘車人。在這裡長期生活，妳就只能陷入貧窮，而又沒有辦法能夠掩飾妳的貧窮。妳認為妳能很有耐心地忍受這種情況嗎？要是有任何一位女子把她的命運和我的命運綁在一起，那麼無論她是何許人，我都會想方設法盡我所能地使她幸福與滿意；要是我的努力終歸於失敗，那麼這種失敗會是我想像得到的最令我傷心的事情。我知道，和妳在一起生活要比我現在一個人生活要幸福得多，但前提是我沒有看到妳的種種不滿表示。

妳曾對我說過的話或許只是在開玩笑，要不就是我實際上誤解了妳的話。如果情況是這樣，那就讓我們忘掉過去的那些話吧；如果情況並非如此，那麼我非常希望妳能夠認真考慮後再作決定。至於我，我已經作出了最終的決定，我所做出的承諾，我會絕對信守，前提是妳希望我能夠信守承諾的話。我的看法是，不在這裡長期生活是妳最明智的選擇，妳一向不習慣過苦日子，而這裡艱難困苦的程度可能遠超妳的想像。我知道妳能對任何問題得出正確的決斷。如果妳對我們之間的這個問題已經考慮成熟後，隨後做出了決定，那麼我會欣然尊重妳的選擇。

妳在接到這封信後，一定要寫給我一封足夠詳盡的回信，我在這裡懇請妳。雖然在妳寫完信後，這封回信在妳而言或許沒有意義，但在這片工作繁忙的荒野地帶，它將是我休閒時光的極佳伴侶。對妳姐姐來說，我不想聽她再談起賣掉家產後搬家的話題，每當我想起她的這個餿主意，我就感到飽受刺激。

林肯敬上

林肯寫給歐文斯小姐的信件內容就是以上這些，讓我們回過頭來接著講他與瑪麗·陶德之間的情況進展。斯皮德把林肯寫給陶德小姐的信扔進了火爐裡使其灰飛煙滅，然後轉過身來對與他同住一室的這位朋友說：

「現在，如果你還擁有男子漢應有的勇氣的話，你應該親自去面見瑪

七、婚禮前後的如潮風波

麗。假如你不愛她，就把你不愛她的這一真相當面告訴她，並對她說你不能娶她為妻。注意說話要言簡意賅，說完後找個機會馬上離開是非之地。」

斯皮德敘述說：「我這樣勸告他之後，他扣好了上衣鈕子，臉上帶著非常堅定的神情出發去執行這項艱鉅但重要的任務，具體應當怎麼做，我已給了他明確的指點。」

赫恩登在《林肯傳》中是這樣記述的：

那天夜裡，斯皮德沒和我們一起上樓去睡覺，他藉口想讀點書，繼續待在樓下的店鋪裡，他在等著林肯歸來。十點鐘過去了，林肯與陶德小姐的面談依然沒有結束。終於，在十一點剛過不久時，他躡手躡腳地走了進來。從林肯在陶德小姐那裡逗留的時間長度來判斷，斯皮德猜想他對林肯的指點沒被採納，因此心裡非常高興。

「呃，老兄，你照我所說的、照你所答應的那樣去做了嗎？」斯皮德先發問道。

「沒錯，我照辦了，」林肯心事重重地回答，「當我對瑪麗說出我不愛她時，她放聲痛哭起來。她幾乎是從椅子上彈跳了起來，似乎極度痛苦地扭擰著雙手，說了一些『你這是在自欺欺人』之類的話。」然後，他就陷入了沉默。

「你接下來還說了些什麼呢？」斯皮德問道，他想從林肯口中獲知事情的真相。

「斯皮德，我對你說實話吧。當時的情況使我難以承受，我發現眼淚正順著我的臉頰悄然滴落，我於是一下子把她緊緊抱在懷裡，並吻了她。」

「那麼，你就是那樣去準備解除婚約的嗎？」斯皮德嘲笑他說，「你不僅在解除婚約上處理得很不明智，而且你的行為實際上等同於重新訂立了

第一部　青蔥歲月的奮鬥

婚約，現在你已經沒有體面的退路可走了。」

「哦，」林肯慢吞吞地說，「如果我又受到了新的婚約的束縛，那就這樣吧。既然事情已經到了這一步，我會遵守婚約的。」

幾個星期過去了，預訂的婚禮日期即將到來。幾位女裁縫忙著為瑪麗·陶德準備嫁妝，愛德華茲的宅第被粉刷一新，起居室進行了裝修，地毯換成了新的，家具被擦亮並移位重新擺放。

但與此同時，林肯的身心在發生令人駭異的變化。我們不知道該怎樣描述他的這種狀態，極度的精神沮喪，並帶著一股令人憂心忡忡的悲傷，它是影響到身心兩個方面的一種危險疾病。

林肯在那段時間裡日漸消沉，正在進入以上所說的這種狀態。

他的精神已經瀕臨錯亂，在這可怕的幾週中，他遭受的心理折磨難以形容，對他造成的負面影響極為嚴重。在後來的日子裡，他是否完全擺脫了這種影響難以判斷。雖然他已經完全確定地同意娶瑪麗為妻，但他的全部身心卻在反叛自己的決定，在不知不覺之中，他在尋覓一條能夠逃避的道路。他會好幾個小時都呆愣愣地坐在店鋪上面的那個房間裡，不想去他的律師事務所辦公或是履行自己身為州議員的職責，去出席州議會的會議。有時，他在凌晨三時就起床，下樓在壁爐裡點起火，然後呆望著那團火焰，直至天明。他茶飯不思，體重開始下降。他易怒，總是躲著人，不想和任何人談話。

那時，面對越來越迫近的結婚典禮日，他已經開始膽顫心驚地退縮。他的頭腦似乎像個漩渦，正打著旋穿越黑洞洞的深淵，他擔心自己的理智會完全喪失。他寫了一封長信給辛辛那提（Cincinnati）的丹尼爾·德雷克醫生，德雷克是辛辛那提大學醫學系的系主任，是「西部」最有名氣的內科醫生。林肯在給他的信中詳細描述了自己的病症，請他推薦一種治療方

七、婚禮前後的如潮風波

法。可是，德雷克醫生的回覆是假如不進行個人體檢的話，他無法推薦治療方案。

婚禮日期是西元1841年1月1日。那一天的黎明轉眼間就到來了，那是一個萬里無雲的晴朗天氣，春田市的貴族們坐著雪橇神氣十足地在鎮裡四處奔走，走家串戶地在新春佳節向人們拜年，拉雪橇的馬匹鼻孔中冒著蒸汽般的氣息，馬脖子上的小鈴鐺叮噹作響，清脆的鈴聲在空中久久迴盪。

在愛德華茲宅第，最後的準備工作正在快速、有條不紊地進行。負責送貨的孩子急急忙忙趕到宅第的後門那裡，送上最後一刻被訂購完畢的各類物品；為了使婚宴大為增色，已特地請來了一位專職廚師；婚宴飯菜的烹飪將不再使用壁爐邊的那臺陳舊鐵爐，而是使用剛被安裝好的最新發明——烹調爐。

轉瞬之間，元旦的夜晚降臨了，暮色四合，這個村鎮的各個屋子裡，蠟燭發出了柔和的光，用冬青枝葉編成的花環懸掛在窗戶內側，愛德華茲宅第中的人們在興奮中保持了安靜，他們內心激動地等待著喜慶時刻的降臨。

六時三十分，開始有洋溢著喜慶之情的賓客蒞臨；六時四十五分，腋下夾著婚禮儀式書的牧師駕到。房間裡都擺放著成排的植物，還有色彩繽紛的鮮花作為裝飾；壁爐裡燒著的木柴發出劈啪劈啪的響聲，爐火把爐前的地面照得明亮燦爛；喜悅和友好的交談聲迴盪在整個宅第中。

鐘敲了七點……七點半，林肯卻依舊沒到場——他遲到了。

時間一分鐘又一分鐘地過去了，門廳裡祖父留下來的那座時鐘緩慢而又絲毫不留情面地滴答走著。一刻鐘過去了，半個小時過去了，新郎的身影依舊沒有出現。愛德華茲夫人走到前門，眼睛望著車道延伸到的遠

第一部　青蔥歲月的奮鬥

方，心裡開始變得很緊張。出什麼事了？難道他……不，難以想像，絕不可能！

愛德華茲家的人開始悄悄撤離來賓招待室，開始小聲交談，緊急商討相對應對事宜。

在旁邊的房間裡，瑪麗・陶德穿著華貴的絲袍、披著婚紗默默地等待著，等待著……她緊張得死死抓住她頭上戴的花；她不斷走到窗戶旁邊，凝視著街道的遠處；她不斷盯著時鐘；她的手掌變得潮溼異常，額頭上也冒出了汗。又過去了令人擔驚受怕的一小時。他之前是已經答應過的——毫無疑問。

在九時三十分，來賓開始一個接一個地起身悄然離去，帶著困惑，帶著難堪，甚至是面帶譏諷。

當最後一位來賓也起身告辭後，這位原本應當在今夜成為新娘的人從頭上一把扯下了婚紗，扔掉頭髮上的花，一邊抽泣，一邊踩著樓梯跑上樓。她一下子撲倒在床上，悲傷得肝腸寸斷。天啊，上帝啊！大家會怎麼在背後議論她呢？她一定會被大家取笑。可憐蟲，真丟臉。因為害臊而不敢在街上走。一陣陣怨恨猶如力量巨大的衝擊波從心頭湧起，席捲她的全身。她一下渴望林肯現在就出現在她的身邊，能把她擁入懷裡；一下又恨不得能把他碎屍萬段，因為他使她遭受了身心重創，蒙受了奇恥大辱。

林肯究竟去了哪裡呢？他是否被人暗算了？是否出了什麼事故？或者他是逃跑了？甚至是他自殺了？當時誰也不知道實情。

午夜時分，搜尋隊伍開始集結，拿著燈籠出發，分成幾個小組分頭出發。有的前往鎮子裡他最喜歡去的幾個地方去找他，有的則順著通往鄉村野外的路去仔細搜尋。

八、正式步入婚姻殿堂

　　尋人行動一直持續了一整夜，天都亮了時，人們才終於找到了林肯，人們發現他正坐在自己的律師事務所裡，當人們詢問起他的情況時，他卻語無倫次。他的朋友們擔心他可能會隨時精神失常，而瑪麗‧陶德的親屬則對外宣稱他已經瘋了，並以此來解釋為什麼他沒能參加婚禮。

　　亨利醫生馬上被找來為林肯進行診治。林肯聲稱要自殺，於是‧亨利醫生叮囑斯皮德和巴特勒，要他們一直守護在他的身邊，以免橫生不測。林肯隨身攜帶的小折刀被拿走了，並被放在他找不到的地方。在安‧拉特利奇剛去世的那段時間裡，那把小折刀就是被這麼處理的，這次大家依舊採取同樣的做法。

　　亨利醫生想讓林肯的腦子總是被其他事情所占據，他力勸林肯出席州議會的會議。作為議會中輝格黨一派的領袖，林肯本該每次都列席會議，並發表意見。可是當時的記載表明，他在三週時間內總共只列席了四次會議，而且即使出席，每次也只是在那裡待上一兩個小時，而且一言不發。1月19日，約翰‧J‧哈丁在州議院宣布了林肯的病情。

　　林肯逃避婚禮的三週之後，林肯寫了一封信給他律師事務所的合夥人，這封他一生中最傷心欲絕的信是這樣寫的：

　　我現在是還在世的人中最悲慘的一個，如果我的感受被同樣分配給全人類的每個成員，那麼地球上就再也不會見到一張笑臉。我不清楚我是否會有任何好轉，我的可怕預感是我不會好起來。我不可能維持在我現在的這種狀態中，在我看來，我似乎一定會死去或是好起來。

　　正如現今已故的威廉‧E‧巴頓在他那本著名的林肯傳記中所說的那樣，這封信「非常確定地表明林肯的心緒處於極度不寧的狀態，他對自己

第一部　青蔥歲月的奮鬥

的心智慧否保持健全感到極為擔心」。

在那段時間裡，林肯時常想到死亡，他甚至渴望死去，還寫了一首主題為自殺的詩，發表在《桑加蒙日報》上。

斯皮德擔心林肯會厭倦人世而做出傻事，於是把他帶到路易斯維爾斯皮德母親的家裡，拿給他一本《聖經》，為他安排了一間幽靜的寢室：從寢室的窗戶望去，能看到一條小河蜿蜒流過草地，一直流到一英里之外的森林當中。每天早晨，有個奴僕會給還躺在床上的林肯送來咖啡。

瑪麗的姐姐愛德華茲夫人後來回憶，瑪麗「為了使自己恢復常態和解除林肯的思想負擔，曾寫了一封信給他，信中說她同意他退婚」。不過，瑪麗在同意他退婚的同時，「也留給了他重訂婚約的權利，只要他願意隨時都可以」。

可那正是他最不願意做的事情，他絕不想再見到她。甚至在林肯逃婚事件已經過去一年之久後，他的好朋友詹姆斯・馬西尼仍「認為林肯隨時可能自殺」。

西元 1841 年的「致命元旦」那天以後，林肯幾乎有兩年時間完全無視瑪麗・陶德的存在，他希望她會把他徹底拋諸腦後，心裡暗暗祈禱她會對他以外的某個男人感興趣。可是，她沒能忘記他，因為她的驕傲和她寶貴的自尊全都押在這樁婚事上面，她鐵了心要向她自己以及那些嘲笑和可憐她的人證明，她可以和亞伯拉罕・林肯結為夫婦，而且會和他結為夫婦，並一起擁有光明未來。但他卻同樣鐵了心絕不會娶她為妻。

事實上，他的決心是如此的堅定，以至他在那次失敗婚禮舉行不足一年之後就向另一位女孩求婚，那時他已經三十二歲，而被他求婚的那位女孩年齡只有他的一半，名叫薩拉・里卡德，是巴特勒夫人的小妹妹，而四年來林肯一直在巴特勒夫人家裡共食吃飯。

八、正式步入婚姻殿堂

　　林肯請求薩拉接受他的求婚，他提出的理由是：由於他的名字是亞伯拉罕，她的名字是薩拉，很明顯他們之間非常有緣。

　　可是，她拒絕了他，正如後來她在寫給一位朋友的信中坦承的那樣，拒絕的原因是：我還太年輕，只有十六歲，關於婚姻的事情我想得還很少……他作為我的一個朋友，我一直非常喜歡他，但你是清楚的，他那特立獨行的舉止和總體的風度不太可能讓一個正在步入社交世界的年輕女孩感到神魂顛倒……由於他幾乎是我姐姐家庭中的一員，他給我的感覺更像是一位哥哥。

　　林肯時常為當地的輝格黨報紙《春田市日報》撰寫社論，這家報社的編輯西米恩・弗朗西斯是林肯最親密的朋友之一。不幸的是，弗朗西斯的妻子從未學會「少管閒事」這一精妙的做人之道。她已經四十多歲，沒有孩子，主動在春田市做起了說媒的行業。

　　西元1842年10月上旬，她寫了封信給林肯，請他在第二天下午到她家來。這請求非常奇怪，林肯心裡對此感到很納悶，不過他還是去了。到了那裡以後，他被領進了客廳，使他大吃一驚的是，就在客廳裡，他看到瑪麗・陶德正坐在他面前。

　　林肯和瑪麗・陶德在那次會面中究竟說了些什麼，是怎樣說的，他們又做了什麼，這些在如今都已無案可稽，但合乎道理的猜想是林肯這個軟心腸的可憐傢伙那時已失去了逃跑的機會，假如她哭了──她當然哭了──他很可能會立即把自己交到她手中，並低聲下氣地為一度擺脫了她的掌控而誠摯道歉。

　　在那以後，他們常常會面，但會面總是祕密地在弗朗西斯家緊閉著的大門後面進行的。

　　起初，瑪麗沒把林肯又在和她見面這件事告訴任何人，甚至連她姐姐

第一部　青蔥歲月的奮鬥

也不例外。

最後，當她姐姐發現這一情況後，她曾質問過瑪麗：「為什麼要這樣偷偷摸摸，而又守口如瓶？」

瑪麗「含糊其辭」地回答說：「先前發生的一切是一個前車之鑑，因此，戀愛過程最好始終避人耳目。世界上的男男女女總是變心得太快，令人難以掌控。」瑪麗接著說：「避人耳目後，如果婚約再次遭遇變卦的厄運，那麼除了婚約的雙方你知我知外，其他人都不會知道存在過這個婚約。」

換一種直截了當的說法就是，在吸取了一個小小的教訓之後，她決定這次即便是戀愛交往也要祕密進行，直至她對林肯會真正迎娶她感到確信無疑為止。

這一次，瑪麗‧陶德採用了什麼特殊的方法呢？

詹姆斯‧馬西尼聲稱，林肯常對他說「他是出於不得以的原因才結婚的，陶德小姐對他說他在道義上必須和她結婚」。

赫恩登應該是最了解這一情況的人了，他說：在我看來，有一點似乎一直非常明確，那就是，林肯先生為了挽回他的名譽才娶了瑪麗‧陶德，而在這樣做的同時，他也犧牲掉了他家庭生活的幸福。他已經暗自內省，並徹底地對自己的心靈作了剖析，結論是他知道自己並不愛她，但他已經承諾過和她結婚。這件事常浮現在他的腦海中，就像做噩夢那樣令人顫慄……最終，他面臨的是名譽和家庭生活安寧之間的巨大衝突，他選擇了前者，也同時選擇了隨之而來的多年自我折磨、獻祭的悲痛以及幸福家庭生活的永久喪失。

在他願意走下一步之前，他寫信給已經返回肯塔基州的斯皮德，問他是否在他的婚姻中找到了幸福。

八、正式步入婚姻殿堂

林肯在信中催促他說：「請快點給我答覆，因為我迫切想知道這一點。」

斯皮德回答說，他比他原本曾經期待的還要幸福得多。

於是第二天下午，那是西元1842年11月4日，星期五，林肯違抗著自己的主觀意願，帶著一顆痛苦的心再次請求瑪麗·陶德成為他的妻子。

瑪麗·陶德在高興的同時，害怕日久生變，出現上一次婚禮的悲劇，於是要求就在當天晚上舉行婚禮。他開始猶豫起來，不但大吃了一驚，而且也對事情進展的速度如此之快感到有些害怕。他知道她素來迷信，就指出那天是星期五，不適合進行婚禮。可是，她實在是太害怕林肯會再度變卦了，即便是只有二十四個小時，她都不願意再等待。此外，那天正好是她的24歲生日。於是，他們便匆匆趕到查特頓珠寶店，購買了一枚婚禮戒指，並要求在戒指上刻上以下幾個字：「愛是永恆的。」

那天下午接近傍晚時，林肯向詹姆斯·馬西尼提出請求，要他當他的伴郎，林肯對他說：「吉姆，我將不得不娶那個女孩了。」

那天晚上，當林肯正在巴特勒家裡穿上他最好的衣服，為他的靴子擦上黑色鞋油時，巴特勒家的小男孩從外面跑了進來，問他要去哪裡。

林肯回答說：「我想是要去地獄吧。」

瑪麗·陶德在先前絕望時已經把她特地訂做的，她第一次婚禮時穿的嫁衣送給了別人，因此，現在她只得穿著簡樸的白色薄紗晚禮服在婚禮上露面。

所有的安排都在緊張而又匆忙的氣氛中進行。愛德華茲夫人後來說，她在婚禮舉行的前兩個小時才接到了舉行婚禮的通知，因此，當那個她匆匆忙忙烘烤出來的婚禮蛋糕被擺上宴席時，蛋糕上蓋著的糖霜依舊由於溫度太高而難以用刀把蛋糕切得整整齊齊。

當穿著教士服的查爾斯·德雷瑟牧師主持著給予人深刻印象的主教派

式婚禮時，林肯似乎自始自終顯得悶悶不樂、憂心忡忡。他的伴郎曾作證說：「他的模樣和舉止就好像他即將被送上斷頭臺似的。」

有關他自己的婚姻，林肯曾寫過的唯一評語是一封事務信的信後附言，信是在婚禮過了大約一週之後他寫給塞繆爾‧馬歇爾的。這封信現在被收藏在芝加哥歷史協會。

林肯在附言中寫道：「這裡一切都是老樣子，唯一的新情況就是我結婚了——在我看來，我的婚姻是一種令人極端鬱悶的東西。」

第二部
步履維艱的攀登之路

九、紛爭不斷的婚後生活

當我在伊利諾州的新塞勒姆寫這本書時，在當地做律師的我的好朋友亨利·龐德幾次對我說：

「你應該去拜訪一下吉米·邁爾斯叔叔，因為他的一位名叫赫爾登的叔叔曾和林肯合夥創辦律師事務所，而且他的一位嬸嬸曾經營過一個提供膳食與住宿的招待所，林肯先生和林肯夫人曾在那裡居住過一陣子。」

這聽起來像是一個非常令人感興趣的線索，於是，龐德先生和我在7月的一個週日下午鑽進了他的小汽車，前往新塞勒姆附近的邁爾斯農場。當年林肯步行去春田市借閱法律書籍時，中途常在這個農場裡進行短暫逗留，他在那裡為人講故事，換來的是一杯蘋果酒。

我們到了吉米叔叔家後，他從屋裡拽出了三把搖椅，把它們擺放在前院的一棵大楓樹的樹蔭下，稚嫩的小火雞和幼小的鴨子在那裡吵吵嚷嚷地跑過草地，我們一直在這樣的環境中談了好幾個小時。他講述了一件有關林肯的哀婉動人的往事，它對我們很有啟示，但迄今為止，這事尚未曾有過文字記載。事情的經過是這樣的：

邁爾斯先生的叔叔是一位內科醫生，名叫雅各布·M·厄爾利，大約在林肯抵達春田市一年後的某一天——說得準確些是西元1838年3月11日的夜間——不知是誰騎著馬來到了厄爾利醫生家門前，他敲門把厄爾利醫生叫到了門口，用雙筒獵槍殘忍地殺害了醫生，然後跳上馬背飛馳而去。

這起謀殺案震驚了整個小鎮，但時至今日，真凶到底是何許人，他是出於什麼目的而行凶，依舊是個未解之謎。

厄爾利醫生去世後留下了他的那處小房產，於是，他的遺孀為了生計只得把這所房子變成了兼供膳食的住宿場所。林肯夫婦在婚後不久就來到

九、紛爭不斷的婚後生活

了厄爾利夫人家裡，在那裡開始了婚後生活。

吉米・邁爾斯叔叔對我說，他常常聽到他嬸嬸——也就是厄爾利醫生的遺孀——講起下面這件事：一天早晨，林肯夫婦正在吃早餐時，林肯做了某件事情，結果惹得他妻子大發脾氣。至於是什麼事，現在誰也想不起來了。當時林肯夫人大發雷霆，把一杯熱咖啡潑在她丈夫的臉上，而且是當著很多用餐者的面。

林肯什麼也沒說，安靜地坐在那裡一副很丟臉的樣子。厄爾利夫人拿了一條溼毛巾走到他面前，為他擦拭臉上和衣服上的汙跡。這一事件很可能具有典型意義，我們從中可以管窺在此後的二十五年間，林肯夫婦的婚姻生活到底是個什麼樣子。

春田市共有十一位律師，他們僅靠在本地的營業額不足以維持生計，因此，當戴維・戴維斯法官在第八司法區的各個地方開庭審理案子時，他們通常會追尋著他的蹤影，騎著馬從一個市鎮趕到另一個市鎮尋覓生意。其他的律師總是設法在每週六回到春田市，和他們的親人共度週末。

但林肯不是這樣的，他害怕回家，在春季三個月的開庭期和秋季三個月的再次開庭期，他都逗留在巡迴法庭的附近地區，遠遠地避開春田市。

年復一年，他始終延續著這種做法。鄉村旅館的居住條件往往很差，可是，儘管它們很差，他寧願在那裡住也不願回家聽妻子那喋喋不休的指責和看她潑婦般大發脾氣的嘴臉。「她惹惱他、折磨他，把他弄得都不成人形了。」——這是街坊鄰居的議論，而且他們是知道真相的，因為他們見過她河東獅吼的模樣，而且她的斥罵聲如雷貫耳，他們即便想要聽不到都不可能。

貝弗里奇參議員說，林肯夫人的「大聲尖叫」，「在街道的對面都能聽到。她幾乎總是在大發脾氣，住在那座房子附近的每一個人都能聽得見。

第二部　步履維艱的攀登之路

她的憤怒除了用言語來表達外，還常常使用其他的方式，關於她使用暴力的說法多種多樣，而且都無可置疑地真實可靠」。

赫恩登覺得他知道，為什麼「她要發洩那種因失望和傷害而產生的怨恨」。她是想要報復。赫恩登認為，「他把她那種女人的自傲打得粉碎」，「她感到她的身價在大家的眼中大大降低，於是，隨著報復的到來，愛也就隨之逃之夭夭了」。

她總是抱怨，總是罵她丈夫，認為他的各方面都有問題：他的肩膀向下垂落著，他走路的樣子很難看，他勾著腳背直上直下地抬腳和踩地，就像印第安人的步態。她抱怨說，他的腳步顯得沒有彈性，走起路來一點風度都沒有。她取笑地模仿他的步態，喋喋不休地告訴他走路抬腳落腳時腳尖要朝下，這是她早先在芒泰勒太太的學校裡學來的。

她不喜歡他碩大的招風耳和腦袋與身體成直角地凸在那裡。她甚至還對他說，他的鼻子長得不直，他的下嘴唇長得向外凸出，他看起來像個癆病鬼，他的手和腳長得太大，然而腦袋卻顯得太小。

他對自己的儀表儀容的漠不關心令人吃驚，使她這個本性敏感的人深受刺激、備感傷心。赫恩登說：「林肯夫人那樣暴戾的性情並不是沒有原因的。」有時，她丈夫一個褲管塞在靴子裡而另一個褲管懸在靴子外地在大街上走著；他的靴子很少抹黑色鞋油或進行擦拭；他戴著的硬領常常髒得看不出本來顏色；他穿著的外衣總是忘了刷洗。

詹姆斯・古爾利曾在林肯夫婦的隔壁住了好多年，他寫道：「林肯先生那時常來我們家，他腳上穿著一雙寬鬆的拖鞋，褲子是褪了色的舊貨，而且只用一根吊褲帶吊著」——林肯自己把那帶子稱作「吊帶」。

當天氣暖和，他出門在外，長途旅行時，他「穿著一件骯髒的亞麻布風衣當做外套，在風衣的背面，汗水留下了大片斑跡，看上去就像一幅大

陸地圖」。

有一位年輕律師曾在一家鄉村旅店見過林肯，那時林肯正準備上床睡覺，他穿著「一件自製的黃色法蘭絨長睡衣」，睡衣的下襬「蓋住了他的一半小腿」。這位律師驚嘆說：「他是我所見過的最不可思議的人。」

林肯一生中從未擁有過刮鬍刀，而且他去理髮店理髮的次數也比林肯夫人要求的要少很多。

他那粗糙、濃密的頭髮猶如馬鬃般直挺挺地布滿了整個腦袋，但他懶得去修剪，這使瑪麗‧陶德氣憤得難以形容。當她把他的頭髮梳理好後，過不了多久，他的頭髮又會亂作一團，原因是他把帽子當作盛物容器，把存摺、信件和法律文書都放在頭頂上的帽子裡隨身攜帶著。

有一天，他正在芝加哥讓人幫他照相，攝影師要他把自己弄得「整潔、英俊」一些，可他回答說：「如果把林肯拍攝得又整潔、又英俊，那麼，春田市鎮沒人能夠認出照片上的人是誰。」

在餐桌禮儀方面，他表現得頗為自由放任。他握餐刀的姿勢不對，而且甚至放下餐刀也不能正確地把它平放在自己的盤子上；使用餐叉並用一塊乾麵包片佐餐的吃魚技巧對他來說也是完全陌生的；有時，他把盛肉的大盤子傾斜成一個角度，或是扒或是讓其自主滑動，使一塊豬排落到自己的碟子裡。他頑固不化地總是用他自己的餐刀切割奶油，於是林肯夫人和他展開了一場「惡戰」：有一次，他要的附加菜萵苣已經盛在一個小碟裡端了上來，他竟把雞骨頭往這個碟子裡放，她看到這一幕時差點當場暈倒。

當女士們進入房間時，他並不會站起來，不會趕緊走過去接住她們脫下的披肩；當來訪的客人要走時，他也不去把她們送到門口，由於他的這些不良表現，她總是在抱怨他、責罵他。

他喜歡躺下來看書。他從事務所回來一到家，就會馬上脫掉外衣、鞋

和硬領，把搭在肩膀上的那一根吊褲帶扒掉，拿過一把椅子倒放在門廳裡，在傾斜的椅子背上放置一個枕頭做襯墊，然後把腦袋和肩膀往枕頭上一倚，伸展開身體躺在地板上。

他經常保持這個姿勢躺著閱讀幾個小時——通常是在讀報紙。有時，他讀一個有關地震的故事，他認為內容非常幽默，記述這個故事的那本書的名字是《阿拉巴馬州的富裕時代》。他常閱讀詩歌，而且經常讀。無論他讀的是什麼，他都會選擇高聲朗讀而不是默讀，這個習慣是他早先在印第安納州上「聒噪學校」時就已經養成了。此外，他也覺得，透過朗讀這種方式，能夠幫助自己將書的內容記得更牢。

有時，他會躺在地板上閉上眼睛，背誦起莎士比亞、拜倫（George Gordon Byron）等人的詩句。例如：

因為每當月亮露臉，我總是夢見美麗的安納貝爾・李，
每當星星閃現，我總是聯想明亮的雙眼，
它們屬於美麗的安納貝爾・李。

有一位女士是林肯的親戚，她曾與林肯夫婦一起生活了兩年。她回憶說，一天晚上，當林肯正躺在門廳裡看書時，有客人來了，沒等僕人去開門，只穿襯衣而沒穿外衣的林肯從地上爬起來，自己去把來訪的客人領到了客廳裡，還說他要「如展示好馬般把這些女人展示給人看」。

這位親戚回憶說：林肯夫人在隔壁房間看見這些女士的來訪，也聽到了她丈夫說的玩笑話。她頓時火冒三丈，馬上對林肯進行了斥責，要求他以在她看來合乎標準的方式來接待客人，結果是他離開了家。那天，他直到深夜才返回家中，而且是從後門悄悄溜進去的。

林肯夫人猜忌心很重，她對喬舒亞・斯皮德幾乎沒有任何好感。斯皮德一直是她丈夫的密友，她猜測林肯先前之所以會逃避婚禮，或許是斯皮

九、紛爭不斷的婚後生活

德的勸告產生了作用。在婚前，林肯在給斯皮德寫信時通常以「順致我對范妮的愛意」收尾；但在婚後，林肯夫人要求林肯「降低熱度」，把這一問候語變為「順致我對斯皮德太太的問候」。

林肯從不會忘記別人給予他的恩典，這是他最顯著的性格特點之一。因此，為了略表他對斯皮德的謝意，他曾許諾，他的第一個兒子會取名為喬舒亞·斯皮德·林肯。可瑪麗·陶德聽說這事後大發雷霆，那是她的孩子，應該由她給孩子取名！而且，名字絕不會是喬舒亞·斯皮德！這孩子的名字應當和她父親的姓名一樣，即羅伯特·陶德·林肯。

而林肯的第一個兒子最終被命名為羅伯特·陶德·林肯（Robert Todd Lincoln）。在林肯的四個孩子中，沒有過早夭折而最終長大成人的也只有他一個。埃迪（Edward Baker "Eddie" Lincoln）於西元1850年死在春田市——年僅四歲；威利（William Wallace "Willie" Lincoln）死在了白宮中——時年十二歲；塔德（Thomas "Tad" Lincoln）於西元1871年死於芝加哥——活了十八歲；羅伯特·陶德·林肯則在西元1926年7月26日死於佛蒙特州的曼徹斯特——時年八十三歲。

林肯夫人抱怨院子裡沒有花、沒有灌木、沒有賞心悅目的各類色彩，於是林肯就在院子裡散栽了幾株玫瑰，可是他對它們沒什麼興致，結果這些植物不久就因疏於養護而枯萎了。她要他開闢出一塊地，種上花卉，使它變成小花園，於是有一年春天，他遵照囑託開闢了一小塊地，可是後來那塊地的上面卻長滿了野草。

雖然他對體力勞動不感興趣，但他始終堅持餵養那匹被喚作「老朋友」的馬，並為牠梳毛刷身；他也「餵養一頭乳牛，親自為牠擠奶，而且還自己動手鋸木料」。甚至在他當選為美國總統後，他依然堅持這樣做，直至他離開春田市前往華盛頓赴任才罷手。

第二部　步履維艱的攀登之路

　　不過，林肯的一位遠房表弟約翰·漢克斯曾說過「亞伯除了擅長夢想，其他任何事情都做不好」，林肯夫人對這一說法深表贊同。

　　林肯總是顯得心不在焉，他常常令人莫名其妙地陷入長時間的冥想，他那魂飛天外的模樣就像是他完全忘記了整個世界及世界上的一切事物。每逢星期日，他會把一個孩子放到一輛小車裡，在家門口坑坑窪窪的人行道上拉著行進，孩子在車裡上下顛簸。有時，小傢伙出人意料地翻滾到了車外，可林肯依舊不慌不忙地拉著車向前走，他眼睛自始自終凝視著地面，對他孩子那震耳欲聾的哀哭聲一無所知。直到林肯夫人從大門那裡探出腦袋，用刺耳的尖叫聲怒氣沖沖地斥責他，他才從冥想中醒來，抱起地上的孩子。

　　有時，他在事務所工作一整天後回到家，他的眼睛明明看著她，可又似乎根本沒看見她似的，甚至連招呼都不打。他對吃什麼飯菜通常都不感興趣，在她做好飯菜之後，要把他弄進餐廳去常是她的一項艱鉅任務，她大聲叫他，可他好像聽而不聞。他常常會在餐桌那裡坐下來，神情恍惚地呆望著空中；直到她一再提醒他，他才想起該吃飯了。

　　晚飯之後，他有時會呆呆地望著壁爐裡的爐火，一望就是半個小時，自始自終一言不發。幾個男孩爬到他身上，把他的身體遮擋得完完全全 —— 這種說法毫不誇張，他們拉他的頭髮，對他說話，可是他似乎根本沒意識到他們的存在。然後，突然之間，他會回過神來講個笑話給他們聽，或是為他們朗誦他最喜愛的詩句：

人的心靈有什麼可驕傲的？
好比一顆轉瞬即逝的流星，
一片飛馳而過的白雲，
一道短暫的閃電，
一朵泛起的浪花，
人就從生命的誕生到了墓穴中安息。

九、紛爭不斷的婚後生活

　　林肯夫人責備林肯從不糾正孩子們的錯誤，可是他對他們非常喜愛，以至「他對他們的過錯視而不見、聽而不聞」。林肯夫人說：「只要他們有任何好的表現，他總是抓住機會表揚他們；他還宣稱：『我的孩子們自由幸福，不在家長霸道的管束下生活，這使我感到高興。愛是一條鎖鏈，用它可以使孩子和家長間的關係變得親密無間。』」

　　他允許他的孩子享有的自由有時候似乎超出了應有的限度。例如，有一次他和最高法院的一位法官在下棋，這時羅伯特進來對父親林肯說該去吃飯了，林肯回答說：「好，好。」可是，由於他是一個棋迷，於是就把叫他去吃飯這件事完全置於腦後，接著下棋。

　　羅伯特再次出現，帶來了林肯夫人緊急召喚他去吃飯的第二次口信。林肯又答應說馬上就去，可是他再次忘了個一乾二淨。

　　羅伯特帶著林肯夫人的傳喚令第三次來到了棋局現場，林肯第三次答應馬上就去，而他第三次繼續下棋。這時，羅伯特這孩子退後了兩步，猛地飛起一腳朝棋盤踢去，棋盤被踢到了半空中，棋子則散落得到處都是。

　　林肯臉帶微笑說：「嗯，法官，我想我們只能另外找個時間來下完這局棋了。」

　　顯然，林肯甚至根本沒想到應該糾正他兒子剛才的錯誤行為。

　　林肯家的幾個男孩常在晚上躲在樹籬後面，拿一根木板穿過籬笆，使它架設在籬笆外面相當於人頭頂那麼高的位置。由於沒有路燈，行人走過時就會撞上這根木板，他們頭上的帽子就會掉落下來。有一次，在一片漆黑之中，孩子們不知過路人是他們的父親，誤把他的帽子打落到了地上，他事後並沒有指責他們，只是告訴他們要小心，因為他們可能會使有的人非常生氣。

　　林肯沒有加入任何教派，即便是他最好的朋友，他也避免和他們討論

085

第二部　步履維艱的攀登之路

宗教方面的問題。不過，他曾對赫恩登說，他的宗教準則與印第安納州一位名叫格倫的老人的信仰相仿，林肯曾聽過這位老人在一次做禮拜時的講話，老人說：「當我做好事時，我心裡自在；當我行為不善時，我心裡就會不好受。這就是我所信仰的宗教。」

當孩子們的年齡大了一些時，每逢週日上午，林肯通常會帶他們出去散步。可是有一次，他把他們留在家，自己和太太一起到第一長老會教堂去做禮拜。半小時之後，塔德從外面回到家，發現他父親不在，他就沿著街道一路飛奔，衝進了牧師正在講道的教堂。他頭髮凌亂，鞋釦沒扣，長襪子滑落到了腳踝下面，臉上和手上沾滿了伊利諾州的那種黑泥土。自身穿戴得非常考究優雅的林肯夫人既大吃一驚又十分尷尬，可林肯卻不動聲色地伸出一條修長的手臂，充滿慈愛地把塔德拉到身邊，並撫摸著塔德的腦袋，貼近他的胸口。

有時，在週日上午，林肯會把孩子們帶到他的律師事務所去，在那裡，他們可以不受管束地胡鬧。赫恩登說：「他們到那裡後過不了多久，就會把書架上的書全都你爭我奪地拿下來翻看，他們搶奪抽屜裡的東西，把盒子弄得千瘡百孔，把我金筆的筆尖磨損得不成樣子……他們把鉛筆扔到痰盂裡，弄翻墨水臺使墨水全都灑在檔案上，他們使信件散落在事務所的地上，使其滿處都是，還跳來蹦去踩踏這些信件。」

而林肯「從不責罵他們或是像個父親那樣向他們表示不滿。他是我所認識的最溺愛孩子的家長」。這是赫恩登得出的結論。

林肯夫人很少去事務所，而在她去到那裡時，眼前的場景使她感到震驚。她確實有理由震驚：那地方亂七八糟，毫無條理，各種東西堆放得到處都是。有一疊檔案是林肯捆的，他在上面標明：「別處都找不到時，看看這一疊裡有沒有。」

就像斯皮德所說的那樣，林肯的習慣是「有規律的無規律」。

律師事務所的一面牆上，隱約可見一片巨大的黑色汙跡，它所在之處曾被墨水瓶擊中──一位學法律的學生曾在這間事務所裡拿起一個墨水瓶砸向另一位學法律的學生的腦袋，但是沒擊中。

事務所的地幾乎從來不掃，也幾乎從不擦洗，放在書櫃頂上的一些花卉種子已經開始就地發芽生長，就在櫃頂上的塵土之中。

十、窮苦的律師生涯

在大多數方面，整個春田市的其他家庭主婦都不如瑪麗・林肯節儉，她的鋪張主要表現在與炫耀有關的事情上。雖然她和林肯夫妻兩人幾乎沒有足夠的財力，但她還是買了一輛馬車，而且以每個下午二十五美分的酬金僱傭了一位鄰居家的孩子當車伕，讓他趕車載著她前往鎮上的各個地點進行社交拜訪。她生活的地方實際只是一個小鎮，在鎮內無論前往哪裡都不算遠，她完全可以安步當車地串門，或是以出租馬車作為交通工具，可是她從來不這樣考慮，因為她認為那樣做有失身分。此外，儘管她的家庭很窮，可她總能想方設法存夠錢去買一些超出她支付能力的衣服。

西元 1844 年，林肯夫婦用一千五百美元買下了查爾斯・德雷瑟牧師家的房子，在兩年前，這位牧師曾為他們主持過婚禮。這所房子有一間起居室、一間廚房、一個客廳、幾間臥室；在它的後院，有一個木材堆、一間戶外小屋和一個牲口棚，林肯的乳牛和名叫「老朋友」的那匹馬就圈養在這個牲口棚裡。

起初，這座房子在瑪麗・林肯看來似乎是一個人間天堂：與她不久前

第二部　步履維艱的攀登之路

　　離開的與別人合租的小房子相比，那裡的幾間淒涼、沒什麼陳設與裝修的房間與這裡簡直是天差地別。而且，成為房子的擁有者也給她帶來了前所未有的歡樂和自豪感。可是，這座房子完美無缺的光環不久就開始消褪了，她不斷地挑這個新家的毛病。她的姐姐住的是一座宏大寬敞的二層樓房，而她的這座房子的高度只有一層半。她曾經對林肯說，沒有哪一個事業有成的人會住在一棟一層半的房子裡。

　　通常說來，當她要他買這買那時，他從不過問這些東西是否有必要去購買。他往往回答她說：「妳清楚自己到底缺什麼，那就去買吧。」可是，在嫌房子不夠寬敞這件事上，他表示了反對：全家總共才幾個人，現在的房子完全夠用了。此外，他並非一個有錢人——結婚的時候，他只有五百美元的積蓄；從那時起到現在，儘管過了好幾年，但那筆存款也沒有明顯的增長。他知道，他們眼下沒有擴建房子的財力；她也同樣清楚這一點，可她總是抱怨和催促他。最後，為了使她沒話可說，他找了一個建築承包商對擴建費用進行了細緻估測，而且林肯要承包商把費用測算得要比實際更高一些。承包商照著林肯的話做了，之後林肯就把估價金額告訴了她了。那金額使她倒吸了一口涼氣，於是林肯覺得這個問題終於得到了妥善解決。

　　可是，他的指望落空了，因為等他像已往那樣，離家追隨巡迴法庭去做辯護律師工作時，她找來了一位從事建築工作的木工，從他那裡獲得了較低廉的擴建報價，隨後就要求他馬上動手將擴建房子的工作付諸實踐。

　　當林肯返回春田市、沿第八街走回家時，他幾乎都認不出自己的家了。那時，他正好與一位朋友不期而遇，他就裝作挺認真的樣子問他：「請問這位我不認識的先生，你能給我指點一下哪裡才是林肯先生的家嗎？」

　　他依靠提供法律服務得到的收入並不多，為了支付各種帳單，他常常

十、窮苦的律師生涯

「連飯都差點吃不起」（這是他的原話）。而現在，他回到家卻發現又多了一筆價值不菲、卻毫無必要的房屋擴建債務，這使得他的債臺更加高築。

這讓他愁眉不展，他也對他太太講出了他的憂愁。

林肯夫人用強烈的抨擊對他作出了回應——她所懂得的應付批評的唯一方法就是。她怒氣沖沖地反駁：他沒有理財觀念、不懂得怎樣經營業務、為別人提供的法律服務收費太低等。

這是她最喜歡發的牢騷之一。在這一點上，不少人會支持她的看法：林肯收費低廉，其他律師常為此而感到惱火，他們宣稱林肯使所有吃律師這碗飯的人都陷入了貧窮之中。

即便在後來的西元1853年——當時林肯已經四十四歲，八年後就將入主白宮，他接手的四個在麥克萊恩（McLean）審理的案子總共只收了三十美元的服務費。

他說，他的當事人中有許多和他一樣窮，他不忍心向他們收取高額律師費。

一次，有一個人寄去了二十五美元給林肯，隨後林肯又寄回了十美元，並告訴這位當事人說他的付費實在是太大方了。

還有一個例子是，有一位精神失常的女孩名下有價值一萬美元的財產；有一個騙子想把她的財產騙走，林肯阻止了他的卑鄙陰謀，林肯僅用十五分鐘就打贏了這場官司；一小時之後，他的合夥人沃德·拉蒙帶著他經手收取的二十五美元律師費來到林肯這裡，想和他分掉這筆報酬。林肯嚴厲指責他收費太高，而拉蒙則頂嘴說，這筆酬勞的金額事先已經商定，那位女孩的哥哥十分樂意支付這筆錢。

林肯則告訴拉蒙：「你說的情況也許不假，但我並不為此感到高興。這筆錢來自那個可憐的精神失常的女孩，我寧願挨餓也不會這樣去騙取她

第二部　步履維艱的攀登之路

的錢財。你至少要把這筆錢的一半還回去，不然的話，我的那份我連一分錢都不會拿。」

還有一個例子。有一位擁有撫卹金批准權的官員雖說批准了一位丈夫在美國獨立戰爭時期曾為國效力的遺孀提出的撫卹金申請，卻要求她將撫卹金總額四百美元中的一半支付給他，作為批准的「手續費」。這位婦女已經年過古稀，身體每況愈下，在貧困之中艱難度日。林肯讓她對負責撫卹金發放稽核的那位官員提出指控，並為她打贏了官司，而且未收取她任何費用。不僅如此，他還為她支付了住宿費用及回家的路費。

有一天，阿姆斯壯的遺孀因為遇到了大麻煩而來找林肯幫忙，她的兒子達夫被指控在醉後與人吵架時失手殺了人，她請求林肯去救她的兒子。早先在新塞勒姆時林肯與阿姆斯壯一家就認識；事實上，當達夫還是一個躺在搖籃裡的嬰兒時，林肯就曾搖著搖籃使他進入夢鄉。阿姆斯壯家族的人都是狂放、粗野的性格，但林肯很喜歡他們。傑克‧阿姆斯壯，即達夫的父親，早先曾是「克拉里樹叢男孩幫」的幫主，在已被載入史冊的一次摔跤比賽中，林肯曾擊敗了這位聲名卓著的運動員。

在他的兒子受到指控時，傑克這老傢伙已經去世了。但林肯依舊欣然出庭，面對陪審團，他為達夫作出了強而有力的辯護，那是他職業生涯中最為動人、最有感染力的演講詞之一，結果終於使達夫免受絞刑，得以繼續他的人生。

達夫的父親去世後，其遺孀所擁有的全部財產為四十英畝的土地，她主動提出把這些土地移交給林肯，把土地所有權歸屬到林肯名下。

他回應道：「漢納阿姨，多年前我身無分文、無家可歸時，是妳收留了我，妳給我飯吃，為我縫補衣服，這一恩情我沒齒難忘，因此我現在不會收妳一分錢。」

十、窮苦的律師生涯

　　有時，林肯會勸他的當事人庭外和解，對提供此類服務，他是不收取當事人分文酬勞的。有一次辦案時，他心裡無法接受對某個涉案人的判決，他說：「我真的為他感到難過，他很窮，又是一個跛子。」

　　這種對他人的體諒和仁愛之舉雖然顯示了他的心靈美，但卻不能為他帶來錢財，於是瑪麗‧林肯一直在喋喋不休地數落她的丈夫，她自己也非常煩惱。她丈夫在事業方面的進展不大，而其他律師卻依靠收取服務費和進行投資開始步入富人行列，如戴維‧戴維斯（David Davis）法官以及洛根。對了，還有史蒂芬‧A‧道格拉斯。道格拉斯投資芝加哥的不動產，以此方式，他積聚起了一大筆錢，甚至還成為了一名慈善家，他贈給芝加哥大學十英畝價值不菲的土地，用來在上面建造校舍。此外，他現在已經是全美國最有名的政治領袖之一。

　　無數次，瑪麗‧林肯的腦海中浮現出道格拉斯的身影，她多麼希望她當初嫁給的人是他啊！作為道格拉斯夫人，她會成為華盛頓社交界的頭面人物；她會穿著產自巴黎的高級時裝，享受去歐洲旅遊的生活，與身分高貴的女王同桌用餐；而且，終有一天，她會入住白宮並成為它的女主人。她不斷做著這種白日夢。

　　身為林肯夫人，她會有什麼樣的前途呢？林肯會像現在這樣混日子，並一直混下去，毫無前景可言：他會在一年之中有半年之久離家在外，跟著巡迴法庭為當事人辦案，把她一個人孤零零地留在家裡，他給不了她寵愛，不會向她獻殷勤……很久以前，在芒泰勒太太創辦的那所學校裡，她曾幻想過這些浪漫的前景，現實生活的殘酷與那時幻想中的情景是多麼截然不同啊！

第二部　步履維艱的攀登之路

十一、無可奈何地逃避回家

　　正如前面所說的那樣，在大多數方面，林肯夫人都捨不得花錢，並以此為榮。她在購買日常消費品上極度精打細算，在一日三餐上簡單節省，非常節約。吃完飯後，剩下的飯菜少得可憐，用來餵家裡的那幾隻貓都幾乎不夠。因此林肯夫婦沒養狗。

　　她一瓶又一瓶地不斷買香水，把瓶口的封裝拆掉後留下少量香水，然後就擰上瓶蓋去退貨，還告訴店主這些香水不過是劣等品，與產品介紹中所說的情況完全不符。她老是這樣做，以至於當地雜貨店的老闆都不願再把香水賣給她了。現今在春田市依然可檢視到他的相關帳本，裡面有用鉛筆註明的幾個字：「林肯夫人退回的香水。」

　　她和零售商之間經常出現齟齬。例如，她覺得冰塊零售商邁爾斯欺騙她，給她送來的冰塊分量不足，隨後就和他翻臉吵了起來，她責罵他時嗓門很大、聲調很高，以至住在離她家半個街區遠的居民都跑到自家的大門口去張望和「偷聽」。

　　這是她第二次指責他賣的冰塊缺斤短兩了。因此，他發誓說他絕不會再賣給她冰塊，哪怕是只有一塊也不會賣，除非他先看到她在地獄裡被熊熊烈火灼燒得噝噝作響。

　　他確實說到做到，再也沒把冰塊送到她這裡。這使她陷入了尷尬的境地。她確實需要冰塊，而他又是鎮上唯一的冰塊供貨商。於是，瑪麗・林肯只得放下架子去求人，這是她一生中唯一的一次；但她沒有親自上門去求他，而是給了一位鄰居二十五美分作酬勞，讓他到鬧市區去找邁爾斯，向他說好話並懇求他恢復給她的冰塊供應。

　　林肯有一位朋友創辦了一家小報，報紙的名稱是《春田市共和黨

十一、無可奈何地逃避回家

人》，辦報人在鎮上到處遊說，要大家訂他的報紙，林肯訂了一份。當該報的第一期送到林肯家時，瑪麗‧林肯立即大發脾氣。什麼！又訂了一種毫無價值的報紙？在她想盡辦法節省每一分錢時，她丈夫竟然又在把錢像廢物似的扔掉！她大聲數落和責罵林肯。為了平息她的怒氣，林肯對她說他沒讓他們把報紙送到家裡來。林肯說的這話倒是一點不假，他當時只是對他那位朋友說，要是把他當作訂戶的話，他會付錢的；他沒具體說過他要求送報上門。律師的精明機智從中可見一斑！

那天晚上，瑪麗‧林肯給小報編輯寫了一封措辭激烈的信件，她在信中對他陳述了她對這一報紙的看法，並要求他立即停刊。而她的丈夫卻對她寫信給編輯的這件事全然不知。

她在信中如此惡語傷人、汙辱該報，以至那位編輯在報紙的一個專欄裡公開對她的指責作出了回應，並隨後寫信給林肯，要求林肯為此作出解釋。事情的公開化使林肯苦惱得生起病來。在這種極為尷尬的處境中，他給那位編輯回信說這一切全都是誤會，並在信中盡可能地作出言之成理的解釋。

有一次，林肯想邀請他的繼母到家裡過聖誕節，可是瑪麗‧陶德不同意。她看不起老年人，而且對湯姆‧林肯及漢克斯家族的人都非常鄙視，她為與這些人沾親帶故而感到丟臉；而林肯也擔心：即使他們到他家來，她也不會讓他們進門。在長達二十二年的時間裡，他的繼母一直在離春田市七十英里遠的地方生活，他會定期去看望她，但她卻從未見過他的家裡是個什麼樣子。

在林肯結婚之後，曾到他家裡拜訪過他的唯一親戚是他的一位遠房表妹，她名叫哈麗雅特‧漢克斯，是一個善解人意、很討人喜歡的女孩子。林肯非常喜歡她，就請她住在家裡，同時她也可以在春田市上學。林肯夫人不僅把她當作女僕般呼來喝去，還得寸進尺地試圖使她成為名副其實的

第二部　步履維艱的攀登之路

奴僕──包攬起全部苦、髒、累的家事。林肯對此堅決反對，他拒絕家中出現這種不講道義的醜行，於是最終導致了一場激烈的爭吵，使林肯陷入了痛苦之中。

林肯夫人和她的「被僱傭的女僕們」之間不斷出現麻煩事，只要她那河東獅吼的脾氣爆發一兩次，這些年輕女傭就會馬上收拾行李離開，她們彷彿形成了一股人流，源源不斷地流出她的家門。她們對她不屑一顧，還告誡她們的朋友別去她家做女傭，於是，林肯家不久就進入了所有女僕的黑名單。

她不得不僱傭的「野蠻的愛爾蘭人」使她生氣和煩躁，她曾在信中大談她所僱的愛爾蘭裔傭人的「野蠻」。可是，任何愛爾蘭裔人，只要一開始為她工作，不知怎的就會無一例外地變得「野蠻」起來。她曾頗感自豪地公開宣稱假如她比丈夫的壽命長，她會在丈夫死後到南方的一個州去度過餘生。在地處南方的家鄉萊辛頓，那些和她一起長大的人不會容忍僕人的任何輕率無禮的言行。假如哪個黑奴敢對主人的指示滿不在乎，他就會立即被人送到公共廣場上的「鞭笞柱」那裡，被捆綁在柱子上遭受無情鞭打。陶德家的鄰居中曾有一人將六名黑奴鞭打至死。

那時的春田市有位眾所周知的人物，名叫「高個子傑克」。他有一對騾子和一輛又舊又破的運貨大車，經營著被他虛榮地稱作「快速服務」的生意。倒楣的是，他的姪女去了林肯夫人那裡當女傭，她在那裡做了沒幾天，女主人與這位女傭之間就爆發了激烈爭吵。一怒之下，這個女孩摘掉身上的圍裙往地上一扔，把自己的東西收拾到皮箱裡，然後一摔門就離開了林肯家。

那天下午，高個子傑克駕著他那輛由兩頭騾子拉著的大車來到了位於第八街與傑克森街交會處的林肯家大門口，他對林肯夫人說，他來取走他

十一、無可奈何地逃避回家

姪女的行李。林肯夫人頓時大發雷霆，她用惡毒的語言把他和他的姪女都臭罵了一頓，還威脅說，如果他膽敢走進她的家，她會不惜動用暴力。氣憤之中，他快速趕到林肯的律師事務所，要求林肯這位可憐的人讓他老婆向自己賠禮道歉。

林肯聽他講了事情的經過，隨後臉帶哀愁地說「聽到這事我感到非常抱歉，不過，請允許我十分坦率地問你一個問題：過去的十五年來，我每天都要遭受這種折磨，你難道連忍受它一下下都不行嗎？」

這次見面的結局是高個子傑克表示了對林肯的同情，並為給林肯添了麻煩而道歉。

有一次出現了以下的情況：林肯夫人所僱傭的一個女傭竟在她家做了兩年多還沒走。她的鄰居對此感到極為詫異，他們搞不清這到底是怎麼回事。這事解釋起來卻非常簡單：林肯與這位女傭私下做了一筆交易。在她剛來他家時，他把她帶到一邊，非常坦誠地告訴她在今後的日子裡需要忍受些什麼。他說，他對此感到很抱歉，但這種情況又不可避免，因此希望她一定要無視它的存在。林肯向她承諾，如果她能堅持留下來，他會每週都額外付給她一美元的報酬。

林肯夫人照常發脾氣，但由於瑪麗亞私下裡得到道義上和金錢上的支持，她堅持做了下去。每當林肯夫人把瑪麗亞罵得狗血淋頭後，林肯會看準時機，趁瑪麗亞獨自一人在廚房待著時溜進去，他會拍拍她的肩膀並告誡她說：

「妳做得對，瑪麗亞，保持妳的勇氣，和她相處下去，努力堅持住！」

這位女傭後來結了婚。內戰時期，她的丈夫在格蘭特將軍(Ulysses S. Grant) 手下打仗。李將軍投降後，瑪麗亞匆匆趕往華盛頓，以期獲得她丈夫立即退役的准許令，原因是那時她和孩子們的生活十分貧困。林肯見到

第二部　步履維艱的攀登之路

她後非常高興,他招呼她一起坐下,和她談論早先的那段日子。他想請她吃飯,但瑪麗‧陶德堅絕不同意。他送給瑪麗亞一籃子水果,還給她錢讓她買些新衣服,他對她說第二天請再去他那裡,他那時會給她一張能夠越過各道軍事防線的通行證。可是,第二天她沒能去拜訪林肯,因為前一天晚上他就被刺殺了。

就這樣,林肯夫人在人生之路上以沒完沒了的河東獅吼,在不絕的罵聲中度過她的歲月,在她的身後留下的是許多人的悲傷和仇恨,有時,她的舉止讓人覺得她已經瘋了。

陶德家族的人向來都讓人們感到有點古怪,而且由於瑪麗的父母是表兄妹近親聯姻,所以這種古怪的性格特點或許由於近親繁殖而出現了進一步的增強。相當多的人們,包括瑪麗自己的內科醫生在內,都懷疑和擔心她實際上患有早期精神病。

林肯總是以耶穌‧基督般的忍耐性來承受這一切,他很少指責他的夫人,但他的朋友們卻沒有他那樣的溫順性格。

赫恩登斥責她是一隻「野貓」,是一隻「母狼」。

特納‧金是對林肯極為欽佩的人之一,他把她說成是「無事生非的惡魔」和「母夜叉」;他公開表示,他曾經多次見到她把林肯趕出家門。

海約翰(John Milton Hay)在華盛頓擔任總統祕書期間曾用一個非常難聽的詞彙來稱呼她,但這個稱呼最好還是別在這裡寫下來。

春田市衛理公會教派的牧師就住在林肯家附近,他和林肯是朋友,他的妻子作為見證者曾說,林肯夫婦「在家庭生活上非常不愉快,人們常看到林肯夫人手拿掃帚把林肯趕出家門」。

在長達十六年的時間裡,詹姆斯‧古爾利一直是林肯家的隔壁鄰居,他斷言林肯夫人「被魔鬼纏上了」。她時常出現幻覺,就像個瘋婆娘似的

十一、無可奈何地逃避回家

歇斯底里地大發作，她流淚慟哭，直到街坊鄰居全都聽得見她的哭鬧聲，她要求來個人為她守護家宅，並發誓說有一個惡棍正要預謀襲擊她。

隨著時間的推移，她越來越頻繁地發脾氣，每次發脾氣都比前一次更加厲害。林肯的朋友們為林肯有這樣的老婆而感到分外難過。他沒有幸福祥和的家庭生活，即便是他最親密的夥伴，他也從不邀請他們來家裡吃飯──甚至連赫恩登和戴維法官這樣的人也不例外。他擔心，邀請他們去做客的話可能會出事。他自己也盡量躲著瑪麗，他時常在外面過夜，或是在法律圖書室與其他律師待在一起講故事，或是在迪勒的雜貨店裡對著一大群聽眾進行演講。

有時，人們會在深夜看見他獨自一人漫步在偏僻的街巷裡，他的腦袋垂落在胸前，神情陰鬱沮喪。有時他會說：「我不願回家。」他的朋友們都知道問題出在哪裡，因此時常帶他去自己家裡過夜。

有關林肯夫婦家庭生活的悲劇，誰也不如赫恩登知道得詳細。在赫恩登撰寫的《林肯傳》中，他有如下敘述：

林肯先生從未結交過知心密友，因此，他從未向別人敞開心懷。他從未對我談到過他的內心有多麼痛苦。據我所知，也從未對他的任何朋友說起過。這種心理上的負擔承受起來並非易事，但他強忍著內心的悲痛，默不作聲地一直隱忍著。當他苦惱時，不用任何人告訴我，我總是能覺察出來。他算不上是個喜歡早起的人，也就是說，他通常在上午九點鐘左右才會在律師事務所露面，我一般會比他早到一個小時。不過有時，他在七點鐘就早早地來到了事務所。事實上，我記得有一次天還沒亮他就來了。要是我到達事務所時發現他已經在裡面了，我馬上就會意識到他的家庭內部又一次波濤澎湃，山雨欲來。他會或是仰面躺在躺椅上，眼睛朝上望著；或是蜷曲起身體坐在椅子上，兩隻腳搭在後窗的窗臺上。我走進屋裡時，他並不抬頭看我，而且會只用「嗯」的一聲來回答我對他所說的「早安」。

第二部　步履維艱的攀登之路

我會馬上拿起紙和筆，忙起自己的工作來，或是翻看某本書的書頁。但是，他的憂鬱和苦惱的跡象非常明顯，他的沉默也解釋了很多事情，於是我自己也會變得煩躁起來。我會找一個藉口，說是要到法院或是別的什麼地方去，然後離開事務所。

推開事務所的大門後是一條狹長的門廊，這門的上半部嵌有一塊玻璃，有一塊活動布簾可用來遮擋玻璃，簾子的頂端連線著若干黃銅環，銅環穿在一根鐵絲上。在上面說到的那種情況下，每當我走出事務所時，我會先拉上那塊布簾，使它擋住玻璃，在我還沒走完門口的全部臺階之前，我可以聽到鑰匙在鎖孔內轉動的聲音，從此時起，鬱悶的林肯就會獨自一人在事務所裡待著了。我會在法院的祕書辦公室待上一小時，隨後在附近的某家店鋪再待上一小時，就這樣過去兩小時之後，我再回事務所去。到這時候，或是有一位當事人已經來到了事務所，林肯正在向他建議依靠法律解決問題的辦法；或是沮喪的陰雲已經散去，他正忙著朗誦發生在印第安納州的某個故事，希望藉此驅散對不愉快的事情的回憶。

到中午時，我會離開事務所回家吃飯，過不了一小時我又回到事務所時，我會發現他還在那裡——雖然他家離這裡並不遠——正吃著午餐。所謂午餐，只是為數不多的若干塊餅乾和一片乾乳酪，那是在我不在的那段時間裡，他去樓下的一家商店買來的。在傍晚五六點鐘，一天的工作已經結束了，我們分別後我就回家了，而他通常還是不走，或是在門前的臺階下坐在一個箱子上為幾個閒逛者講故事，或是坐在法院門前的臺階上以同樣的方式打發時間。天黑以後，事務所裡亮著的燈光說明他還待在那裡，直到夜深人靜時，燈才滅掉。此時，人們已進入夢鄉，而未來將會成為美國總統的這個人的身影會穿行在樹木和建築物的陰影中。走著走著，他會溜進一座很不起眼的木板房的大門裡。把這座房子稱作是他的家可以使世人感到高興。不過這難免顯得有點俗套。

有些人或許會堅持說，這樣描繪林肯的生活過於誇張，過分渲染了悲涼的色彩。如果他們是這樣認為的話，那我只能說：因為他們根本不了解事實真相。

有一次，林肯夫人非常粗暴地攻擊她的丈夫，而且無休無止，以至即使是他這樣一個「對誰都不懷惡意、對誰都懷有善心」的人都失去了自制力。他抓住了她的手臂，硬把她拽出廚房，然後把她朝大門外邊推去，對她說：「妳在徹底毀掉我的生活，妳在把家變成地獄。現在，妳見鬼去吧，妳馬上從家裡滾出去！」

十二、開局不利的仕途生涯

假如林肯當初能和安‧拉特利奇喜結連理，那他很可能會擁有非常幸福的家庭生活，但他將無法成為美國總統。他的腦子反應並不快，走路也是慢吞吞的，安‧拉特利奇也並不是那種會驅使他成為傑出政治人物的人。而瑪麗‧陶德卻矢志不渝地要成為白宮的女主人，一直沉迷在這一夢想之中的她和林肯結婚後沒過幾天，就要求他走出家門，為獲得輝格黨的國會議員提名到處拉選票。

競選議員的競爭非常激烈。雖然似乎令人難以置信，但林肯的政敵指責他是一個異教徒，原因是他不屬於任何一個教派；他們還斥責他是富人和貴族階層的工具，原因是，透過聯姻這一手段，他已經使自己成為不可一世的陶德家族及愛德華茲家族的成員。雖然這些指責顯得荒謬可笑，但林肯意識到它們會使他在仕途上受到挫折。於是，他回應批評他的人說：「從我來到春田市至今，我的姻親中只有一個人曾拜訪過我，而在他離開鎮子回去之前，就被指控偷了一把單簧口琴。如果這樣的人也能算是自命

第二部　步履維艱的攀登之路

不凡的貴族家庭的一員，那麼我認可對我的指責。」

選舉投票的日子到來了，林肯最終競選失敗，這是他在仕途上遭遇的首次挫折。

兩年之後，他再次參加競選，這次他成功當選。瑪麗·林肯高興得不得了：她訂做了一件新的晚禮服，還開始溫習法語動詞的用法。她相信他在政治上的成功僅僅是開了個頭，以後還會有更大的成功等著他。她的丈夫剛到首都不久，她就把寄給他的信的收件人寫成「尊敬的 A·林肯」，但林肯馬上就制止了她的這種做法。

她希望也能到華盛頓去生活，她渴望在那裡因享有高貴的社會地位而到處受人尊敬，她確信在華盛頓，這種令人悠然神往的生活正等待著她的蒞臨。可是，當她來到了東部她的丈夫那裡時，她發現情況與她原先的預期大相逕庭。林肯很窮，窮到了在拿到政府發給他的第一筆薪水之前，他不得不從史蒂芬·A·道格拉斯那裡借錢來支付各項開銷。於是，林肯夫婦寄住在位於達夫·格林街上由斯普里格斯太太經營的旅館中。這個住宿處門前的街道未經鋪設，人行道也只是用礫石和爐灰鋪成，住宿處的房間陰冷淒涼，而且設施極為簡陋。在後院，斯普里格斯太太擁有一間附屬小屋、一間圈養鵝的棚舍以及一片菜園。由於鄰家的豬老是闖進來啃食蔬菜，她家的那個小男孩只得每隔一段時間就手持棍棒跑到屋子外面，把那些豬都轟走。

在那個時期，華盛頓市並不會把垃圾收集起來進行集中處理，於是，斯普里格斯太太就把垃圾傾倒在行人很少的陋巷裡，靠那些在街巷裡四處亂逛的母牛、豬和鵝去逐漸把垃圾吃掉。

林肯夫人發現華盛頓上流社會的大門對她關閉得緊緊的，她受到的只有漠視，只得孤單寂寞地留守在毫無生氣的住宿處房間裡，與她相伴的只

有她那幾個被寵壞了的孩子以及一個使她心煩意亂的情況——斯普里格斯太太的那個小男孩把豬轟出後院菜園的喊叫聲不斷傳到她的耳邊。

雖然這種境遇令人失望，但它比起即將出現的政治上的危機卻算不了什麼。林肯成為國會議員時，美墨戰爭已進行了一年零八個月，這是一場可恥的侵略戰爭，是國會內贊成蓄奴制的議員們蓄意挑起的，其目的是使美國可以獲得更多的領土，而且在這些領土上，由於蓄奴制盛行，那麼在那裡被選入國會參議院的議員也將會是贊成蓄奴制的人。

在這場戰爭中，美國完成了兩件事：德克薩斯州原本屬於墨西哥，後來被分裂了出來，美國強迫墨西哥放棄了它對德克薩斯地區主權方面的要求；此外，美國處心積慮地從墨西哥手中奪走了它所擁有的近一半領土，把它分設為新墨西哥州、亞利桑那州、內華達州和加利福尼亞州。

格蘭特將軍說過，這是整個人類歷史上最邪惡的戰爭之一，他由於自身參加了這場戰爭而永遠無法原諒自己。為數眾多的美軍戰士改變了立場，成為這場戰爭的叛逆者，而且倒戈成為敵方的士兵，聖安娜那裡的駐軍中有一支名聲顯赫的部隊，清一色由美軍的逃兵組成。

在國會開會時，林肯站起來做了其他許多輝格黨人都已經做過的事情：他抨擊總統發動了「一場搶掠和謀殺的戰爭，一場搶劫和可恥的戰爭」。他宣稱上帝業已「忘記了保護無辜的弱者，而且允許一群處於強者地位的凶手和來自地獄的惡魔來濫殺男人、女人和兒童，允許他們踐踏和掠奪屬於正義一方的土地」。

在首都華盛頓，林肯的這一演講未能引起當權者的絲毫關注，原因是林肯當時只是一個無名之輩；可是，在春田市，這一講話卻惹起了軒然大波。伊利諾州人把六千名男子送上了戰場，而且相信這些人是去為自由這一神聖的事業而戰鬥的。可是現在，他們的代表卻在國會開會時站起來，

聲稱這些士兵是來自地獄的惡魔,譴責他們犯了謀殺罪。在狂怒之中,情緒激動的黨徒數次舉行公開集會,斥責林肯「卑鄙」、「膽怯」、「無恥」,把他稱作是「一個冷漠無情、只講理性的游擊隊員」,還稱他會是「第二個班奈狄克‧阿諾德(Benedict Arnold,美國獨立戰爭時期的名將,後來卻背叛了美國,投降了敵對的英軍)」。

其中的一次會議通過決議,決議中宣稱,直至現在,他們才「知道竟然可以用如此惡毒的字眼在人臉上抹黑……為那些活著的勇士和光榮的英烈戴上此類極具侮辱性的帽子只會激起每個真正的伊利諾州人的義憤」。

這一憎恨是如此強烈,以至在此後的十多年間都不時流露出來:十三年後林肯競選總統時,這些指責又被拿出來,用作抨擊林肯的有力證據。

林肯曾對他的律師事務所合夥人坦承:「我做的事無異於是在政治上的自殺。」

那時的形勢下,他不敢回老家去面對那些對他充滿忿恨的選民,於是,他試圖獲得一個能使他留在華盛頓的職位。他想方設法地去獲取國有土地管理局局長的職務,但沒能成功。

隨後,他試圖使自己被任命為奧勒岡準州(Oregon)州長,指望在該準州正式變成聯邦的一個州時,他能成為該州首批進入國會的兩位參議員之一,但他的這一努力也沒能獲得成功。

於是,他無奈之下只好返回了春田市,回到了他那骯髒的法律事務所。像先前所做的那樣,他把綽號「老朋友」的那匹馬與他那輛簡陋的輕便馬車套在一起,又開始坐著車順著第八司法區巡迴法院的行進線路推銷他的法律服務了——此時的他情緒低落之極,簡直就是全伊利諾州最沮喪的人之一。

那時他決心不再去想政治生涯該怎樣繼續下去,而是一心一意地當好

他的律師。他意識到自己做起工作來沒有條理，意識到自己的頭腦缺乏訓練。於是，為了訓練自己能更為嚴密地進行推理並論證命題，他購買了一本幾何學的書籍，並在跟隨巡迴法院尋覓服務對象的路途上一直帶著它。

赫恩登在他撰寫的《林肯傳》中作了如下記述：

在鄉間小客店住宿時，我和林肯通常同床共眠；在多數情況下，床鋪對林肯來說長度不足，他的腳會懸空在床尾豎板的上方，小腿有一小截也露在外面。他會點上一支蠟燭。放到床頭那裡的一把椅子上，然後就開始長達數個小時的研讀。據我所知，他曾在這一躺臥姿態下一直學習到凌晨兩點鐘，在這段時間裡，我和湊巧同住一室的其他人會安然地酣睡著。在跟著巡迴法院走的一路上，林肯就是這樣來研讀歐幾里得（Euclid）幾何學的，學到後來，他可以輕鬆熟練地論證六本幾何書中的任何一個命題。

在掌握了幾何學之後，林肯又研讀了代數，後來又研讀了天文學；在那之後，他撰寫過一篇講座講稿，其題目是語言的起源和發展。不過，林肯最感興趣的研讀對象非莎士比亞莫屬，當初在新塞勒姆時，傑克·凱爾索在林肯身上培育起來的文學鑑賞力依然沒有消失。

從這個時候起直至他生命的終結，林肯最顯著的特點是難以形諸筆墨的深沉悲傷和憂鬱。

在赫恩登那本不朽的《林肯傳》定稿之前，傑西·韋克（Jesse W Weik）曾幫他做審校工作，起初，韋克覺得有關林肯悲傷的記述肯定是言過其實了，於是他去找那些曾和林肯相處多年的人，和他們詳細地討論這一點，被採訪的人包括斯圖爾特、惠特尼、馬西尼、斯韋特以及戴維斯法官。

隨後，韋克才確信「從未見過林肯的人很難想像到他的憂鬱傾向」；赫恩登不僅同意韋克的這一想法，還有過之而無不及地述說了我前面已經引述過的話：「如果說林肯在二十年間曾有過快樂的一天，那我可是從所未

第二部　步履維艱的攀登之路

聞。他總是一副悲傷的模樣，這是他最明顯的特點，他從哪裡走過，哪裡就會留有他的憂傷。」

在跟隨巡迴法院尋覓業務的途中，他常與另外兩三名律師同室下榻，後者常會在一清早被林肯的說話聲吵醒，他們會發現他坐在床邊語無倫次、含糊不清地自言自語。在他起身後，他會點起爐火，然後持續數小時坐在爐子前，眼睛呆呆地望著爐火。在這樣的場合下，他常會朗誦起那句：「啊，人的心靈有什麼可驕傲的？」

有時，當他在大街上走著時，他會深深地陷入絕望情緒中，以至會注意不到那些遇到他並和他打招呼的人；有時，雖然他和別人握手，但他實際上並不知道自己在做些什麼。

對已故的林肯欽佩得幾乎達到崇拜程度的喬納森・伯奇（Jonathan Birch）在書中寫道：

每當林肯因出庭而在布盧明頓（Bloomington）法院那裡露面時，他會使那些在審判室、辦公室或大街上聽他講話的人前俯後仰地大笑不止。而不久之後，他又會深深地沉浸在思索之中，以至誰也不敢去召喚他回到現實中來……他常坐在一把向後斜倚著牆的椅子上，兩隻腳放在椅子的下橫檔上，兩腿收起，雙膝與下巴處於同一高度，頭頂上的寬邊帽向前傾斜著，兩手緊抱著膝蓋，目光流露出無限的憂傷。他那副模樣給人的感覺是：他就是沮喪和鬱悶的化身。我曾見到他一連數小時坐在那裡，就是這副出神的模樣，即便是他最親密的朋友也不敢上前去打斷他的憂思。

貝弗里奇參議員也許比其他任何人都更為詳盡地研究過林肯的生平，他透過研究得出的結論是：「林肯一生中從西元 1849 年起直到他去世的那段時間裡，其最主要的特點是他那深深的悲傷，這一悲傷深得難以探測，深得一般人的頭腦無法對它加以評估。」

不過，林肯永不枯竭的幽默感以及他令人稱奇的講故事本領與他的悲傷一樣，也是他個性中顯著而又不可分割的一部分。

有時，戴維斯法官聽到林肯妙語連珠、妙趣橫生的幽默談吐聽得入了迷，甚至會停止庭審。

赫恩登在書中說，「人群簇擁在他身邊，足有二三百人」，大家都笑得前俯後仰，在笑聲中消磨時光。

有一位現場目擊者稱，當林肯為一個故事有趣「爆料」時，有些人笑得實在太厲害以至於從坐著的椅子上滾落到地上。

那些對林肯很熟悉的人都認為，「他那深不可測的悲傷」是由兩個原因造成的：一是使他難以承受的仕途挫折；二是他那具有悲劇色彩的婚姻生活。

就這樣，表面上看林肯似乎永遠丟棄了走仕途的念頭，在辛酸之中苦熬著歲月──這樣的日子長達六年──隨後，一件事情突然改變了林肯一生的軌跡，使他踏上了入主白宮之路。

在這件事情背後起促進與推動作用的人物就是瑪麗‧林肯的舊情人史蒂芬‧A‧道格拉斯。

十三、折衷方案的機遇

西元1854年，林肯的生活中發生了一件大事，它的出現歸因於「密蘇里折衷方案」（Missouri Compromise，又稱「密蘇里妥協」）的取消。「密蘇里折衷方案」到底是怎麼回事呢？簡單說來就是：西元1819年，實行蓄奴制的密蘇里準州想要加入聯邦，北部的各個州都反對接納它，於是局

第二部　步履維艱的攀登之路

勢變得頗為緊張。最後，當時那些很有才幹的公眾人物商定了一個解決方案，這方案現在被人們稱作「密蘇里折衷方案」。根據這一方案，南方派得到了他們想要的東西：密蘇里加入聯邦，成為美利堅合眾國的一個州，而且依然可以繼續實行蓄奴制；北方派也得到了他們想要的東西：從那時起，西部地區的任何地方，只要是位於密蘇里州南側州界以北的地區，都禁止實行蓄奴制。

人們以為這樣一來，有關蓄奴制的爭吵就會停息下來，而事實上爭論也確實停息了一段時間。可是，現在事隔三十多年之後，史蒂芬‧A‧道格拉斯促成了「密蘇里折衷方案」的廢止，使密西西比河以西、面積與聯邦最初的十三個州一樣大的一塊新地區也要遭受該死的蓄奴制的侵害。他在國會持久而又賣力地為該方案的廢止與別人爭論。爭論持續了數月之久。有一次，在眾議院的一場激烈爭論中，議員們跳上桌子，手持寒光閃爍的短刀，手槍也被從腰間拔了出來。可是，最後，在西元1854年3月4日那天，當道格拉斯從午夜起直至接近黎明，持續情緒激動地作了長時間的遊說與懇求後，參議院最終通過了他的提案。這是一件了不得的大事，華盛頓市的市民在提案通過之時還在睡夢之中，捷足先登獲知消息的人便奔跑著穿過該市的大街小巷，以最大音量向市民宣告這一消息。海軍造船廠內禮炮轟鳴，向新紀元的到來表示致敬 —— 但這將是一個被鮮血所浸透的新紀元。

道格拉斯為什麼要這樣做？似乎誰也不知道，頭戴室內便帽的歷史學家至今還在就這個問題的答案進行無休止的爭論。不過，我們可以確定的是：道格拉斯希望能夠在西元1856年當選為總統。他知道，「密蘇里折衷方案」的廢止會極大有助於他在南方諸州獲得更多選票。

可是，在北方諸州呢？

他公開宣稱：「上帝作證，我知道這會在那裡引起軒然大波。」

十三、折衷方案的機遇

他說得對。這的確引起了一場大風波，其級別堪稱龍捲風，它使兩大黨派都被吹得四分五裂、分崩離析，而且使整個國家都陷入了巨大的紛爭之中。

在成百上千個城市、鄉鎮和村落中，民眾開始自發舉行集會，義憤填膺地進行抗議，史蒂芬·阿諾德·道格拉斯被斥責為「叛徒阿諾德」，人們說，之所以這樣稱呼他，是把他比作當年的班奈迪克·阿諾德。他被貼上了「現代猶大」的標記，有人要給他三十塊銀幣（猶大因為貪圖三十塊銀幣而出賣了耶穌·基督）；有人要給他一條繩子，讓他立即上吊自殺。

教會也立即以前所未有的熱情投入了戰鬥，新英格蘭的三千零五十位牧師「以萬能的上帝的名義並在上帝的見證下」寫了一份抗議書，並把它呈交到參議院。言辭激烈、充滿義憤的報紙社論使公眾的怒火越燒越旺。在芝加哥，甚至連民主黨方面的報紙都倒轉槍口，對道格拉斯猛烈開火。

是年8月，國會休會，道格拉斯於是啟程返回老家。他在途中所見到的景象使他甚感驚詫。後來他曾公開對人們說，若是從波士頓回到伊利諾州去，那麼他一路上都會看到無數張畫有他被絞死的畫像被燒得火光沖天。

道格拉斯是一個膽大和勇於面對挑戰的人，他宣稱他要在芝加哥進行演講。芝加哥是他自己的家鄉，那裡對他的仇恨已經達到了白熱化的程度。所有的報刊都在猛烈地抨擊他；狂怒的牧師說，絕不能再允許他「用背信棄義的屁話來汙染伊利諾州純淨的空氣」。人們紛紛趕到五金店去搶購武器，以至於太陽落山時，全城所有的左輪手槍都已全部售罄。他的敵人發誓說，絕不會讓他活著為自己的無恥行徑做辯護。

道格拉斯一進城，港口裡的船紛紛降半旗，全部的二十座教堂喪鐘齊鳴，哀悼自由的消亡。

他發表演講的那個夜晚是芝加哥曾出現過的最酷熱的夜晚之一。市民

第二部　步履維艱的攀登之路

們即便一動不動地閒坐在椅子上，汗水都不住地順著臉頰往下淌；婦女們爭先恐後地湧向城外的湖濱地區，那裡涼爽的沙灘可以使她們睡個好覺。匆忙和擁擠之中，有些婦女暈倒了，有些套著馬具的馬匹在趕路時倒在了大街上奄奄一息。

不過，儘管酷熱難當，照樣有成千上萬的男人口袋裡裝著手槍，成群結隊地去會場聽道格拉斯演講。芝加哥沒有哪個會堂能容納下這麼多的聽眾，一片公共廣場成了會場，場地上擠滿了不計其數的聽眾，還有上千人站在廣場附近房屋的露臺上或是騎坐在這些房屋的屋脊上。

道格拉斯剛說完第一句話，聽眾中就爆發出如潮水般的噓聲與喝倒彩聲，他接著往下講——或者說，他試圖接著往下講——而聽眾卻不斷喊叫著，向他發出唾棄的聲音，唱起帶有侮辱性的歌曲以及用各種難以形諸筆墨的髒字來辱罵他。

道格拉斯的忠實支持者惱怒起來，試圖發起一場械鬥，但是，他請求他們冷靜下來，他會使那些烏合之眾不再胡鬧。他堅持著試圖說服聽眾，但他不斷遭受失敗。當他斥責《芝加哥論壇報》(Chicago Tribune)時，無數聽眾發起了聲勢浩大的聲援運動，齊聲為這家報紙叫好；當他威脅說，若他們不讓他說話，他會一整夜站在那裡奉陪他們時，回答他的是至少八千人的合唱聲：「我們要到明天早晨才回家，我們要到明天早晨才回家。」

那是一個週六的夜晚。最後，在歷經四個小時的徒勞無功和受盡屈辱的演講之後，道格拉斯拿出他的懷錶看了看，然後對廣場上四處走動、吼聲不斷的聽眾喊道：「現在是星期天早晨了，我要去做禮拜了，而你們可以去下地獄了！」

精疲力竭的他放棄了進一步的努力，離開了演講臺，這個「小巨人」

十三、折衷方案的機遇

有生以來首次遭遇如此慘痛的恥辱和失敗。

那天夜晚發生的一切在翌日的晨報上進行了詳細報導。在春田市，有一位自命不凡、長得頗為豐滿的淺黑膚色的白種女子，她正為即將步入中年而十分鬱悶。這位女士以與眾不同的喜悅心情閱讀了有關報導。十五年前，她曾夢想成為道格拉斯夫人，多年以來，她一直關注著他的仕途生涯，看著他如長著翅膀般青雲直上，直至成為全國最受人愛戴、最有權勢的領袖人物，而她的丈夫卻遭遇了可恥的失敗而走下了政治舞臺，在她的內心深處，她對這一情況是極為忿忿不平的。

可是，現在，感謝上帝的安排，不可一世的道格拉斯的末日即將來臨。他一手導致他自己所屬的黨派出現了分裂，而且恰恰是在參議員換屆選舉即將來臨之際。這對林肯來說是一個天賜良機，瑪麗‧林肯深知這一點，她知道這是他重新贏得他在西元1848年所失去的民心的絕好機會，是他再次走上政壇的天賜良機，是他再度當選美國國會參議員的最好時機。雖然事實是道格拉斯的任期還剩四年，可他的那位同僚在幾個月後就因任期已滿而要改選了。

這位同僚是誰呢？是一個名叫希爾茲的狂妄好鬥的愛爾蘭裔人。瑪麗‧林肯與希爾茲之間也有一筆老帳要算：早在西元1842年，由於她自己寫了一些帶有侮辱性言語的信件，希爾茲曾向林肯提出進行決鬥的挑戰：這兩位男子攜帶著騎兵用的那種長劍，由副手陪同，在密西西比河中的一塊沙洲上會面，準備一決生死。可是，在即將開戰的最後時刻，朋友們為他們進行調解，避免了流血事件的發生。從那時起，就仕途而言，希爾茲走的是上坡路，而林肯走的卻是下坡路。

不過現在，林肯已經在觸底後開始反彈。就像他說的那樣，「密蘇里折衷方案」的取消把他從政治的沉睡中「喚醒」了，他再也不能保持沉

第二部　步履維艱的攀登之路

默,他決計要懷著堅定不移的信念,不遺餘力地投入鬥爭中。

於是,他為自己的演講開始了準備工作。他一頭鑽入州立圖書館,進行長達數週的研究:他查閱了大量的歷史文獻,掌握了大量一手資料並加以詳細分類和澄清;在該提案最終獲得通過的議程中,參議院曾展開唇槍舌劍的激烈辯論,其氣勢不啻於一場雷霆萬鈞的暴風雨,林肯對這場激烈的辯論做了詳盡的研究。

10月3日,伊利諾州展銷博覽會在春田市開幕了。成千上萬的農民湧進了這個鄉鎮,男人帶來了最好的豬和馬匹,還有乳牛和玉米;女人捎來了果凍和果醬,還有餡餅和蜜餞。但是,這些展銷品卻受到了冷遇,人們幾乎無視它們的原因是另一種富有刺激性的東西吸引了他們的注意力。幾個星期以來,一直有告示貼出來,稱道格拉斯要在展銷博覽會開幕那天進行演講,該州各地的政治頭面人物已經雲集在博覽會會場那裡,等著聽他演講。

那天下午,他一口氣講了三個多小時,他從頭至尾介紹了他的個人履歷,他為自己在有關問題上的立場作了解釋和辯護,同時對反對他的人進行了抨擊。他矢口否認他試圖「使蓄奴制在準州合法化,或使它在準州廢止」,他說他主張讓準州廣大人民自己在蓄奴制這一點上做出自己的選擇——完全遵照自己的意願。

他大聲說:「當然,如果堪薩斯(Kansas)人和內布拉斯加(Nebraska)人有能力實行自治,那麼毫無疑問他們有能力治理為數不多的幾個可憐黑人。」

林肯坐得離前排很近,他一字不漏地仔細聆聽著,斟酌著道格拉斯提出的每一一個論點。當道格拉斯的演講結束時,林肯宣稱:「明天我會當眾把他批駁得體無完膚。」

十三、折衷方案的機遇

第二天上午，宣布林肯將對道格拉斯的演講做出批駁的傳單被散發到博覽會會場各處和全鎮的每處地方。公眾對此表現出強烈的興趣，下午兩點鐘還沒到，作為演講地點的禮堂中已經座無虛席。過了一下，道格拉斯到場並走到講臺上就座，像往常一樣，他的穿戴堪稱完美，個人服飾無懈可擊。

此時，瑪麗·林肯已是到場聽眾中的一員。那天上午離家之前，她用毛刷用力刷了林肯的外套，為他安排好了一條嶄新的假衣領，並仔細、認真地熨好了他最好的領帶，她渴望著這樣的穿戴會在外表上給予人好感。但是，那天天很熱，林肯知道會堂內一定會更加悶熱，於是他並沒穿外套，也沒穿馬甲、戴假衣領，甚至沒戴領帶就大步走上了講臺：他的襯衫鬆鬆垮垮地套在他那極為瘦削的身體上，他那瘦削的修長脖子從領口那裡向上伸出來，他的頭髮亂蓬蓬的，腳上的靴子又舊又髒，褲子短而不合身，而且只有單獨一根編織而成的吊褲帶吊在那裡。

瑪麗·林肯一見到他，就因尷尬和生氣而臉紅了；在失望和絕望中，她強忍著才讓自己沒有潸然淚下。

現在，我們知道，就在這個正值10月的炎熱下午，這位連妻子都覺得為之臉上無光的男子，這位不修邊幅、衣著樸素的人啟程踏上了一條將會使他名垂青史的事業之路；但在當時，所有人都沒有意識到這一點。

在那個下午，他做了他一生中的首次精彩演講。如果把他此前所做的所有演講都收集起來合編成一卷書，把他從那個下午起所做的所有演講合編成另一卷，你幾乎不會相信兩卷書中收集的演講是同一個人所為。那天做演講的是一個嶄新的林肯——被一種極其錯誤的行徑所深深觸動的林肯，為一個受壓迫的種族高聲呼籲的林肯，觸動靈魂、因道德觀念的高尚而顯得無比高大的林肯。

第二部　步履維艱的攀登之路

他回顧了蓄奴制的整個歷史，情緒激動地羅列了憎恨蓄奴制的五條理由。

不過，他說完理由後以寬容的口氣保有高姿態地說：「我對南方人沒有任何偏見，要是我們處在他們的位置上，我們的立場也會和他們一樣。如果現在他們之中不存在蓄奴制，他們是不會引進這種制度的；如果現在我們中間存在著這種制度，我們也不會立即就放棄它或代替它。

「當南方人對我們說，他們和我們一樣，對蓄奴制的起源沒有責任時，我承認這是事實。有人說，這種體制已經存在了，很難以任何令人滿意的方式廢止它，我理解並欣賞這一說法。他們不做我自己都不知道該怎麼做的事情，毫無疑問，我不會因為這一點而責怪他們。即便現在全世界的一切權柄都交給我，我也不知道對這一現存制度該怎麼處理。」

他一連進行了三個多小時的演講，針對道格拉斯的演講，逐條批駁，有理有據，汗珠不斷地從他臉上滴落下來，他揭穿了身為參議員的道格拉斯的種種詭辯，對道氏徹頭徹尾的錯誤立場進行了徹底的批判。

他的演講非常有深度，給聽眾留下了非常深刻的印象，這使在場的道格拉斯覺得壓力很大。他如坐針氈、備受煎熬、難以忍受，他一次又一次站起身來試圖打斷林肯的演講。

選舉的日子已經逼近了，民主黨中進步的青年黨員已經決定拒絕接受該黨提出的候選人名單，並已經開始抨擊道格拉斯；伊利諾州「投票人」投完票後的統計結果表明，道格拉斯所屬的民主黨提名的候選人只贏得了少量選票。

在那個時期，國會參議員是由州議會投票表決產生的，為此，伊利諾州州議會於西元1855年2月8日在春田市召開會議。為了這件大事，林肯夫人特地買了一套新禮服和一頂新帽子；而她的表兄尼尼安·W·愛德

十三、折衷方案的機遇

華茲則在樂觀自信的期待中，已經安排好了當晚的慶祝晚宴，慶賀林肯當選為國會參議員。

第一輪投票中，林肯得到的票數占據絕對多數，而且僅差六票就能勝出；可是，從第二輪投票起，他得到的票數急遽減少，當第十輪投票結果公布時，他已確定無疑地落選了，當選者是萊曼·W·特朗布林。

萊曼·特朗布林的妻子是朱莉婭·傑恩，這位年輕的太太在瑪麗·林肯的婚禮那天當過她的伴娘，而且很可能還是林肯夫人的閨中密友。那天下午，瑪麗和朱莉婭緊靠著坐在州眾議院會堂的樓廳裡觀看選舉聯邦參議員的實況。當宣布朱莉婭的丈夫勝出時，林肯夫人生氣地轉過身來走出了會堂，她是如此得怒不可遏、忌恨難平，以至從那天起直至她去世，她再也沒有理睬過朱莉婭·特朗布林。

林肯垂頭喪氣、悶悶不樂地回到了他那間骯髒的律師事務所裡——那間牆上有墨水潑濺的汙跡、花卉種子在書櫃頂上的塵土中正在發芽的辦公室裡。

一週之後，他把那匹綽號「老朋友」的馬與他的馬車套好，又一次駕車啟程行駛在無人居住的大草原上，奔走在各縣的法院之間。但是他的心已無法放在法律上面，這段時間他幾乎一張嘴就是談論政治和蓄奴制；他說，一想到成百上千萬的黑人處於被奴役之中，他就會非常難過。在這段時間裡，他週期性的憂鬱比先前任何時候都更頻繁地向他襲來，而且每次持續的時間都會更長，程度也更嚴重。

一天夜裡，在一家鄉村客店中，林肯和另一位律師合睡一張床。黎明時分，林肯的夥伴醒了，他發現穿著長睡衣坐在床旁邊的林肯神情沮喪地沉思著，並發現他目光呆滯地望著前方，出神地想著心事。當林肯終於開口說話時，他說的第一句話就是：「我對你說吧，這個國家不可能長久地

忍受半數的州是蓄奴州、半數的州是自由州這種情況。」

此後不久，有一位春田市的黑人婦女來找林肯，對他講了一件非常令人同情的事情。她的兒子離開家鄉前往聖路易斯（St. Louis），在密西西比河中的一條船上找到了一份工作，當他隨船來到紐奧良時，他被投入了監獄。他出生時就獲得了「自由人」身分，但他沒有有關的證明檔案，於是直至那條船啟程返航，他都一直被關押在監獄裡。現在，他要被作為奴隸拍賣掉，用所得款項來支付監獄用於他身上的開支。

林肯把這一情況反映給了伊利諾州州長，州長答覆說，他沒有權力去插手這件事。路易斯安那州州長在給林肯的回信中說，他對這件事也無能為力。於是，林肯又一次拜訪了伊利諾州州長，力勸他在這件事上挺身而出，但州長卻搖頭拒絕。

林肯從椅子裡站起身來，以非常強調的語氣大聲說：「州長，看在上帝的份上，你或許沒有合法的權力使這個可憐的男孩獲釋，但我想使這個國家的土地燙得讓奴隸主無法立足。」

一年以後，林肯四十六歲了，他私下對他的朋友惠特尼說，他「似乎需要」配一副眼鏡；於是，他前往一家首飾店去買了他的第一副眼鏡——價值 37.5 美分。

十四、冉冉升起的帝國之星

我們這個故事的時間維度已經推進到了西元 1858 年夏天，不久之後，我們將看到林肯開展他一生中的首次出色搏擊，我們將看到他這個默默無聞的鄉巴佬挺身而出，投入到美國史上最有名的政治鬥爭之一中去。

十四、冉冉升起的帝國之星

此時他已四十九歲了，可是，在經過了先前這麼多年的個人奮鬥之後，他的情況如何呢？

在做生意方面，他是一個失敗者。

在婚姻方面，他處於蒼白淒涼的不幸之中。

作為律師，他做得還是相當成功的，年收入不少於三千美元，但從仕途和他心中的理想來看，他遭遇到的是挫折和失敗。

他曾坦承：「在實現雄心壯志的賽跑中，我是一個失敗者，一個徹頭徹尾的失敗者。」

可是，從那個時候起，事態以令人驚異而又眼花撩亂地進行高速發展變化。七年之後，林肯將會離開人世，可就是在這七年之中，他將成為萬古流芳的一代偉人。

在我們將要看到的爭鬥中，林肯的對手依舊是史蒂芬·A·道格拉斯。道格拉斯此時已是全民族偶像，事實上，他已成了舉世聞名的人物。「密蘇里折衷方案」廢止以來的這四年中，他使自己成功東山再起，這種情況在歷史上頗為罕見，非常令人驚詫。他藉助一場戲劇性的、引人注目的政治鬥爭，拯救了自己的政治生命，事情的經過是這樣的：

堪薩斯叩響了聯邦的大門，請求以蓄奴州的身分加入聯邦。可是，蓄奴州應該被接納進來嗎？道格拉斯說「不行」，因為為該州制定憲法的州議會並非貨真價實的州議會，它的成員是以詭計和武力「選舉」出來的。堪薩斯州半數的定居者──即擁有選舉權的人──從未登記為選民，因此，不能參加投票；可是，居住在密蘇里州西部地區，法律上毫無堪薩斯州投票權的五千個擁護蓄奴制的民主黨人洗劫了一處聯邦軍火庫，在那裡搶奪到武器，把自己武裝起來。到了選舉日那一天，他們這支旗幟飄揚、伴隨著樂隊演奏的隊伍持械浩浩蕩蕩開進了堪薩斯州──他們投了擁護

115

第二部　步履維艱的攀登之路

蓄奴制的票。所謂的「選舉」只不過是一場徹頭徹尾的滑稽戲，是對公正的公然扭曲。

那麼，贊成成為自由州的堪薩斯人是怎麼應對的呢？他們準備要用鐵與血來捍衛自己的權力，用武力驅逐這些贊成蓄奴的無賴。他們把獵槍擦乾淨，將他們的步槍上好油，為了提高射擊本領，他們砰砰砰地朝著樹幹上的標誌和牲口棚門上的孔洞開起槍來；不久之後，他們開始了佇列訓練和作戰操練，也在一起喝酒；他們挖掘戰壕，築起高牆，並把旅館變成了碉堡。雖然他們沒能用選票贏得公道，但他們會用子彈來討回公道！

在分布於北方各處的幾乎每一座城鎮和鄉村，專職的演說者都在慷慨激昂地向當地居民發表演說，用帽子在聽眾中來回傳遞募集捐款，以便能夠購買武器送往堪薩斯州。亨利·沃德·比徹（Henry Ward Beecher）在布魯克林一邊用力敲擊著講壇，一邊大聲疾呼：要想拯救堪薩斯，槍枝要比《聖經》更有用——也正是從那時起，夏普式步槍被人稱作「比徹《聖經》」，它們被裝在箱子裡或桶裡從東部運到堪薩斯，箱子和桶外面的標籤是「《聖經》」、「陶器」或「法令修訂案」。

在五位擁護自由州的堪薩斯定居者被謀殺之後，堪薩斯平原上的一位年邁的牧羊人，同時還是一位葡萄種植者兼釀酒人，更是一位狂熱的宗教信徒，挺身而出宣稱：「別無選擇，我應該讓那些擁護蓄奴制的人明白自己的愚蠢行為會帶來哪些惡果，這是萬能的上帝帶來的天罰。」

此人名叫約翰·布朗（John Brown），是奧薩沃托米（Osawatomie）的居民。

在5月的一個夜晚，他翻開《聖經》，向他的家庭成員朗讀了大衛的詩篇，隨後他們跪下來進行祈禱。然後，在吟唱了幾首讚美詩之後，他與自己的四個兒子、一位女婿跨上馬背，騎馬穿過大草原來到一個蓄奴制擁護

者的木屋那裡。他們把那個人和他的兩個兒子從床上拽起來，用斧子把他們的手臂剁了下來，再把他們的腦袋劈開。那天，天亮前下了雨，雨水把這幾個死者腦殼裡的腦漿都沖刷了出來。

從那時起，擁護和反對蓄奴制的雙方開始用刀槍彼此殘殺起來。「流血的堪薩斯」這個專有名詞從此被載入史冊。

史蒂芬‧Ａ‧道格拉斯知道，在充滿了欺騙和奸詐的整個過程中，一個偽立法機關制定出來的根本大法是一文不值的，完全就是廢紙。

於是，道格拉斯提出要求說，有關堪薩斯是應以蓄奴州身分還是應以自由州身分進入聯邦的問題，要允許堪薩斯人透過一次光明正大和平心靜氣的投票表決來做出選擇。

他的要求是完全正當合法的，但時任美國總統的詹姆斯‧布坎南（James Buchanan）以及華盛頓的那些贊成蓄奴制的傲慢政客是不會容忍這種解決方案的。

於是，布坎南和道格拉斯吵了起來。

總統威脅說要把道格拉斯送到政治屠宰場去，道格拉斯則以牙還牙反擊說：「上帝在上，是我成就了詹姆斯‧布坎南的輝煌；但是，同樣上帝在上，我發誓會使他的政治生命走向徹底終結。」

當道格拉斯說出這話時，他不僅是在威脅，而且也創造了歷史。在那時，就政治勢力和驕橫程度而言，蓄奴制都已經到達了頂點。但盛極而衰，從那時開始，贊成蓄奴制的勢力戲劇性地出現了急轉直下的衰敗。

隨後的爭鬥是蓄奴制衰亡的開端階段，因為在這場爭鬥中，道格拉斯造成了自己所在的民主黨的嚴重分裂，並最終導致了民主黨在西元1860年大選中的災難性結局，也因此為林肯掃除了巨大的障礙，促使林肯成功在那一年當選美國總統。

第二部　步履維艱的攀登之路

　　道格拉斯把決定他自己政治前途的賭注押在了一場他認為是——而且是幾乎每個北方人的共識——為捍衛一種崇高的原則與信念而進行的無私戰鬥上。因為這一點，伊利諾州人愛戴他。他這時已經回到他家鄉所在的州，是全美國最令人欽佩、最受人崇拜的偶像。

　　西元 1854 年當他進入芝加哥這個城市時，人們向他發出起鬨聲，港口裡的船隻特地降半旗，教堂也敲響了喪鐘；現在，同樣是芝加哥這個城市，卻特地派了一支迎接隊伍出城，隊伍中有銅管樂隊，還有接待委員會的成員，其任務是迎接並陪同他回到老家。當他進城時，迪爾伯恩（Dearborn）公園內的一百五十門大禮炮齊鳴向他致敬，幾百上千個男子爭搶著和他握手，成千上萬名婦女把花束投擲到他的腳下。為了表示對他的敬意，有些人把他們的長子取名為道格拉斯；在他狂熱追隨者中，有些人確實能為了他披肝瀝膽，捨生忘死，這種說法毫不誇張。在他去世的四十年後，依然有些人自誇說是「道格拉斯派民主黨的黨員」。

　　道格拉斯凱旋般回到芝加哥的數月後，伊利諾州居民要在一個確定的日子選出一位聯邦參議員。民主黨方面理所當然地提名道格拉斯為候選人，而共和黨方面會推選出誰來和道格拉斯展開競選呢？是一位名叫林肯的無名小卒。

　　在隨後的競選過程中，林肯和道格拉斯多次進行交鋒，展開了唇槍舌劍的激烈辯論，這些辯論使得林肯成為知名人物。他們所論戰的問題彷彿是一個裝滿了情緒火藥的炸藥桶，使公眾的迴響熱烈異常、群情激奮。美國歷史上從未有如此眾多的民眾趕來聽取他們的競選辯論，沒有哪座禮堂大得足以容納下這麼大量的聽眾。於是，辯論會被安排在下午舉行，地點或是在長有樹叢的空地上，或是在郊外的大草原上。無論辯論在哪裡舉行，記者都會如影隨形；報紙更是大肆宣揚，對辯論進行大篇幅的報導，不久之後，所有美國人的注意力都被吸引到了這兩位演講者的身上。

十四、冉冉升起的帝國之星

兩年後，林肯正式入主白宮。

此時的這些辯論為他作了大量的宣傳，它們為他最終得以入主白宮鋪平了道路。

在競選辯論開始之前的幾個月裡，林肯一直在為辯論做準備。當思想、念頭和隻言片語在他頭腦中形成時，他就把它們立即記錄在零散的廢紙片上，包括信封的背面、報紙的邊緣、空白紙條、紙袋所撕成的碎紙片等，他把這些紙片都存放在他頭頂上的絲質高頂寬邊帽中，無淪去哪裡，他都隨身帶著它們。最後，他把這些碎紙片上的記錄謄錄到一張張像樣的書寫紙上，在抄寫每句話時，他都會邊抄邊大聲朗讀，他還在不斷修改、重寫和完善他所抄下的東西。

在寫完他首次演講的初稿後，他邀請了幾個知心朋友在某天夜晚和他在州議會樓的圖書館裡聚會，在那裡把門鎖上之後，他向他們朗讀了他的演講稿。每讀完一個段落，他就停下來向他們徵求看法，要他們提出批評。這一演講稿中含有自那時起變得眾所周知的預言家式的話語：

「房屋本身的裂縫會使房屋坍塌。

我相信我們的政府不可能長久忍受半數的州是蓄奴州、半數的州是自由州這種情況。

我並不認為聯邦會解體──就像我並不認為房屋會坍塌那樣──但我確信這個國家的裂縫終將會不復存在。

聯邦會最終演變為要麼全是蓄奴州，要麼全是自由州。」

聽著林肯讀他的演講稿，他的朋友大吃一驚，甚至感到驚恐。他們說，這演講太激進了，會嚇跑投票人的，因此是「愚不可及的演講稿」。

最後，林肯慢慢站起身來，對他們講了他在這個問題上所作的非常認真的思考；在聚會結束時，他宣稱說，「房屋本身的裂縫會使房屋坍塌」這

第二部　步履維艱的攀登之路

句話是真理，人類自古以來的所有經驗無不證明這一點。

林肯說：「在長達六千年的時間裡，這一直是一條真理。我想用某種更通俗簡單的語言來表達，能普遍被人所理解的修辭方法讓人們意識到我們這個時代正面對的危險局面。應當把這一真理講出去的時刻已經迫在眉睫，我決心既不變換也不修正我的斷言，如果有必要的話，我願意與這一斷言一起消亡；如果命中注定我會由於這一演講而倒下，那就讓我連同這一真理一起倒下吧，讓我為擁護正確而又正義的東西奮戰而死吧。」

這些精彩的辯論的第一場是 8 月 21 日在渥太華（Ottawa）這個小鄉鎮舉行的，那裡距芝加哥七十五英里。在辯論日的第一天夜晚，成群結隊的聽眾就開始湧入這個小鎮，很快，那裡的旅館、私人宅第便全都「客滿」了。山谷周圍方圓一英里的範圍內，營火或是在峭壁上、或是在谷底燃燒著，彷彿這個小鎮已被一支意欲攻占該鎮的大軍包圍了起來。

破曉之前，人潮又一次向小鎮湧來。那天早晨，太陽出來了。陽光照耀在伊利諾州的大草原上，陽光下的鄉間道路上車水馬龍，有輕便馬車，也有四個輪子的載重馬車，有騎著馬的男男女女，也有步行者。那天，天很熱，而且已經有好幾個星期沒下雨了，道路上揚起的塵土形成了一團團巨大的煙塵，它們在玉米地和草地的上方飄過。

中午時分，從芝加哥啟程、由十七節車廂組成的一趟特快車抵達了這個小鎮。車裡座無虛席，走廊上也擠滿了人，有些渴望聆聽辯論的乘客竟然是乘坐在車廂頂上來的。

從方圓四十英里範圍內的每一個鎮子趕來的聽眾都帶來了他們的樂隊，鼓聲隆隆、喇叭嘟嘟，還有民兵隊伍行出發出的沉重而又整齊劃一的腳步聲。江湖郎中免費演出耍蛇節目，然後推銷他們的止痛藥；雜耍演員和柔體雜技演員在酒館前進行表演；爆竹在空中炸開，禮炮轟隆作響，有

些馬受驚跑開了。

在一些鎮子，名聞遐邇的道格拉斯坐在一輛由六匹白馬拉著的高級馬車上穿過街道，在他經過的地方，人們發出震耳欲聾的歡呼聲；在他前往辯論地的一路上，歡呼聲始終沒斷過。

林肯的支持者為了表示他們對這種炫耀和華貴的鄙視，讓他們推舉的候選人乘坐在一輛由一組白騾子拉著的裝運乾草的破舊大車上穿過街道。在大車的後面，行駛著另一輛裝運乾草的大車，車上擠坐著三十二個女孩，每個女孩身上佩戴著寫有一個州州名的標誌牌，在她們的頭頂上方，高懸著一款巨幅題詞：

帝國之星正在向西前行。

這些女孩追隨林肯就像她們的母親先前曾追隨克萊那樣。

講臺周圍密密麻麻站滿了人，演講人、選區政黨的頭面人物和記者側著身體，花了半個小時才從人群中擠到了講臺那裡。

講臺的上方有木板搭建的頂棚，以便能夠擋住炙人的陽光。有二十多個人爬到了棚頂上，以至於棚子經不住他們的重壓而倒塌了，翻落下來的一塊塊木板正砸在道格拉斯黨派頭面人物的身上。

兩位演講人幾乎在每個方面都有顯著不同：

道格拉斯身高五英尺四英寸，林肯身高六英尺四英寸。

高個子的林肯嗓音尖細，矮個子的道格拉斯的嗓音是渾厚的男中音。

道格拉斯氣質高雅，顯得文質彬彬；林肯則舉止不雅，顯得頗為粗俗笨拙。

道格拉斯具有大眾偶像的個人魅力；而林肯布滿皺紋的灰黃色臉顯得非常憂鬱，因此他在模樣上就缺乏任何吸引力。

第二部　步履維艱的攀登之路

　　道格拉斯在穿著上頗似一位有錢的南方種植園主，他身穿帶有褶邊的襯衫、深藍色外套和白色長褲，頭戴白色寬邊帽；林肯的穿著顯得粗俗而且古怪：他陳舊的黑色外套袖子太短，肥大的褲子褲管太短，腦袋上的煙囪型高帽又舊又髒。

　　但道格拉斯毫無幽默感，演講照本宣科；而林肯是古往今來最擅長講故事的人之一。

　　無論道格拉斯到哪裡進行競選演講，他所講的只是他先前在別處講過了的話，毫無新意；而林肯不斷地深思他要談到的話題，直到 —— 像他所說的那樣 —— 他發現每天做新內容的演講比重複老的演講詞要容易。

　　道格拉斯好虛榮，他渴望浮華和炫耀，他周遊拉票時坐的是一列外側掛滿旗子的特快車，特快車的尾部是一節棚車，棚車上裝著一門黃銅色的大砲，當他的特快車駛近一個鎮子時，這門大砲就一次又一次地鳴放，藉以向當地居民宣告有一位大人物來到了他們的大門前。

　　可是，林肯厭惡被他自己稱作「喧鬧而毫無意義的煙火爆竹」的那種虛榮和招搖，他去往各地競選時乘坐的是火車的硬席車廂和貨車車廂，他攜帶的是一個破舊的氈製旅行包和一把綠色棉布傘，那把傘的把手已經沒了，傘的中部用一根線繩捆綁著，以免布傘不由自主地張開。

　　道格拉斯是一個機會主義者，就像林肯曾說的那樣，沒有「固定的政治思想與道德」，他的目標只是「取勝」；而林肯卻是在為捍衛一個偉大的原則而戰，只要正義和仁愛最終取得勝利，誰現在成為競選的贏家對他來說並不重要。

　　「我被一些人說成是一個富有野心的陰謀家，」林肯說，「上帝知道，我從一開始就多麼誠摯地祈禱，祈禱這片實現野心的競賽場不要對我開放。我並不是在聲稱我對政治榮譽完全無動於衷，但是，今天，假如『密

蘇里折衷方案』可以恢復，假如整個蓄奴制問題重新被放置在先前的政治基礎予以限制——即已經存在蓄奴制的地方有必要採取『容忍』的態度，但原則上對蓄奴制的擴張採取堅定不移的否定與敵視態度，那麼我會在思想上欣然同意如下情況：只要道格拉斯和我兩個人都還在世，或其中隨便哪一位還在世，那麼，道格拉斯法官絕不應該失去公職，我也不應該出任公職。

「是道格拉斯法官當選聯邦參議員，還是我自己當選聯邦參議員，這其中的差別幾乎可以忽略不計。不過，我們今天呈送在你們面前的重大問題遠遠超越了任何個人利益或任何人的政治命運的範疇，而且，當道格拉斯和我兩個人都已躺在墳墓中時，這個問題會依然存在，它還將影響著無數人的命運。」

在二人的數次辯論交鋒中，道格拉斯的主張是：任何一個州，無論位於怎樣的地理位置，無論在怎樣的時代背景下，只要那裡的公民中，大多數人投票贊成蓄奴制，那麼這個州就有權實行蓄奴制。道格拉斯說，他並不在意那些公民投的是否決票還是贊成票。他的著名口號是：「讓每個州實現政務的自我裁決，別管它的鄰州都在做什麼。」

林肯所持的立場恰恰相反。

「道格拉斯法官認為蓄奴制是正確的，而我認為它是絕對錯誤的，整個論戰所基於的就是這一事實。

他主張說，需要奴隸的任何社區都有擁有奴隸的權利。如果這種做法並非錯誤的話，那些社區的確有權這樣做；但要是這種做法大錯特錯的話，他就不能認定人們有權利去做錯誤的事情。

他並不關心一個州該成為蓄奴州還是自由州，就像他並不關心他的鄰居會在自己的農場裡種菸草還是把農場用於放牧肉牛，可是，人類中廣大

民眾的看法與道格拉斯法官的看法截然不同：他們認為蓄奴制在道義上大錯特錯，是違背上帝旨意的做法，堅持蓄奴制終將是一條不歸路。」

道格拉斯在伊利諾州到處遊說，一再叫嚷「林肯是想要為黑人爭得與白人完全平等的社會地位」。

「不，」林肯反駁說，「我要為黑人爭取的東西僅僅是：如果你不喜歡黑人，你就讓他們自顧自地走下去。假如上帝恩賜給他們的東西很少，那就讓他們去享有那很少的東西。在許多方面，黑人並非是與我享有同等權力的人；但在享有『生活、自由和追求幸福』的權利上，在用依靠自己的勞動賺來的麵包填飽肚子的權利上，他和我是完全平等的，和道格拉斯法官也是平等的，也是和每一個還在世的人是平等的。」

在一場場的辯論中，道格拉斯指責林肯想讓白人「擁抱黑人並與黑人結婚」。

林肯只得一次又一次地加以否認：「有一種選擇方案說，因為我不想要一個黑人婦女當我的奴隸，我就必須把她娶來做我的老婆。我反對這種選擇方案。我已經活了五十歲了，我至今從未擁有過黑人女奴，也從未娶過黑人婦女為妻。白人男子的數目多得足以使所有的白人女子都可以嫁給白人；黑人男子的數目也多得足以把所有黑人女子娶得一個不剩；看在上帝的份上，讓他們像上面說的這樣結為夫婦吧！」

道格拉斯試圖迴避這些問題並把這些問題弄得極為模糊。林肯說：道格拉斯的辯論空洞無物，就像「用餓死的鴿子的影子煮出的湯」，沒有任何湯的味道；他在使用「華而不實、荒謬絕倫的詞語排列，憑藉這種手段，可以把歐洲七葉樹證明與栗色馬是同類」。

林肯接著說：「在對絲毫稱不上是論述的論述進行答辯時，我會情不自禁地感到滑稽可笑。」

十四、冉冉升起的帝國之星

　　道格拉斯說了一些與事實完全不符的話，他知道那是謊言，林肯也知道那是謊言。

　　林肯回應說：「如果一個人願意站起來發誓 —— 並且重述和再次發誓 —— 二加二不等於四，那我就不知道還有任何東西能堵住他的嘴，我不可能讓我的答辯詞禁錮住別人的思想：我不想把道格拉斯法官稱作是說謊者，但當我面對面走到他跟前時，我不知道還有什麼別的字眼可以用來稱呼他。」

　　就這樣，激烈的論戰一週又一週地進行著，林肯日復一日地持續進行著抨擊。其他人也陸續加入到了論戰當中：萊曼·特朗布林稱道格拉斯是一個總是在撒謊的人，宣稱他是「厚顏無恥到了極點，應當下地獄」；非常有名氣的黑人演說家弗雷德里克（Frederick Douglass）專程來到伊利諾州，並加入到抨擊道格拉斯的戰鬥中；布坎南一派的民主黨人對道格拉斯的譴責變得越來越惡毒，越來越凶猛；霹靂火脾氣的德裔美籍改革家卡爾·舒爾茨（Carl Schurz）在外裔選民面前控訴了道格拉斯的種種錯誤；共和黨的報紙在非常引人注目的大字標題中稱道格拉斯為「虛偽之人」。由於道格拉斯所屬的黨派已經分裂，他自己又四面楚歌、腹背受敵，他在這場論戰中處於極為不利的地位。在絕望之中，他拍了一封電報給他的朋友亞瑟·F·林達，電文是：「群魔正在追殺我，看在上帝的份上，快來幫我把他們打退吧。」

　　報務員把這封電報的複件賣給了共和黨人，於是電文立刻成為多達二十家報紙的頭版頭條。

　　道格拉斯的政敵讀到這一標題後高興得大喊大叫，電報的接收人林達從那一天起直到去世時一直被人們稱為「看在上帝的份上的林達」。

　　選舉日那天夜裡，林肯一直待在電報收發室裡檢視各地的實時選舉結

第二部　步履維艱的攀登之路

果報告，當他看到自己已經落選時，他就離開那裡踏上了回家的路。天已經黑了，又下著雨，一切都顯得昏暗朦朧，通往他家的路已被踩壓得坑坑窪窪、起伏不平，而且很滑。突然，林肯的一隻腳絆到了另一隻腳的腳底，但他很快就站穩了。「只是滑了一下，」他說，「並沒有摔倒。」

在那以後過了不久，他在伊利諾州的一家報紙上讀到了一篇與他有關的社論，社論說：

可敬的亞伯‧林肯無疑是伊利諾州試圖出人頭地的人裡，最不幸的一位仕途奮鬥者。在政治方面，似乎無論他做什麼，都注定會失敗。他的從政計劃屢屢受挫，普通人遇到這種情況，恐怕早就活不下去了。

先前曾爭先恐後趕去聽他與道格拉斯辯論的廣大群眾勸林肯採納他們的主意，即他現在可以透過講座來賺一些錢，於是他為講座作了準備，題目是《發現和發明》。他在布盧明頓租下了一個禮堂，安排了一位年輕女士在禮堂門口賣入場券——可是，沒人來聽他的講座，連一個人影都沒有！

於是，他又一次回到了他那個骯髒的律師事務所裡，那個牆上留著墨水跡、書櫃頂上的花卉種子已經發了芽的事務所。

這個時候他也該回來了，因為他已足有半年時間脫離了他的律師業務，因而沒有任何進帳。此時他的資金已經全部用光，手頭甚至沒有足夠的現金來支付肉店和雜貨店的帳單。

於是，他又一次把他那匹綽號是「老朋友」的馬與他那輛搖搖欲墜的輕便馬車套好，重新開始在大草原上循著巡迴法庭的行進線路到處奔走。

時值11月，嚴寒的襲擊即將到來。在他頭頂上的灰色天空當中，大聲鳴叫著的大雁朝南飛著；有一隻野兔飛速穿越過馬路；遠處樹林裡的某個地方，有一隻狼發出了令人心悸的嚎叫聲。可是，坐在輕便馬車上的這

個憂鬱的男子對他周圍所發生的一切都視而不見、聽而不聞；一個又一個小時過去了，他一直在驅車前行，他低著頭出神地思索著，沉浸在絕望的情緒中。

十五、獲得總統候選人提名

　　西元 1860 年春，當新組成的共和黨召開全國代表大會時，各位代表在芝加哥召開總統候選人提名大會，幾乎沒人想到林肯有可能被提名。此前不久，他自己曾寫信給一位報刊編輯說：「我必須坦率地說，我認為自己不適合當總統。」

　　西元 1860 年的時候，絕大多數的人們對選舉的預測是，被提名的榮譽會落到紐約州那位英俊的威廉・H・西華德（William Henry Seward）頭上，這一點幾乎是確定無疑的，因為在運送各地代表前往芝加哥的各列火車上，相關組織曾進行過測驗民意的模擬投票，模擬投票的統計結果表明，西華德獲得的票數是其他所有競爭者所得票數總和的兩倍。而在許多列火車上，林肯連一票都沒得到，而且相當多的投票者並不知道林肯是何許人也。

　　大會召開的日子恰逢西華德五十九歲生日，這是多麼切合時宜啊！他確信他會得到提名，那正好是送給他最好生日大禮。他對獲得提名自信滿滿，於是他對聯邦參議院的同事們提前說了「再見」，並邀請他的一些密友屆時出席他在紐約州奧本（Aurburn）的家裡預定舉行的盛大慶祝會；他還租賃了一門大砲，叫人把它拉到他家的前院當中，往炮裡事先裝好了禮炮砲彈，炮筒的前端翹到空中，準備依靠隆隆的禮炮聲第一時間把喜訊傳遍全城。

第二部　步履維艱的攀登之路

　　假如這次大會在週四夜裡就開始投票的話，那麼這門禮炮本該是會鳴放的；可是，投票得等選票承印人送來了必不可少的選票紙才可以開始，而這位承印人很可能在他來會場的路上逗留在某處喝杯啤酒，而且喝的酩酊大醉。不管怎麼說，他最終遲到了，因而在週四的夜晚，出席大會的代表們除了在那裡等他之外，無所事事。

　　會堂裡蚊子咬人咬得很凶，而且那個地方又熱又悶，加之代表們又飢又渴，有一位代表就站起身來提出動議，建議大會休會，到第二天上午十時再開會。休會動議一向是符合規程的，它優先於其他動議，而且幾乎總是受人歡迎。那位代表的動議馬上引起了一陣熱烈的贊同聲。

　　十七個小時之後，大會代表們才再次聚在一起，十七個小時的時間不算長，但卻足以毀掉西華德的仕途生涯並成就林肯的飛黃騰達。

　　對西華德的仕途生涯被毀，應該負主要責任的人是霍勒斯・格里利（Horace Greeley）。這人長相奇特，腦袋圓得像個甜瓜，稀疏、絲質般的頭髮看上去猶如白化病患者的頭髮那樣輕飄飄的，他戴著一條被打成蝴蝶形的領帶，可那領帶時常沒固定好，戴著戴著就偏向了一側，直至蝴蝶結幾乎滑到了他左耳的正下方。

　　確切地說，格里利並不是主張提名林肯為總統候選人，但他帶著滿腔仇恨，鐵了心要與威廉・H・西華德和西華德的助理瑟洛・威德清算舊帳。

　　矛盾是這樣產生的：在長達十四年的時間裡，格里利一直和這兩人並肩開拓事業。他曾輔佐西華德當上了紐約州州長，後來又當上了聯邦參議院議員；在威德成為紐約州共和黨領袖並保持該地位的政治鬥爭過程中，他曾幫了威德很大的忙。

　　可是，格里利從所有這些鬥爭中得到了什麼呢？除了忽視之外，別的幾乎什麼也沒得到。他曾想被推舉為紐約州的州印刷人，但是，威德把那

個位置奪走以便中飽私囊；他曾渴望被任命為紐約市郵政局局長，而威德沒主動提出舉薦他；他曾渴望成為紐約州州長或哪怕是副州長，可是，威德不僅拒絕了他，而且是極盡挖苦之能事，以極為傷人心的方式拒絕了他。

最後，當格里利再也忍受不了時，他坐下來給西華德寫了一封話語尖刻的長信。這封信要是引錄進本書的話，會占據整整七頁，信的每個段落都帶著怨恨的烙印。

這封火辣辣的信寫於西元1854年11月11日的夜裡，那天正是週六。現在已經到了西元1860年，在這漫長的六年中，格里利一直在等待復仇的機會；現在，這一機會終於到來了，他當然要充分加以利用。在那個命運攸關的週四夜晚，當共和黨在芝加哥召開總統候選人提名大會休會期間，格里利整夜都沒闔眼，從日落時分直至第二天天亮後許久，他奔走於一個又一個代表團之間，對他們擺事實，講道理，和他們爭論，懇求他們不要投西華德的票。他主辦的報紙《紐約論壇報》（*New-York Tribune*）在整個北方地區都擁有大量讀者，它對輿論的影響力超過了其他任何報紙；他是一位眾所周知的名人，每當他一露面，正在說話的代表們便會安靜下來，大家帶著敬意聆聽他的講話。

他針對西華德作了各方面的抨擊。他指出，西華德曾一再斥責共濟會制度，西元1830年，憑藉反共濟會的「入場券」，他進入了州參議院，可正是由於他反對共濟會，他招來了普遍而且很難消除的怨恨。

後來，在他擔任紐約州州長期間，他贊成取消公立學校基金，主張另設專門供外國人和天主教徒的子弟們上學的學校；這樣，他就捅了另一個黃蜂窩，惹來了新一批人士的滿腔怒火與刻骨仇恨。

格里利指出，勢力龐大的人們極力反對西華德被提名為候選人，他們寧願投票給一條獵犬也不會投給他一票。

全部情況還不止這些。格里利指出，這個「頭號煽動者」一向激進得過了頭，他的「血腥方案」以及關於某種高於憲法的法律的言論，使邊界州的人感到害怕，他們會轉而反對他。

格里利許諾說：「我會把那些邊界州的州長候選人給你們帶來，他們會證實我說的話。」

他的確把他們帶來了，大家的情緒都非常激動。

賓夕法尼亞州（Pennsylvania）和印第安納州的州長候選人緊握著拳頭，瞪著彷彿其中有火焰在燃燒的眼睛宣稱，西華德如果得到提名，那就意味著大選時，他及其所代表的共和黨在全國大選中會遭到不可避免的失敗，這將會是一場巨大的災難。

而共和黨黨員們認為，要想在全國大選中獲勝，共和黨方面提名的總統候選人必須在這些州獲勝。

於是，突然之間，原先如洪水般源源不斷地湧向西華德的人潮開始迅速退潮了；而林肯的朋友們從一個代表團到另一個代表團地四處奔走，試圖說服那些反對西華德的代表能夠把票投給林肯。他們說，道格拉斯肯定會被民主黨提名為總統候選人，而舉國上下，在與道格拉斯展開競爭方面準備得最充分的人，非林肯莫屬，對林肯來說，這是件駕輕就熟的工作，是當仁不讓的行家裡手。除此之外，他出生在肯塔基，這一優勢可以使他在目前態度模稜兩可的幾個邊界州內贏得選票。而且，他是西北地區最希望看到的那類候選人——因為林肯出身貧寒，依靠不斷地努力奮鬥才走到今天，這種來自底層的人才最懂得平民百姓的疾苦和實際需求。

當諸如此類的理由並不奏效時，林肯的朋友們使用了別的辦法。他們向凱萊布（Caleb Cushing）許願，說會給他一個職位，讓他進入內閣，藉此贏得了印第安納州代表們的選票；他們保證，西米恩·卡梅倫會成為林

肯總統將來的親密助手，以此拉到了賓夕法尼亞州的五十六張選票。

週五上午，投票開始了。此時，已經有四萬人湧進了芝加哥城，急切地等待著激動人心的時刻的到來；其中一萬人擠進了大會的會堂中，另外的三萬人把會堂外的幾條街道擠得水洩不通，街道上人聲鼎沸，人群沿著街道向外延伸，擠占了好幾個街區。

第一輪投票的結果是西華德領先；第二輪投票時，賓夕法尼亞的代表們投了林肯五十二票，使形勢發生了急遽變化：在第二輪投票中，代表們幾乎一邊倒地把選票都投給了林肯。

在會堂裡面，一萬人激動得像瘋了似的，他們跳起來站到了座位上，大聲呼喊著，相互用力拍擊對方頭頂上的帽子。會堂屋頂上的一門大砲炮聲隆隆地鳴放起來，附近街道上的三萬人發出了歡呼聲。

人們互相擁抱並發狂似的跳起了舞蹈，他們激動地或是流著眼淚，或是大聲歡笑，或是放聲尖叫著。

特里蒙特（Tremont）大樓那裡的一百支槍一齊射擊起來，迸發出陣陣排槍聲；一千口鐘敲了起來，形成了鐘聲的海洋；火車、輪船及工廠中的汽笛都鳴叫起來，並持續了一整天。

這種興奮和激動的表現持續了一晝夜才逐漸平息下來。

《芝加哥論壇報》宣稱：「自從耶利哥牆（Jericho，源自於《聖經》，摩西帶領猶太人出埃及尋求自由，途經耶利哥，耶利哥城牆堅固，猶太人無法通過，上帝使耶利哥的城牆倒塌，使猶太人得以通過）倒塌以來，地球上從未聽到過如此震耳欲聾的聲響。」

當人們都在興高采烈地慶祝時，霍勒斯·格里利看到瑟洛·威德這位昔日的「總統造就者」卻正流著傷心的眼淚，格里利現在總算心滿意足地報了仇。

第二部　步履維艱的攀登之路

在這段時間裡,春田市那裡情況是怎樣的呢?那天上午,林肯像往常一樣來到了他的律師事務所,想研究一下某個案子。由於他心情煩躁,無法集中注意力,工作剛開始不久他就把與那案子有關的檔案材料扔到了一邊,走出了事務所。他先是在一家商舖的屋後當了一下棒球投手;後來又去打了一兩局彈球;最後,他來到了《春田市日報》報社打探消息。報社樓上有一個房間是電報室,當他正在樓下坐在一把碩大扶手椅上和別人討論第二輪投票結果時,電報收發員突然急急忙忙跑下樓梯,一邊大聲說:「林肯先生,你被提名了!你被提名為總統候選人了!」

林肯的下嘴唇微微顫動起來,臉色也變紅了,有幾秒鐘的時間,他的呼吸都停止了。

這是他一生中最富有戲劇性的時刻。

在長達十九年的時間裡,不斷遭遇悽慘不堪的失敗後,他突然之間青雲直上,被送上了令人目眩的勝利巔峰。

人們在春田市鎮的大街小巷來回奔走,大聲傳達「林肯被提名了」的消息;鎮長發出命令,讓一百支槍齊鳴,以示慶賀。

好幾十位林肯的老朋友聚集到了林肯身邊,他們笑得流出了眼淚,他們與林肯握手,把帽子扔到空中,興奮激動得難以自制,要靠不斷的歡呼來發洩心中的快樂。

「老弟們,失陪了,」林肯懇求著說,「在第八街上有一個小個子女人,這個消息會是她最想聽到的。」

於是,他飛快地跑開了,他上衣的後襟在他身後急遽飄蕩著。

春田市的街道那天整夜都呈現出玫瑰色,那是被焦油桶和木桿籬笆點起的篝火火光映照的,酒吧間也整夜都沒關門。

不久以後,半個美國都在傳唱:

老亞伯‧林肯走出了荒野，出了荒野；

老亞伯‧林肯終於走出了荒野，從伊利諾州那裡。

十六、與鄉鄰深情告別

在使林肯青雲直上，最終入主白宮這一點上，出力氣最多的人非史蒂芬‧A‧道格拉斯莫屬，原因是：道格拉斯一手造成了民主黨的分裂，並導致在大選戰場上，林肯要面對的是三個競選對手，而並非一個，競爭對手變多，導致了投給民主黨的選票被分散，每一名對手獲得的選票數量隨之減少。

由於對手自身四分五裂，這種情況下很難會勝出，林肯在這場競選的早期就意識到他會取得勝利，可他還是擔心他無法在自己所在的選區或是在他自己的家鄉獲得支持。一個專門的競選團隊提前挨家挨戶地去拉選票，想弄清楚春田市的選民會把票投給誰。當林肯看到這次拉票活動的調查結果時，他感到非常驚訝：鎮上的牧師和神學學員共有二十三人，除了三位，其他人都不支持他，而且，這些神學界人士的最堅定追隨者中，同樣有許多人也持有同樣的態度。林肯帶著怨恨評說道：「他們假裝信仰《聖經》，假裝是敬畏上帝的基督教徒，可是，他們的投票結果證明，他們並不關心蓄奴制是被投票通過還是被投票否決，但我知道上帝是在乎的，人類是在乎的。要是那些人不在乎，那麼他們肯定沒能領會《聖經》的真諦。」

林肯的父親那方面的所有親戚，以及他母親那方面除一人之外的所有親戚，都把選票投給了林肯的對手，這一發現令人驚訝。這是為什麼呢？因為他們都是民主黨黨員。

第二部　步履維艱的攀登之路

　　林肯最終在大選中獲勝，成為美國的總統，但他獲得的選票只占全國總票數的不足一半，他的幾位競爭對手獲得的票數總和與他獲得的票數的比例接近於三比二。而且他的獲勝夜只是區域性地區上的勝利，因為在他獲得的二百萬張選票中，來自南方的選票只有二萬四千張；在西北地區，如果每二十張選票中只要有一張當初改變了投向，那麼道格拉斯就會在該區勝出，誰當總統這件事就會移交給眾議院來決定，而在眾議院，林肯是被排斥的異類，道格拉斯會最終勝出。

　　在南方的九個州裡，根本沒人投共和黨的票。想想吧！在阿拉巴馬（Alabama）、阿肯色（Arkansas）、佛羅里達（Florida）、喬治亞（Georgia）、路易斯安那（Louisiane）、密西西比（Mississippi）、北卡羅來納（North Carolina）、田納西（Tennessee）和德克薩斯（Texas）這整整九個州中，沒有一個人投林肯的票，這是個極為不祥的預兆，也為後來的分裂與戰爭埋下了伏筆。

　　為了大家能夠清楚林肯在當選為總統後隨即發生的事情，我們必須回顧一下此前猶如颶風一般席捲北方的一場運動的前因後果。有一小群人著了迷似的對消滅蓄奴制抱有極大的熱情，可謂幾近狂熱：整整三十年之久，他們一直在為旨在消滅蓄奴制的全國內戰作準備。在此期間，言語尖刻的小冊子和充滿怨恨的書籍一直源源不斷地從他們的印刷機裡印刷出來；領取酬金的演講人拜訪了每一座北方城市、鄉鎮和村莊，他們展示了黑奴所穿的襤褸、骯髒的衣衫，展出了黑奴所戴的鐵鏈和手銬，高舉起沾有血跡的皮鞭、帶有尖鐵的衣領以及其他折磨黑奴用的刑具。逃亡出來的黑奴被說服進行現身說法，他們被帶到各地進行富有煽動性的演講──講述他們見到過和忍受過的種種殘忍暴行。

　　西元 1839 年，美國反蓄奴制協會發行了一本小冊子，小冊子的名字是《美國蓄奴制現狀──一千名目擊者的證詞》（*American Slavery as It Is:*

Testimony of a Thousand Witnesses）。在這本小冊子裡，目擊證人敘述了他們見到過的殘忍暴行的具體例子：黑奴的手被按入沸水中，黑奴被燒得發紅的烙鐵烙上代表奴隸身分的屈辱印記，牙齒被打掉，被刀子捅，他們身上的肉被狼狗撕咬，被鞭笞至死，被綁在樁子上燒死。不管母親們怎樣尖叫抗議，強行把孩子從母親身邊永遠奪走，並把這些孩子關在牢籠裡，然後被拽到拍賣臺上賣掉。女黑奴會因為生的孩子不夠多而受到鞭打，體格魁偉、肌肉發達的強壯白人要是願意和女黑奴同居，就能拿到二十五美元的酬金，因為膚色淺的黑人孩子能賣更好的價錢；如果生的是女孩，那麼就更值錢。

這些廢奴主義者最喜歡的、最喜歡大肆渲染的譴責是「人種雜交」。南方的男人被指責「珍愛以黑人為對象的蓄奴制，因為他們自己喜愛『放蕩不羈的荒淫生活』」。

溫德爾・菲利普斯（Wendell Phillips）大聲疾呼：「南方是一個大妓院，在那裡，五十萬名黑人婦女在鞭子的威脅下被迫賣淫。」

內容淫蕩、令人厭惡得難以在現在訴諸筆端的故事被登載在當時宣傳廢除蓄奴制的小冊子上並廣為流傳。奴隸主受到譴責，罪狀是強姦黑白混血的親生女兒，並把她們賣給別的男人做情婦。

史蒂芬・S・福斯特（Stephen Foster）宣稱，南方的衛理公會教會有五萬名黑人女教徒在鞭子的威逼下過著不貞的荒淫生活；他還宣稱，那個地區衛理公會傳道士喜歡蓄奴制的唯一原因就是他們自己想要擁有情婦。

林肯本人在其與道格拉斯的辯論中宣稱，在西元 1850 年，美國共有四十萬五千七百五十一個黑白混血兒，他（她）們幾乎都是黑奴與白人奴隸主所生。

由於憲法保護奴隸主的權利，主張廢奴的人就把憲法咒罵為「與死神

第二部　步履維艱的攀登之路

訂立的契約，與地獄達成的協議」。

一位貧窮的神學教授的妻子把餐桌當作寫字檯，坐在那裡寫了一本名為《湯姆叔叔的小屋》（*Uncle Tom's Cabin; or, Life Among the Lowly*）的書，這書可謂是所有廢奴文學中的巔峰之作。她一邊寫，一邊抽泣，以澎湃的熱情用筆講述了她的故事。最後，她說，是上帝在寫這個故事。這本書把蓄奴製造成的悲慘情況加以戲劇化，使其活生生地展所有讀者眼前，這樣的作品是前所未有的。這本書感動了數以千萬計的讀者，它所產生的深遠影響超過了此前出版的任何一部小說。

當別人介紹林肯和該書作者哈麗雅特・比徹・斯托（Harriet Elizabeth Beecher Stowe）二人相識時，他把她稱作是「誘發大戰的小女人」。

北方主張廢奴的人展開的這場狂熱的宣傳運動出發點是好的，但宣傳得言過其實，那麼其結果是怎樣的呢？它使南方人確實意識到他們自己的錯誤了嗎？遠非如此。其結果正如很多有識之士先前預計到的：被北方廢奴主義者激起的仇恨招致了對手的更深切仇恨；它使南方堅持蓄奴制的人產生了一個念頭——與那些蠻橫無禮、愛管閒事的指責者徹底分道揚鑣。在政治爭鬥或情緒激動的氛圍中，理性和正確的思想很難存在，真正會滋長的恰恰是以牙還牙，以血還血的仇恨。於是，在南北方諸州分界線的兩側，悲劇性的錯誤已經發展到了血腥之戰一觸即發的地步。

當「黑派共和黨」占了上風，最終使得林肯在西元 1860 年成為總統時，南方人對「蓄奴制的末日即將到來」的觀點堅信不疑，他們也確信：他們必須馬上在廢奴和脫離聯邦這兩個選項之中作出抉擇。那麼，為什麼不退出聯邦呢？難道他們沒有這樣做的權利嗎？

有關蓄奴制的存廢問題已經唇槍舌劍地熱烈爭論了半個世紀，各個州都曾在不同時期威脅說要脫離聯邦。例如：在西元 1812 年的戰爭期間，

新英格蘭（New England）諸州就非常認真地商議要從美利堅合眾國中獨立，聯合成立一個新國家；而康乃狄克州（Connecticut）州議會則通過了一項決議，決議中宣稱「康乃狄克州是一個完全自由，擁有完整主權的獨立州」。

即便林肯本人也曾堅定地認為：聯邦內的各州有退出聯邦的權利。他曾在國會的一次演講中說：「任何地方的任何民眾，如果他們有擺脫現政府的意向和力量，就有權站起來擺脫它，並組成一個更為適合他們的新政府。這是一種非常寶貴、非常神聖的權利──一種我們希望並相信會使全世界都得到解放的權利。

處於一個政體中的全體民眾可以選擇行使這種權利，但這種權利並不局限於全體民眾，全體民眾中的任何一部分人也同樣擁有這種能力，也可以對他們所居住的那一部分領土進行革命性的變革，使他們自己成為這塊領土的真正主人。」

他這番話是在西元1848年說的，可現在已經是西元1860年了，他已不再持有這一信念，而南方人卻依舊抱有這一信念。林肯當上總統後過了六週，南卡羅來納州（South Carolina）就通過了一項「退出聯邦法令」，查爾斯頓城（Charleston）內奏起軍樂、點起篝火、燃放煙火、跳起舞蹈，以慶祝這一新的「獨立宣言」的頒布；另有六個州馬上先後作出了響應，也宣布脫離聯邦；林肯啟程離開春田市赴華盛頓上任的兩天前，傑佛遜·戴維斯（Jefferson Davis）透過選舉成為由南方各州組成的新國家的總統，建立這個新國家所基於的原則是所謂的「奴隸狀態是黑人天生的與唯一正常的狀態這一偉大的真理」。

即將卸任的詹姆士·布坎南總統及其政府成員尸位素餐，始終無所作為，不去想方設法阻止國家分裂這一可怕事情的發生。於是，林肯只得在

第二部　步履維艱的攀登之路

春田市無可奈何地呆坐了三個月，無助地看著聯邦走向解體，看著共和國瀕臨毀滅，猶如在懸崖邊搖搖欲墜的巨石。他看到南部邦聯在購買槍炮、修築碉堡、訓練士兵，他意識到他將領導人民打上一場內戰——一場艱苦卓絕的血腥內戰。

他憂心忡忡，以至於夜不能寐；由於憂愁，他的體重在短時間內就減少了四十磅。

林肯是一個略有一些迷信思想的人，他相信將要發生的事情會透過夢境和預兆投射出它們的陰影。西元1860年，他當選為總統的第二天下午，他一回到家就躺在一張面料混有馬毛的絨布沙發上，在他的對面有一個衣櫃，可以平面旋轉的櫃門上裝有鏡子，當他向鏡子中望去時，他看到了自己出現在鏡子中的形象——身體是還是那個身體，可是臉卻是兩張，其中的一張臉顯得非常蒼白。他大吃一驚，可當他站起身來時，鏡中的蒼白面容幻影消失了。他又一次躺下時，那張蒼白的臉又在鏡中出現了，而且比先前更為蒼白，簡直近似於鬼魂。這件怪事使他極為煩悶，而且揮之不去地總是出現在他的腦海裡，於是他向夫人講了這件事。她確信這是一個預兆，其暗示的意義是他會在今後的大選中再次勝出並連任總統，但第二張猶如鬼臉則意味著他的生命會在第二個任期結束前終結。

過了不久，林肯本人也開始確信：他前往華盛頓近似於送死。他收到了總共幾十封裡面裝著絞架模型和短劍草圖的信件，而且，他收到的幾乎每批郵件中，都包含有威脅要殺死他的信件。

在大選之後，林肯曾對一位朋友說：

「我不知道該怎麼處置房子，這事很讓我憂慮。我不想把房子賣掉，因為那樣的話我會連個落腳的地方都沒有了；可是，假如我把房子租出去，那麼等到我卸任回來時，這房子就會因年久失修而無法居住。」

十六、與鄉鄰深情告別

但是，他最終找到了一個可靠的人，他認為這個人會照看好他的房子，不使它出現年久失修的情況，於是林肯就以年租金九十美元的價格把房子租給了他，然後在《春田市日報》上刊登出以下告示：

位於第八街與傑克森街交會街角處的宅第內，其家具和用品全部私下出售，包括客廳和臥室的全套家具、地毯、沙發、椅子、大衣櫥、裝有鏡子的衣櫃、床架、爐子、瓷器、奶白色陶器、玻璃器皿等。欲知詳情，請來本宅接洽。

住在附近的居民紛紛來到了他的宅第，一件件地檢視他想賣的東西。其中一位想買幾把椅子和一個爐子，另一位詢問床的價格。

林肯大概是這樣回答他們的：「你們想要什麼就拿什麼，你們覺得這值多少錢就給我多少錢。」

最終他們支付給他的錢相當少。

L·L·蒂爾頓是大西部鐵路公司的主管，他買下了欲售家具中的大部分，後來它們跟著他被運到了芝加哥，最終毀於西元1871年的一場大火。

有幾件家具當時被留在了春田市，若干年之後，有一位書商盡可能多地把它們買了下來，然後把買到的家具運到了華盛頓，安放在林肯辭世時所在的那座由若干房間組成的公寓內，這座房子位於福特劇場的正對面，二者之間只隔著一條街道。現在，這棟房子是屬於聯邦政府所有的國家財產，是國家級朝聖場所和博物館。

林肯的鄰居那時以1.5美元一把的價錢買下了一些二手椅子，現在這些椅子的價值超過了與它們同等重量的黃金和白金的價值。林肯曾經親密接觸過的每一樣東西現在都閃爍著榮耀的光輝，具有不菲的價值。布思（John Wilkes Booth）開槍暗殺他時，林肯坐著的黑色胡桃木搖椅在西元1929年以二千五百美元的價格售出；他親筆寫的一封任命陸軍少將胡克（Joseph

第二部　步履維艱的攀登之路

Hooke）擔任波多馬克陸軍（Army of the Potomac）總司令的信在最近的一次公開拍賣會上價值一萬美元；南北戰爭期間林肯發出的四百八十五封電報現在是布朗大學（Brown University）擁有的珍貴藏品，對它們的估值高達二十五萬美元；有一份林肯沒能署名的手稿是他在一次不太重要的演講中的發言稿，有人用 1.8 萬美元把它買走了；而林肯手書的一份〈蓋茲堡演講詞〉（Gettysburg Address）的交易價格更是高達數十萬美元。

在西元 1861 年，春田市鎮上的人幾乎沒意識到林肯是個具有非凡能力的人，幾乎沒想到他命中注定會成為驚天動地的曠世人傑。

多少年來，這位未來的大總統幾乎每天早晨都會行走在鎮子裡的大街上，他手臂上挽著一個菜籃，脖子上圍著一條圍巾，到雜貨店和肉舖去採購，然後帶著採購來的日常生活必需品回家。多少年來，他每天傍晚都要到鎮子旁邊的一塊草地那裡去，把他的那頭乳牛從牛群中牽出來，趕著牠回家後幫牠擠奶；他還負責飼養馬匹等各種雜事，打掃馬廄，劈木柴並把劈好的木柴運進屋子，供做飯的爐子使用。

在啟程去華盛頓的三週前，林肯開始準備他的第一篇總統就職演講詞。為了能獨自待著，與外面的一切隔絕開來，他把自己鎖在一家百貨樓上的一個房間裡，然後著手準備起來。他自己擁有的書籍為數很少，但他的那位律師事務所合夥人擁有的書籍卻堪稱是一個小型圖書館，於是林肯就請名叫赫恩登的這位合夥人為他捎來了一本《美國憲法》、安德魯‧傑克森（Andrew Jackson）的〈反對各州拒絕執行國會法令的公告〉（Proclamation to the People of South Carolina）、亨利‧克萊西元 1850 年的那篇出色的演講詞以及韋伯斯特（Daniel Webster）的〈對海恩的第二次辯論〉（Second Reply to Hayne）。就這樣，身處骯髒、滿是塵土的環境裡，坐在一大堆各式各樣的貨物之中，林肯寫出了那篇著名的演講詞，其結尾用真摯動人的語言對南方諸州提出了懇求：

十六、與鄉鄰深情告別

我不願意和別人打架,我們不是敵人,而是朋友。雖然情緒激動得也許到了爆發的邊緣,但絕不能讓它扯斷我們之間的情感紐帶。那條神祕的記憶琴弦,它從每一處戰場、每一位愛國者的墳墓延伸到每一顆跳動的心臟、每一個家庭當中,布滿了我們幅員遼闊的國土,當它再次被撥動時,它會使聯邦的合唱聲越來越雄壯,透過我們本性中善良的一面發揮出最偉大的力量,這無疑是必將出現的情況。

在離開伊利諾州之前,他先旅行七十英里到達查爾斯頓,去和他的繼母道別。與以往一樣,他叫她「媽媽」,她則依依不捨地緊摟著他的身體,一邊抽泣一邊說:「亞伯,我原本就不想讓你競選總統,不想看到你當選總統。我的內心告訴我:你會出事的,直到我們在天國相見,我只怕再也不會見到你了。」

在離開春田市之前的最後一段日子裡,他時常想起過去,想起新塞勒姆以及安‧拉特利奇,他又開始夢想那些已被證實脫離現實、虛無縹緲的情景來。在動身前往華盛頓的幾天前,他在接待一位訪客時詳細談起了自己對安‧拉特利奇的感情,這位訪客是新塞勒姆的早期移居者,他這次到春田市來是為了跟林肯敘舊與道別。林肯對他坦承:「我深深地愛著她,即便是到了今天,我依舊不斷地想念著她。」

在林肯永遠離開春田市的前夜,他最後一次來到那個骯髒的律師事務所,處理了幾個業務上的細節問題。赫恩登在《林肯傳》中寫道:

在這些業務上的事情被全都處理完畢之後,他躺在了事務所那個陳舊的沙發上,這沙發在使用多年後已出現了徹底散架的端倪,故而被移動到倚著牆的位置,以便獲得一些「支撐力」。他臉朝天花板躺了一下,我們在這段時間裡誰也沒說話。過了一下,他問我說:「比利,我們共事多久了?」

我回答說:「超過十六年了吧。」

「這麼多年裡,我們倆從未吵過架,對吧?」

對他的問話,我熱情洋溢地回答說:「對,我們確實沒吵過。」

在這之後,他回想起了他掛牌當律師之初的一些事,饒有興味地描述了跟隨巡迴法庭去各地辦案時遇到的多個訴訟案例的荒謬可笑之處⋯⋯他把他想隨身帶走的一些書和檔案歸整成一捆,起身要走,但在離去之前,他提出了一個奇怪的請求:在樓梯末級那裡,懸掛在生鏽絞鏈上的那塊事務所招牌要予以保留。他特地降低了嗓音對我說:「讓它在那裡繼續掛著,別去動它,這樣就會使我們的主顧明白:當選總統這件事並未使『林肯暨赫恩登律師事務所』產生任何變化。要是我還活著,我會在將來的某個時候回來,那時候,我們繼續經營這個律師事務所,就好像什麼事情都沒發生過一樣。」

他拖延了一下,彷彿是要最後看一眼這個自己曾工作過的場所,然後,他走出房門,進入狹窄的過道;我陪著他走下樓梯,他一邊走,一邊談到了總統這個職位會帶來的種種令人不快之處。「我現在就已經對擔任公職感到厭惡了,」他抱怨說,「想起依然擺在我面前的種種工作任務,我真的是不寒而慄啊。」

林肯那時的全部財產大概價值一萬美元左右,但他當時非常缺乏現金,以至不得不從朋友那裡借錢來支付前往華盛頓的路費。

林肯一家在春田市的最後一週是在切納里旅館度過的,他們出發那天的第一天晚上,他們的皮箱和其他箱子被從旅館樓上運到了樓下的大廳裡,林肯親自用繩子把它們捆好,然後,他從旅館管理員那裡要來了一些印有該旅館名稱的卡片,他把卡片翻轉過來,在它們的背面寫上「A・林肯,哥倫比亞特區總統府」,隨後把它們固定在他的行李上。

十六、與鄉鄰深情告別

　　第二天早晨七點半，那輛又破又舊的公用馬車停在旅館的門前，在林肯和他的家屬上了車後，就啟程顛簸著駛往沃巴什（Wabash）火車站，有一趟特快車正停在那裡，等著把他們送往華盛頓。

　　天色昏黑，還下著雨，但火車站的月臺上已經擠滿了人，他們都是林肯的老鄰居、老鄉親，人數足有一千以上。他們排成一列長隊，隊伍在林肯面前慢慢移動，走過他面前的人都和他那隻瘦得皮包骨的大手握一下，最後，火車頭那裡的鐘響起來了，提醒林肯上車的時間到了，他經由私人專用車廂的前門踏板進入車廂，但一分鐘之後，他又在車廂的後側平臺上露面了。

　　他原本沒打算在這一場合進行演講，他事先曾對報社的記者說，他們沒必要到火車站去，因為他在那裡不會進行演講。可是，當他最後一次凝望著老鄰居和鄉親們依依不捨的面龐時，他內心感到他必須對他們講幾句話。雖然那個上午他在雨中所作的演講與他的蓋茲堡演講無法媲美，也不能與他連任總統後，在就職儀式上所作的那個飽含崇高精神的出色演講相提並論，但這一告別詞與《聖經‧舊約》中大衛〈詩篇〉一樣精彩，而且它含有比其他任何一次講話更多的個人情緒和哀傷。

　　在林肯一生中，只有兩次他在演講時潸然淚下，這次就是其中之一。

我的朋友們：

　　除了我自己，其他人很難了解到我為這次分離而感到的哀傷之情；我所有的成就都要歸功於這個地方及這裡民眾的友善支持。我已經在這裡生活了25年，我已經從一個年輕人變成了一個老人。我的幾個孩子都是在這裡出生的，其中一位早夭後就埋葬在這裡。我現在要離開這裡了，我不知道何時才能回來，也不知道我是否還能回來，我的面前有一項重大的任務等著我去擔當，它比當年落在華盛頓肩上的任務更為艱鉅。神聖的上帝曾經陪伴在華盛頓身邊；沒有上帝的幫助，我不可能取得成功，有了上帝

的幫助，則我不可能失敗。上帝會陪我同行，同時也會依然和你們同在，上帝是無所不在、無時不在的，懷著對上帝的信仰，讓我們信心十足地希望：一切都會一帆風順。就像我希望你們會在禱詞中把我託付給上帝照顧那樣，我現在也把你們託付給上帝照料，同時我要滿懷深情地對你們說一聲：「再見！」

十七、入主白宮，內憂外患

就在林肯趕赴華盛頓就職的途中，聯邦特務人員和私人偵探都發現了一個他們認為是陰謀的祕密計劃：有人要在林肯途經巴爾的摩（Baltimore）時暗殺他。

林肯的朋友們在驚恐之中懇求他放棄業已對外宣布的行程計劃，力勸他隱匿身分，並在夜裡偷偷進入華盛頓。

這樣做聽起來像是懦夫的行為，林肯知道如果採取這種行動必然會招致暴風雨般的嘲弄和譏笑，因此，他堅決反對這一計劃。不過，在大家持續懇求數小時之後，他最終聽從了他那些值得信賴的顧問的意見，準備以祕密的方式走完剩下的旅程。

林肯夫人一聽說行程計劃更改後的安排，就立即表態，堅持要與林肯同行。當別人向她強調說，她必須在林肯走後搭乘另一趟火車離開時，她大發脾氣，其抗議聲大得差點把改變行程安排的祕密給洩露出去。

已經對外宣布的行程安排是：2月22日，林肯將在賓夕法尼亞州的哈里斯堡（Harrisburg）演講並在那裡過夜，然後於第二天早晨啟程去巴爾的摩以及華盛頓。

十七、入主白宮，內憂外患

他按照既定安排在哈里斯堡進行演講，但他沒在那裡過夜，而是在傍晚六時溜出了旅館的後門：他穿著一件破舊的大衣，戴著一頂他先前從未戴過的軟質毛線帽，在這樣的偽裝下，他被一輛馬車載著送到了一節沒點燈火的鐵路客車車廂上。幾分鐘之後，火車機車就拉著他所乘坐的這節車廂，朝費城疾馳而去。同時，哈里斯堡的電報傳輸通訊線路也立即被切斷，以免相關情報被傳送到可能會暗殺林肯的人那裡。

在費城，因要換乘到另一個火車站的另一列火車上去，林肯一行人需要等待一個小時的時間。為了避免在這段時間裡，林肯被其他人認出來，艾倫・平克頓（Allan Pinkerton）這位有名的偵探與林肯坐在一輛光線被完全遮暗的馬車裡，不斷地穿行在該城的大街小巷上。

十時五十五分，林肯把身體倚在平克頓的手臂上，而且，為了避免他那顯眼的瘦高身材引起人們的注意，他始終彎著腰，從一個側門走進了火車站。他的腦袋朝前低垂著，他頭上那條陳舊的旅行頭巾前部兩側被拉得相互緊靠著，幾乎把他的臉全都擋住了。在這樣的偽裝下，他穿過候車室，來到了列車最後一節臥鋪車廂的後部。平克頓有一位女助手，她那時已用一塊厚重的窗簾把車廂的這一部分與車廂的其他部分分隔開來，留著它供她「生病的哥哥」使用。

此前，林肯已收到上百封恐嚇信，信中揚言絕不會讓林肯活著走進白宮。陸軍總司令溫菲爾德・史考特（Winfield Scott）擔心林肯會在發表就職演說現場被人暗殺，這也同樣是很多人的擔憂，以至於華盛頓的居民中有許多人不敢出席總統就職儀式。

於是，史考特老將軍安排了六十名士兵守衛在位於國會大廈東門廊處，那裡有林肯進行就職儀式時所在的平臺，還安排了一些士兵在林肯身後的國會大廈當中站崗守衛，另一些則站在林肯的身前，像一堵圍牆般將

第二部　步履維艱的攀登之路

聽眾與總統隔離開來。就職儀式結束後，新總統登上了一輛馬車，經由賓夕法尼亞大道返回白宮。為了保護林肯，沿途建築物的屋頂上部署了許多穿著綠色上衣的狙擊手，林肯座駕駛過的街道兩側滿是全副武裝的步兵。

當林肯最終未遭槍擊平安到達白宮時，許多人覺得驚訝。當然也有一些人對此感到失望。

西元 1861 年之前的幾年中，美國人民一直在財政不景氣的重壓下苦苦掙扎，民間遭受的苦難非常深重，以致美國政府曾不得不派遣部隊到紐約市去，以防飽受飢餓之苦的民眾強行闖入那裡的聯邦儲備銀行分庫實施搶劫。

就在林肯舉行就職典禮時，成千上萬形容憔悴、內心絕望的人依然在苦苦尋找一份能幫助自己填飽肚子的工作。而且，他們知道，首次從民主黨手中接過權力的共和黨人會解僱公職人員中的所有民主黨員，甚至一週只賺十美元酬薪的低階職員也難以倖免。

無論是哪一份工作，都有好幾十名申請者爭先恐後地爭搶。林肯在白宮待了還不到兩小時，就已深感人數眾多的申請者使他難以招架。他們在大廳裡跑來跑去，把走廊堵得密不透風，他們占據了「東會議室」，甚至還亂闖私人休息室。

一些乞丐來找林肯，他們纏著他要求施捨一頓午飯錢，有一位男子懇求林肯送一條舊褲子給他。

有一位寡婦來找林肯，要他安排一份公職給一個男子 —— 這個男子已答應娶她，但條件是她為他找到一份足以養活一家人的公職。

數百人來找林肯的目的僅是為了得到他的親筆簽名。有一位經營旅館的愛爾蘭裔婦女急急忙忙趕到白宮，她懇求林肯幫她向一位政府職員索要其拖欠的房費。

每當一位公職人員病重時，馬上就會有數十位申請者成群結隊來到林肯面前；每個人都向林肯請求「假如那個病人去世的話」，希望自己能被委派去接替那個職位。

　　來求職的每一個人都帶有大量證書，可是林肯並沒有時間和精力去逐一檢視。有一天，當謀求同一職位的兩位申請人把大捆的證書硬塞到他手裡時，他採取了簡化的做法──他沒去拆看這兩捆證書，而是把它們分別扔到磅秤上去稱重量，較重的那捆證件的持有者被任命接替那個職位。

　　有好幾十個人沒完沒了地找林肯，要求得到一份工作。由於遭到他的拒絕，他們就粗野地辱罵他，這其中的許多人都是一無是處的遊手好閒者。有一個女人來替她丈夫求職，她承認他醉得很厲害，不能親自前來。

　　這些求職者令人反感的自私和慾壑難填的貪婪使林肯感到震驚。他們在他去吃午飯的路上都要攔住他，他們在他坐著的馬車駛過街道時急速跑到車前，遞上他們的各種證書，低聲下氣地請求得到工作。甚至在林肯擔任總統已有一年，全國內戰都已進行了十個月時，到處亂轉的這群人依然對林肯窮追不捨。

　　林肯曾驚呼：「難道他們不懂得適可而止嗎？」

　　求職者的瘋狂圍攻曾使扎卡里・泰勒（Zachary Taylor）在擔任總統還不到一年半就去世了，同樣的原因造成的憂慮使曾經打贏蒂珀卡努戰役（Battle of Tippecanoe）的哈里哈里森（William Henry Harrison）登上總統寶座後過了短短四週就患病身亡，可林肯得同時忍受求職者的煩擾以及要指揮打贏一場戰爭的煩惱，最後，即便他是一個鐵打的人，也差點被過度的身心勞累給壓垮了。在患上天花後，他說：「叫那些求職者全都馬上到我這裡來，因為現在我已擁有可以讓他們每一個人都分享的東西。」

　　林肯入主白宮後過了還不到二十四小時，就遇到了一個不可等閒視之

第二部　步履維艱的攀登之路

的棘手問題。守護南卡羅來納州查爾斯頓港桑特堡（Fort Sumter）的駐軍因幾乎斷糧而瀕臨譁變，林肯總統得決定到底是及時給他們送去補給，還是把桑特堡拱手讓給南部聯邦的支持者。

他的陸軍和海軍顧問都說：「試圖給那裡補充補給的做法不可取，如果這麼做，那就意味著戰爭爆發。」

林肯的內閣由七人組成，其中六人也表達了同樣的看法，但林肯知道，要是他命令駐軍撤離桑特堡，那實際上就是在認可並鼓勵南方從聯邦中脫離，並有促使聯邦解體的風險。

在就職演說中，他曾明確宣稱，他在「上帝見證」的情況下極為莊嚴地起過誓，要「保留、保護和保衛」聯邦。現在，他要遵照著自己的誓言去做。

於是，他下達了運送補給的命令，一艘名叫「保厄坦號」（USS Powhatan）的美國船裝載著燻豬肉、豆子和麵包啟程前往桑特堡，不過，船上並沒有裝載槍炮、軍人和彈藥。

當傑佛遜・戴維斯聽到這一消息時，他發了一封電報給博勒加德將軍（Pierre Gustave Toutant-Beauregard），告訴他說：如果有必要，就對桑特堡發動攻擊。

當時掌控著這個要塞的少校軍官安德森（Robert Anderson）派人捎話給博勒加德將軍說，要是他願意等待短短的四天，那麼該堡駐軍會由於飢餓不堪而被迫撤離，因為現在他們賴以生存的食物只剩下鹹豬肉了。

為什麼博勒加德沒有等待呢？

原因也許是他的顧問中有幾個人覺得，「要是不讓民眾看到流血事件的發生」，那些正在脫離聯邦的州中有一些州也許會再次返回聯邦。殺掉一些北方佬會激發大家的熱情並鞏固南部邦聯的內部穩定。

於是，博勒加德釋出了釀成一場大悲劇的命令。4月21日凌晨四時半，一發砲彈呼嘯著在空中飛過，「嘶」的一聲落到了離要塞圍牆很近的海水中。猛烈的炮擊一直持續了三十四個小時。

南部邦聯支持者把這一事件演變成社交界的一項重大活動，年輕、勇敢的士兵穿著色彩鮮豔的嶄新制服，他們不停地開炮，炮聲引來了在碼頭上和炮臺附近散步的上流社會女子的喝采聲。

週日下午，聯邦駐軍放棄了那個要塞，還留下了殘餘的四桶鹹豬肉，他們登船，隨後船啟航向紐約駛去，桅桿頂部的美國國旗高高飄揚，船上的樂隊高奏著〈洋基歌〉（*Yankee Doodle*，美國獨立戰爭期間大陸軍軍歌）。

足有一週的時間，查爾斯頓全城沉浸在歡慶的氛圍中，大教堂裡唱起了感恩讚美詩，其合唱的場面極為壯觀，大街上人潮湧動，酒吧間和飯館裡，擠滿了喝酒和唱歌的狂歡者。

從人員傷亡來看，對桑特堡的連續炮擊並未造成大的損失，雙方均無人員陣亡。但是，從其隨後引發的一連串重大事件來看，它卻是歷史上影響極其深遠的大事件，而歷史上赫赫有名的美國南北戰爭也隨著這次炮擊拉開了序幕。

第二部　步履維艱的攀登之路

第三部
迎接勝利，輝煌頂峰

十八、首戰失利，危機迫近

　　林肯發出了全國備戰的號召，要徵募七萬五千人入伍，這使國內湧現起一陣愛國熱潮。民眾在全國各地的禮堂和廣場集會，樂隊奏起了愛國樂曲，美國國旗四處飄揚，演說家慷慨激昂地進行公開演講，煙火四處燃放。人們有的棄犁從軍，有的投筆從戎，成群結隊地會聚到了星條旗下。

　　十週之後，十九萬名應召入伍的新兵已經開始了操練，他們齊聲唱著：

約翰·布朗的屍體躺在墓穴裡日漸腐朽，
但他的精神依然永垂不朽，指引我們向前進。

　　不過，該由誰來領導這些部隊走向勝利呢？那時的軍隊裡有一位公認的軍事天才，而且也是唯一的一位，他名叫羅伯特·E·李（Robert Edward Lee）。儘管他是一位南方人，可是林肯照樣聘請他擔負起指揮聯邦軍的重任。如果當時李接受了這一重任，那麼南北戰爭的歷史就會重寫。有一段時間，李確實對接受任命一事進行過認真考慮：他對此反覆斟酌，閱讀《聖經》，跪下來就此事向上帝祈禱，徹夜不寐，誠心誠意地試圖作出合乎道義的決定。

　　其實在許多問題上，李與林肯的看法相同。就像林肯那樣，他也憎恨蓄奴制，很久以前，他就讓自己的黑奴獲得了自由。他幾乎和林肯一樣熱愛聯邦；他相信聯邦是會「永久存在的」，認為脫離聯邦是「叛逆」，是降臨到美利堅人民頭上的「最大災難」。

　　但令人遺憾的是：他是一位維吉尼亞州人，而且是一位因自己的家鄉感到驕傲的維吉尼亞州人，一位把自己家鄉的利益置於國家利益之上的維吉尼亞州人。作為一個歷史悠久的家族，羅伯特·李將軍的先祖在三百年間，先是在北美殖民地的歸屬上，後是在維吉尼亞州的命運上，都曾是

發揮了重大作用的風雲人物。他的父親，即著名的「快馬哈里」李（Henry Lee III，或稱「輕騎兵哈里」），曾幫助華盛頓追擊英王喬治派來的英軍，後來擔任過維吉尼亞州州長，他教誨他兒子羅伯特・李「愛故鄉更甚於愛聯邦」。

因此，當維吉尼亞州決定脫離聯邦，與南方各州共命運時，李平靜地表態說：「我不能帶領敵軍去加害我的親戚和孩子，並毀掉我的家園。我必須與我的家鄉人民同甘共苦、同舟共濟。」

他的這一決定很可能使南北戰爭延長了兩至三年，讓無數人命喪戰場。

那麼，林肯那時可以找誰來獲得幫助和軍事上的指點呢？溫菲爾德・史考特將軍那時是聯邦軍的總指揮官，他年事已高，早在西元1812年的那場戰爭中，他曾在倫迪斯公路戰役中獲得大捷；可現在已經是西元1861年了，四十九年的漫長歲月已經耗盡了他的勇氣與毅力，遲鈍了他的頭腦，現在的他已經無力指揮聯邦軍進行這場大戰了。

此外，他正遭受著脊椎病痛的折磨。他寫道：「已經有三年多了，我連馬背都跨不上去，每次走幾步路就再也無法移動了——而且即便是這幾步路也是我強忍劇痛勉強行動的結果。」可雪上加霜的是，他現在還患有嚴重的浮腫以及眩暈。

林肯只得指望由這樣的人來領導軍隊進行戰鬥：他是一個年邁多病的老兵，早就應該頤養天年，在病榻上接受治療。

4月時，林肯曾簽發徵兵令，徵募七萬五千人服役三個月，這些人的服役期在7月分就會期滿結束，因此，在6月下旬，要求展開軍事行動的呼聲不絕於耳、震耳欲聾。

日復一日，霍勒斯・格里利把「國民的開戰呼聲」用粗體字刊登在《論

第三部　迎接勝利，輝煌頂峰

壇報》社論專欄的頂部位置上：「向里奇蒙（Richmond，南方邦聯的首府）前進！」

商業市場一片蕭條，銀行不敢提供信貸，甚至政府向銀行借款都得支付 12% 的利息。民心惶惶，他們說：「聽我說，這樣傻待下去沒用，讓我們給他們狠狠一擊，把南方軍隊的士兵全部抓住做俘虜，快刀斬亂麻地一勞永逸徹底結束這種令人討厭的混亂局面。」

這種說法聽起來很不錯，因此贏得了大批人士的廣泛贊同。

但是，這裡說的「大批人士」並不包括軍隊高級將領：這些人知道，軍隊還沒有做好準備。可是，由於屈從於公眾的熱烈呼聲，總統最終簽發了軍隊開始進攻的命令。

於是，在 7 月分的一個陽光明媚、天氣炎熱的日子裡，麥克道爾（Irvin McDowell）率領著兵力為三萬人的「大軍」浩浩蕩蕩出發了，他們的任務是對駐守在維吉尼亞州布林河一帶的南部邦聯軍發起攻擊。由於美軍長期沒有參加大規模戰爭，因此當時還在人世的美國將軍中根本沒人指揮過這麼大規模的一支部隊。

這支部隊雖然數量龐大，但沒有任何實戰經驗，接受的訓練也不夠全面。有幾個團是最後十天之內才抵達的，這些士兵的軍紀很差。

時任旅長的謝爾曼後來說：「我竭盡全力，也阻止不了士兵們擅自離開行進中的隊伍，去取水、摘草莓或去獲取他們所喜歡的沿途的任何東西。」

在那個時期，穿著華麗軍裝的朱阿夫兵（The Zouave，法國的輕步兵）以及土耳其兵被認為是非常出色的戰士，因而許多士兵渴望能在衣著和舉止上和他們相同。結果是，部隊出發去布林河的那天，隊伍中成千上萬人都是頭上圍著鮮紅色頭巾，下身穿著寬鬆的紅色馬褲。他們看上去不像正走向戰場的士兵，而更像是喜劇演員。

十八、首戰失利，危機迫近

有幾個頭戴絲綢寬邊帽的國會議員坐著馬車出城去觀看這場戰鬥，他們帶著他們的妻子和愛犬，還帶著用籃子盛著的三明治和一瓶瓶法國波爾多地區（Bordeaux）釀造的名貴葡萄酒。

最後，在 7 月下旬氣溫灼人的一天，南北戰爭首次真正的戰鬥在上午十時開始了。

戰鬥中出現了什麼情況呢？

缺乏戰鬥經驗的北方軍部隊中的一些人剛看到砲彈穿過樹杈墜落下來，剛聽到別人的尖叫聲並看到他們向前撲倒在地、嘴裡往外流著血——當這些人剛看到這一場景時，賓夕法尼亞兵團和紐約砲兵連這兩支部隊的人碰巧想起他們為期九十天的服役期已經到期了，於是他們堅持要退伍，而且是當場退伍，立刻！而且，就像麥克道爾後來所說的那樣，他們「按照敵軍的炮聲密集程度撤到了大部隊的最後方」。

其餘部隊的仗打得出奇的好，這情況一直持續到下午四時半左右；但就在此時，由於敵方新投入了二千三百名援軍參與突擊，生力軍的加入，幫助南部邦聯軍一舉攻占了聯邦軍的陣地。

聯邦軍中流傳著這樣一條消息：「約翰斯頓（Joseph Eggleston Johnston）率領的部隊已來到了前線。」

這引發了恐慌。

二萬五千名北方軍士兵拒絕聽從命令，他們在一片恐慌和混亂之中逃離前沿陣地。麥克道爾以及幾十位軍官都在拚命力阻部隊的潰退，但這被事實證明不過是徒勞一場。

南部邦聯軍的砲兵部隊迅速作出了反應，他們開始炮轟那些逃兵的退路，而此時那條道路已擁擠不堪，有成群結隊的逃兵，有運送軍糧的馬車、救護馬車以及頭戴絲綢寬邊帽去觀戰的國會議員的馬車。有些婦女尖

第三部　迎接勝利，輝煌頂峰

叫起來並暈倒在地；男人們則喊叫著、咒罵著、互相踩踏著；有輛四輪運貨馬車翻倒在一座橋上，導致公路被堵塞了。馬匹掙脫了束縛開始四處亂串，頭上圍著紅色頭巾、穿著黃色褲子、內心驚恐的逃兵躍上這些馬的馬背飛馳而去，在戰場上慌不擇路地飛奔。

在這些馬背上逃兵的想像中，南部邦聯軍的騎兵部隊正在身後緊緊追趕，「騎兵！騎兵！」的喊叫聲使他們害怕得全身顫抖。

人數驚人，但不過是烏合之眾的這支軍隊此時已徹底一潰千里。

這副模樣的潰軍在先前美利堅大地的任何一片戰場上都從未出現過。

士兵們瘋了似的扔掉他們的槍枝、外衣、帽子、腰帶和刺刀，好像受到了某種未知的狂暴怪物的驅趕而四散奔逃，有些人因精疲力竭而倒在了公路上，被從後面趕上來的馬匹和馬車踩踏和輾軋至死。

那天是星期天，正當林肯在教堂裡做禮拜時，他耳邊隱隱約約傳來了二十英里外大砲的轟鳴聲。禮拜剛一結束，他就急速趕到了陸軍部，那裡已收到戰場各處紛紛發來的大量電報，他需要了解戰場的最新情況。雖然這些電報只是片段、區域性地反映了戰場上的情況，林肯卻很想馬上和史考特將軍進行面談，於是，他匆匆忙忙地趕到了老將軍的住處，卻發現他正在午睡。

史考特將軍醒過來後，他打了一個哈欠，揉了揉眼睛，可是他身體很虛弱，要是沒有外部的幫助，他甚至無力自己起床。「他的肩背部繫著一個類似馬的挽具那樣的東西，這東西連在一個裝在房間天花板上的滑輪裝置上；他抓住皮帶拉手向下拉動，一直拉到他的上半身呈垂直位置，隨後他擺動雙腳，使它們離開躺椅站在地板上」。

他對林肯說：「我不知道有多少軍人上了戰場、他們在哪裡、他們攜帶的是什麼武器、他們的裝備怎樣，也不知道他們具有什麼樣的實際本

領。沒人來告訴我這一切,我什麼也不知道。」

而他卻是聯邦軍全軍的統帥!

這位老將軍看了幾封從前線戰場發來的電報,對林肯說沒什麼可擔心的。他隨後抱怨著自己的後背痛得厲害,隨後便又一次入睡了。

在午夜時分,狼狽不堪的敗軍開始步履蹣跚地走上長橋,如潮的人流越過波多馬克河(Potomac River),湧進了華盛頓。

人行道上很快支起了一張張餐桌,從某個地方用運貨馬車運來的一車車麵包也突然出現在餐桌上,會社的婦女們站在盛著熱氣騰騰的湯和咖啡的煮鍋旁邊,向那些進城的潰軍士兵發放食物。

麥克道爾已精疲力盡,當他坐在一棵樹下寫信時,竟然寫著寫著就睡著了,有些句子只寫到一半,而睡著了的他手裡依然握著筆。他手下的士兵此時已累得什麼都顧不上了,於是他們在人行道邊一躺就睡了起來:他們就這樣躺在正在下雨的空地上,猶如死人般毫無生氣——其中有些人在酣睡中依然緊握著他們的滑膛槍。

那天夜裡林肯徹夜未眠,從夜幕降臨直至第二天日上三竿,他一直坐在那裡聽取目睹潰敗的新聞記者以及頭戴絲綢寬邊帽文官的彙報。

許多公眾人物陷入了恐慌。霍勒斯·格里利想要讓內戰立即結束,無論對方提出什麼條件,都要答應——他斷定南方永遠不會被聯邦征服。

倫敦的一些銀行家確信聯邦會被徹底摧毀,以至他們在華盛頓的那位代理人在週日下午就急忙趕到財政部,要求美國政府立即為拖欠那些銀行家的四萬美元作擔保。

他被告知週一再來,到那時美國政府大概還會在老地點辦公。

對林肯來說,不成功和被打敗並不是他前所未有的經歷,遭遇失敗已經是他的「老朋友」了。它們從來不曾把他擊垮,他對事業的最終勝利依

然持有堅定的信念，他的信心依然沒有動搖。他走到情緒沮喪的士兵中間，和他們一一握手，並一次又一次地對他們說：「上帝保佑你們，上帝永遠保佑你們。」他鼓勵他們，和他們坐在一起吃豆子，使他們從垂頭喪氣的情緒中振作起來，並對他們談起了光輝燦爛的明天。

這次內戰會是一次長期持久的戰爭，林肯這時已經明白了這一點。於是，他請求國會徵兵四十萬人，國會在他請求的人數上增加了十萬，並批准將五十萬名士兵的服役期定為三年。

但是，誰來當他們的統帥呢？難道讓年邁的史考特繼續領導他們？他走不了路，沒有吊帶和滑輪裝置的輔助就起不了床，而且在戰鬥進行期間會打著鼾，睡上整整一個下午。絕對不能讓他繼續擔任統帥，他該是馬上交出兵權的人。

在這個時候，有一位騎士疾馳而來，進入了眾人矚目的核心地帶，他是曾經騎過馬的將軍中最有魅力，但卻又是最令人失望的人之一。

林肯的各種麻煩事並未完結，恰恰相反，它們才剛剛開始。

十九、空談誤國，紙上談兵

在南北戰爭剛開始的那幾週中，一位名叫麥克萊倫（George B. McClellan）的年輕、英俊的將軍率領部隊開進了西維吉尼亞，他們擁有二十門大砲，還隨軍帶有一臺行動式印刷機，他們在那裡擊敗了一支南部邦聯軍的小股部隊。這位將軍所打的這幾次勝仗沒什麼了不起，因為它們只不過是區域性地區的小規模武裝衝突而已，可它們是北方最初的幾場勝仗，因而似乎顯得地位極為重要。麥克萊倫張揚的宣傳確保了他打的這幾次仗

似乎取得了輝煌戰果——他用他那臺行動式印刷機匆忙間趕印了幾十份內容激動人心，卻實際上言過其實的戰報，意欲向全國各地宣揚他的顯赫戰功。

他這種荒謬的古怪行為要是出現在幾年以後，那麼只會淪為笑柄，可是那時內戰剛開始，大家頗感迷惘，他們渴望著某種程度上具有領袖氣質的人出現，因此，他們以為這個愛吹牛的年輕軍官就是如他自己所宣揚的那樣，是一位了不起的將才。國會因而通過決議，向他頒發了「致謝書」；人們把他稱作「小拿破崙」；而且，聯邦軍在布林河之戰大敗後，林肯把他叫到了華盛頓並任命他為「波多馬克軍」司令。

他天生就是一位征伐四方的將才，當他的部隊看到他騎在白色戰馬上朝他們飛馳而來時，他們會爆發出歡迎的掌聲與歡呼聲。此外，他還是一位辦事刻苦認真的人，他接手了在布林河之戰大敗的殘軍，重新訓練士兵，恢復這支部隊的自信和重整士氣。在這種事情上，誰也比不上他。到10月初時，他已擁有西方世界曾經出現過的規模最大、最訓練有素的軍隊之一。他手下的部隊官兵不僅在打仗方面訓練有素，而且還渴望著奔赴戰場和敵人決死一戰。

每個人都發出了「請求參加戰鬥」的呼聲——但麥克萊倫是一個例外。林肯反覆敦促他領兵出擊，但他就是按兵不動。他舉行閱兵活動，大談他打算怎麼做，可他要做的事卻永遠停留在口頭上。

他找了各種藉口拖延著、耽擱著，就是不願意領兵出擊。

有一次，他說他的部隊無法發動進攻，因為官兵們正急需休整，林肯就問他的部隊都進行了什麼行動，以至於必須休整。

還有一次，出了一件令人驚異的事情，那是在安提頓之戰（Battle of Antietam）以後。麥克萊倫擁有的兵力要遠勝於南方軍，南方軍落入下風

第三部　迎接勝利，輝煌頂峰

而開始撤退，假如此時麥克萊倫率兵追擊的話，他本有希望俘虜所有敵軍，有可能畢其功於一役，徹底結束南北戰爭。可是一連數週，林肯不斷催促他追擊南方軍——用各種信函和電報催促，或派遣特派通訊員去當面發出命令。最後，麥克萊倫卻答覆說其部隊無法追擊，因為戰馬全都疲憊不堪，馬舌頭都在疼痛發炎！

要是你去過新塞勒姆，你會看到距離林肯曾經在那裡擔任過店員的奧法特雜貨店約5.5碼遠的山坡上有一塊窪地，「克拉里樹叢男孩幫」的孩子們早先常在這裡進行鬥雞比賽，林肯為他們充當裁判。巴布‧麥克納布一連數週都在不斷自誇，說他有一隻年輕的公雞，在整個桑加蒙縣都堪稱無敵；可是，當這隻公雞被放進鬥雞場時，它拒絕參戰、逃之夭夭，巴布對此十分反感，他一下子抓住了它，把它高高地拋到了空中，這公雞掉下來後飛落到了附近的一堆劈柴上，接著，它撐開並輕抖身上的羽毛，挑釁似的高聲鳴叫起來。

「你這該死的廢物！」麥克納布說，「沒錯，你的羽毛很漂亮，外表也很威武，可一到需要戰鬥時，你根本就是一個十足的廢物。」

林肯說，麥克萊倫的所作所為使他想起了麥克納布的那隻公雞。

有一次——那是在半島戰役期間——南方軍馬格魯德將軍以五千兵力居然使麥克萊倫的十萬大軍寸步難行——麥克萊倫不敢向敵軍發起攻擊，他讓他的部隊築起防禦用的胸牆，還不斷催促林肯給他派去更多的援軍。

林肯說：「假如藉助魔法，我能給麥克萊倫派去十萬人的援軍，他會欣喜若狂地向我表示感謝，並對我說明天他的部隊就會向里奇蒙出發；可是，到了第二天，他會發來電報說，他已獲得確切情報：敵方兵力為四十萬人。他會說，要是不給他派去更多的援軍，他依舊沒法向敵軍發起攻擊。」

十九、空談誤國，紙上談兵

戰務部部長斯坦頓說：「假如麥克萊倫有一百萬人的兵力，他會賭咒發誓說敵軍有二百萬人的兵力，然後他會坐在地上賴著不起來，叫嚷著要求我們把他的兵力增加到三百萬人。」

現在的「小拿破崙」先前曾一步登天地成為名人，這件事就像高度數香檳酒一般衝昏了他的頭腦，他的狂妄自大的程度可謂空前絕後。他把林肯和內閣要員說成是「卑鄙小人」、「可憐蟲」和「我曾見過的一些愚不可及的大傻瓜」。

他毫不遮掩地表現出他對林肯的傲慢無禮和侮辱，當林肯總統去他那裡見他時，他竟讓林肯在接待室裡等了他半個小時。

有一次，這位將軍在夜裡十一時回到了家，他的僕人告訴他說，林肯已經在這裡等了好幾小時要見他，麥克萊倫對此事置之不理，他從林肯所處房間的旁邊走了過去，繼續向前走到了樓上，並讓人到樓下傳話，說他已經上床睡了。

各家報紙熱炒諸如此類的事情，於是，它們成了華盛頓人閒談的主要話題，也成了聯邦政府的恥辱。

林肯的繼母老林肯夫人曾淚流滿面地請求林肯解除「那個糟透了的，只會耍嘴皮子的人」（她是這樣稱呼麥克萊倫的）的一切職務。

林肯回答她說：「媽媽，我知道他做得不對，但在目前這樣的時局下，我不能只考慮我個人感情上的好惡。只要麥克萊倫能給我們帶來勝利，我願意像一個僕人一般為他拿著帽子。」

夏去秋來，秋去冬來，眼看新一年的春天都即將來臨，可麥克萊倫依舊毫無建樹──除了操練、穿著正式制服的閱兵儀式以及他那誇誇其談地放空炮。

民眾的憤怒情緒被激發起來了，由於麥克萊倫無所作為、按兵不動，

第三部　迎接勝利，輝煌頂峰

林肯受到了各方面的指責和批評。

林肯下達了官方的攻擊令，他對麥克萊倫大聲疾呼：「你的拖沓正在把我們拖向毀滅的邊緣。」

這時候，麥克萊倫不得不採取行動了，否則他的職位必然難保。於是，他急速趕到哈珀斯費里（Harpers Ferry），同時命令他的部隊馬上隨之出發。他計劃先經由乞沙比克（Chesapeake）和俄亥俄運河弄來一些船，用它們在波多馬克河上搭起浮橋，部隊渡河後，就可以從哈珀斯費里發起進攻，進逼維吉尼亞。可到了最後，整個計劃不得不被放棄，原因是那些船過寬，六英寸的船身根本無法通過運河水閘。

麥克萊倫對林肯彙報了這一計劃的失敗，告訴他說浮橋沒能搭成；這時，一直耐著性子、長期備感痛苦不堪的總統終於大發雷霆，他用起了早年他在印第安納州鴿子河谷乾草地時的講話方式，厲聲斥責：「為什麼該死的浮橋還沒有搞定？」

民眾也在以差不多同樣的口氣質問同一問題。

到了4月分，「小拿破崙」終於「動」起來了，就像先前的那位拿破崙常常做的那樣，他向他的士兵做了一次頗有氣勢的演講，然後就率領十二萬人的部隊出發了，隊伍邊走邊唱〈留在我身後的女孩〉。

戰爭已經進行了一年了，麥克萊倫誇口說，現在他要速戰速決，乾淨俐落地徹底結束戰爭，以能使這些年輕人能及時回家播種玉米和小麥。

雖然麥克萊倫誇下的海口令人難以置信，但林肯與斯坦頓（Edwin McMasters Stanton）卻對內戰的前景非常樂觀，他們發電報通知各州州長不再接收志願兵、關閉徵兵站，並把屬於這些徵兵機關的公共財產變賣掉。

腓特烈大帝（Friedrich II）的軍事座右銘之一是：「了解與你交戰的敵

手。」李將軍和「石牆」傑克森（Thomas Jonathan Jackson）將軍十分了解他們必須對付的「小拿破崙」是那種缺乏決斷力的人——是一個膽小如鼠、畏首畏尾、只會哀訴悲鳴的人；他從未上過真正的戰場，因為那裡血淋淋的場景使他無法承受。

於是，李將軍聽任麥克萊倫的大軍逼近里奇蒙，由於行軍速度很慢，他們到達那裡竟花了三個月之久。此時，麥克萊倫的部隊離里奇蒙可謂近在咫尺，士兵們甚至能聽見從城內教堂鐘樓傳來的報時鐘聲。

隨後發生的事是，久經沙場的李將軍率領部隊以一系列的猛攻向麥克萊倫的部隊猛撲過來，戰鬥持續了七天，麥克萊倫的部隊大敗，遠距離撤退，陣亡人數多達 1.5 萬人。

就這樣，麥克萊倫所宣稱的「一次聲勢浩大的軍事行動」以北方軍的空前慘敗告終。

可是，像他通常所做的那樣，他把這次慘敗全都歸罪於「華盛頓的那些賣國賊」。他老調重彈：那些人沒派給他足夠的兵力，他們的「膽怯和愚蠢」使他氣得「熱血沸騰」。現在，他仇視林肯與內閣的程度，甚至超越了他對南方軍的仇視程度，他把林肯及其內閣的所作所為抨擊為「歷史曾經記載過的最無恥行徑」。

麥克萊倫擁有的兵力遠超敵人。他從未能在一次軍事行動中把他的全部兵力全部運用起來，反而總是要求增援。他先是請求派一萬人的增援部隊，隨後又請求再派五萬人；最後，他提出要再派十萬人才足夠，而這種無理的要求是不會被滿足的，他自己也清楚這一點，而且林肯也知道他清楚這一點。林肯告訴他，他的要求「簡直荒謬可笑」。

麥克萊倫發給斯坦頓和總統的那些電報言辭激烈，而且帶有侮辱性，聽起來就像是一個瘋子在狂罵。電報指責林肯和斯坦頓不遺餘力地毀掉他

第三部　迎接勝利，輝煌頂峰

率領的部隊，羅列的罪狀非常嚴重，以至報務員拒絕把它們發送出去。

民眾感到震驚，華爾街一片恐慌，整個國家都陷入了困頓之中。

林肯變得面容消瘦、精神憔悴，他說：「我是在世的人中最沮喪的一個。」

P・B・馬西是麥克萊倫的岳父，當時擔任參謀長，他說，現在除了投降，沒別的出路。

林肯聽說這件事後氣得臉都紅了，他派人去叫來了馬西，對他說：「將軍，我聽說你使用過『投降』這個詞，這個詞是永遠都不可以與我們的軍隊聯繫在一起的！你必須確知這一點！」

二十、雪上加霜，內憂外患

早先在新塞勒姆時，林肯就學到了一個教訓：租一幢房子並在裡面存放上各種雜貨並不難，但要使創辦的雜貨店盈利就需要經營者具有足夠的相關素養，而它們是他和那位時常喝得酩酊大醉的合夥人都不具備的。

他經歷了數年的心靈折磨，目睹了軍隊的多次慘敗與無數將士血染疆場，終於明白了一個道理：召集起五十萬願意浴血奮戰、為國捐軀的戰士，弄到一百萬美元為他們配備來福槍、子彈和毯子，這些都不是難事；可是打勝仗還需要有非常傑出的領軍人物來指揮戰鬥，而這種人卻幾乎是踏破鐵鞋無覓處的。

林肯感嘆道：「軍事上的勝敗實在是在太大程度上取決於是否擁有一位傑出的指揮官啊！」

於是，他不止一次跪在地上，請求萬能的上帝給他派一個諸如羅伯

特‧K‧李、約瑟夫‧E‧約翰斯頓（Joseph Eggleston Johnston，南方邦聯軍名將）或湯瑪斯‧喬納森‧傑克森（綽號石牆傑克森，南方邦聯軍名將）那樣的傑出統帥來。

他說：「傑克森是一個勇敢、誠實的戰士，他是長老會教徒，只要我們有這樣的一個人來做北方軍的統帥，那麼，國民就不會繼續為戰場上的勝敗而感到擔憂了。」

可是，在聯邦軍中，去哪裡能夠找到像湯瑪斯‧喬納森‧傑克森這樣的人才呢？誰也不知道。艾德蒙‧克拉倫斯‧斯特德曼（Edmund Clarence Stedman）發表了一首著名的詩，該詩每個詩節的結尾都有這樣一個懇求：「亞伯拉罕‧林肯，給我們一位領軍人。」

這一懇求不光是一首詩中的疊句，它還是一個淌著鮮血、激動異常的民族自心底的吶喊！

林肯讀到這一疊句時不由得潸然淚下。

在兩年的時間裡，他一直在試圖找到國民正在大聲疾呼要尋找的領軍人物。不止一次出現的情況是：他把軍隊交給一位將軍，這位將軍使他手下的官兵白白送死，於是就有一萬人、二萬人，乃至更多人成為寡婦和孤兒；在聯邦的土地上，到處都能看到這些人在流淚，到處都能聽到這些人的慟哭聲。然後，這個名譽掃地的司令官就會被撤職，換成另一個同樣不稱職的人來試圖力挽狂瀾，結果卻是使更多士兵成為炮灰。當戰況報告不時送達林肯那裡時，穿著晨衣和絨拖鞋的他會整夜在房間裡踱來踱去，一次又一次地大聲說：「我的上帝！舉國上下會怎麼說？我的上帝！舉國上下會怎麼說？」

隨後，另一位將軍會擔當起司令官的重任，而無價值的犧牲還是在不斷繼續。

第三部　迎接勝利，輝煌頂峰

當今的一些軍事評論家認為，雖然麥克萊倫的過錯令人震驚，而且無能得令人難以置信，但他很可能是波多馬克軍曾經擁有過的最佳司令官。因此，你應當可以想像其他的司令官是何等的無能了吧！

在麥克萊倫失敗之後，林肯試著起用了約翰・波普（John Pope）。波普此前在西部的密蘇里州做得挺出色，他率領部下奪取了密西西比河中的一個島嶼並俘獲了數百名敵軍。

他在兩個方面像麥克萊倫：一是他也長得很英俊；二是他也好誇海口。他公開宣稱說，他的司令部是「騎在馬上的」。他發表的言過其實的宣言是如此之多，以至不久之後他就被人稱作「宣言波普」。

在他面對林肯交給他的大軍作首次演講時，他的開場白是這樣一句生硬而不得體的話：「我是從西部來到你們身邊的，在那裡，我們看到的一向是望風而逃的敵兵的後背。」隨後，他開始指責東部的部隊按兵不動，含沙射影地說他們是該下地獄的膽小鬼。演講的最後，他誇誇其談地講了他將要創造的軍事奇蹟。

這番公開道白使這位新上任的司令官像大熱天裡出現的菱紋背響尾蛇那樣令人厭惡，無論是軍官還是士兵都因此而憎恨他。

麥克萊倫對波普的憎恨尤為強烈。波普奪走了原本屬於他的位置，關於這一點，沒人比麥克萊倫體會更深——此時的麥克萊倫已經在寫申請，請求把他派往紐約擔任一個軍職——而且他嫉妒得形容憔悴，妒忌和怨恨使他痛苦不堪。

波普率領軍隊進入了維吉尼亞州，一場大戰迫在眉睫，他需要盡可能多的人手；於是，林肯發去了一封又一封的電報給麥克萊倫，命令他盡快帶領他的部隊趕去支援波普。

可是，麥克萊倫聽從命令了嗎？他沒有。他不斷爭辯，他不斷拖延，

二十、雪上加霜，內憂外患

他找出種種理由進行反對，他發電報述說各種實為無謂藉口的理由，他召回已經被派遣出去的援軍，他「用盡一個詭計多端的惡魔在處心積慮的情況下所能想出的一切手段，使波普得不到援軍的幫助」。

他以蔑視的口吻說：「讓波普先生擺脫他自己所造成的窘境吧。」

甚至在他聽到南部邦聯軍砲兵的炮聲後，他依然想方設法使其所部三萬人不去支援那位使他討厭的對手。

於是，在那片南北兩軍曾在那裡激烈交戰過的布林河戰場上，李將軍的部隊勢不可當地打垮了波普的部隊，聯邦軍又一次驚恐萬狀、倉皇逃命，再次以傷亡慘重收場。

這次戰鬥的結局完全是第一次布林河之戰的翻版：全身浴血的潰軍如潮水般地湧進了華盛頓。

李將軍領著他大獲全勝的部隊在他們身後展開追擊。即便是林肯，當時也認為首都華盛頓即將陷落，於是，他向艦隊下達了命令，讓它們逆流而上前往華盛頓，華盛頓所有的文職人員——無論是普通職員還是政府官員——都接到了拿起武器、保衛首都的動員令。

戰務部部長斯坦頓驚恐萬狀、不知所措，他給六個州的州長發去電報，請求他們用特快車把全部民兵和志願軍都派駐到華盛頓來。

城裡的酒館全部關門停業了，教堂鳴起了鐘聲，人們跪在地上，祈求萬能的上帝拯救這個城市。

老人、婦女和孩子們都開始驚慌逃命，大街上次蕩著馬匹慌亂奔跑的馬蹄聲，馬車車廂嘎吱作響，一輛輛馬車向馬里蘭州（Maryland）急速駛去。

斯坦頓準備將政府機關遷往紐約，他下令清空軍火庫，把軍火全都運往北方。

第三部　迎接勝利，輝煌頂峰

　　財政部部長蔡斯緊急下令把國庫儲藏的金銀以最快速度轉移到紐約華爾街的聯邦儲備銀行分庫去。

　　林肯疲憊不堪、神情沮喪，他又像呻吟、又像嘆氣似的長嘆不已，然後大聲說：「我怎麼辦呢？我該怎麼辦呢？事情已經到了近乎於無法挽回的地步了！」

　　大家認為，麥克萊倫為了雪恥，一直渴望看到「波普先生」被打敗，看到他的大部隊被擊潰。

　　甚至林肯都已經把麥克萊倫緊急傳喚到白宮去，嚴厲地警告他：大家都在指責他是賣國賊，指責他想看到華盛頓被攻占和南方軍取得最終勝利。

　　斯坦頓怒氣沖沖地在辦公室裡走來走去、大發雷霆，他的臉因義憤和憎恨而漲得通紅；當時看見他那副模樣的人都說，假如麥克萊倫在那時走進戰務部辦公室，斯坦頓絕對會將他痛打一頓。

　　蔡斯的憎恨則更為強烈，他態度強硬地表示那個人應當被立即處決。

　　蔡斯作為一名虔誠的基督徒已經放棄了憐憫之心，要求只有槍斃麥克萊倫才能整肅綱紀，以正國法。

　　可是，林肯這個人天性善良，他沒有對任何人橫加指責。波普的確是失敗了，可是他難道沒有盡力嗎？林肯自己先前經常遭遇失敗，所以，無論是誰失敗了，林肯都不會因為他的失敗而責怪他。

　　林肯把波普派往西北部去平息達科他（Dakota）印第安人的起義，把波普的那支大部隊交還給麥克萊倫。為什麼會做出這種選擇呢？原因正如林肯所說：「全軍之中，沒有將領能像麥克萊倫那樣把我們的部隊變得訓練有素要是說他自己不會打仗，他在訓練軍隊使其具備更強戰鬥力這一點上堪稱出類拔萃。」總統知道，他自己會因為重新起用「小麥克」擔任司令

將會飽受指責。事實上，他也的確受到了大量的嚴重質疑，甚至連內閣的很多成員都加入了譴責者的行列：斯坦頓和蔡斯曾經公開宣稱，他們寧願讓華盛頓被南方邦聯軍攻占，也不願看到麥克萊倫這個可鄙的叛徒重新擔任聯邦軍的司令官。

他們的強烈反對極大傷害了林肯的感情，他表態說，如果內閣希望他辭職，他會照辦。

幾個月之後，安提頓戰役結束，麥克萊倫堅決拒絕執行林肯「追擊南方軍隊」的指令，於是他被再次解職，自此他的軍事生涯被徹底終結。

這樣，波多馬克軍再次需要新的指揮官，可是由誰來擔此重任呢？合適的人選現在在哪裡呢？沒人知道問題的答案。

在絕境之中，林肯準備把這一指揮權交給伯恩賽德（Ambrose Everett Burnside）。伯恩賽德並不適合這個職位，而且他也知道自己並不稱職，因此他兩次拒絕擔任此職。後來，當這一領軍任務被硬加到他肩上時，他流下了眼淚。接著，他率領大軍，倉促魯莽地對位於菲德里克堡（Fredericksburg）的南方軍防禦區發起了攻擊，結果致使 1.3 萬名聯邦軍戰士魂斷疆場。他們的犧牲是無謂的，因為這一犧牲並沒有帶來一星半點勝利的希望。此後，大批軍官和士兵開始當逃兵。

於是，這次輪到伯恩賽德被撤換掉，這支大軍的指揮權被交給了另一位無能者，即「好戰者」喬‧胡克（Joseph Hooker）。

他自誇說：「願上帝憐憫李將軍，因為我不會憐憫他。」

他率領著被他稱為「世界上最精良的軍隊」與李將軍的軍隊對陣，他麾下的兵力是南部邦聯軍兵力的兩倍，可是在錢瑟勒斯維爾（Chancellorsville）的戰鬥中，他的部隊出現了大潰退，陣亡 1.7 萬人。這是南北戰爭中，北方軍最具災難性的慘敗之一。

第三部　迎接勝利，輝煌頂峰

此時是西元 1863 年 5 月。林肯總統祕書的記錄中提及：在那些可怕的不眠之夜，他徹夜都能聽到林肯在房間裡來回走動的腳步聲，聽到他大聲說：「輸了，輸了！一切都輸掉了！」不過最終，林肯還是起身前往菲德里克堡，去那裡調整「好戰者喬‧胡克」的情緒並振作部隊的士氣。

由於出現了傷亡如此慘重的無謂犧牲，林肯遭到了嚴厲的指責。國民中瀰漫著無盡的沮喪與恐慌的氣氛。

除了這些軍事上的失敗外，林肯還雪上加霜地遭遇了家庭方面的慘事。林肯過於寵愛他的兩個可愛的小兒子 —— 塔德和威利。在夏日的夜晚，他常常會悄悄溜走，去和他們玩「城球」遊戲，當他從一個壘跑向另一個壘時，他的大衣後襬會在身後飄著；有時他會和他們一起玩彈玻璃球，從白宮那裡開始，一路玩過去，直到抵達戰務部辦公處為止；在夜裡，他喜歡躺在地上，和他們一起打滾嬉戲；在陽光明媚、氣候溫和的日子裡，他有時會從白宮的後門出去，與他的兩個兒子及兩個小傢伙飼養的兩隻山羊一起玩。

塔德和威利使白宮總是顯得很熱鬧，他們安排黑人劇團進行演出，對僕人們進行軍事訓練，在眾多謀職者身邊跑來跑去。要是他們喜歡上了某個來求職的人，他們會確保使他馬上進去見到「老亞伯」，如果從前面的路不能把他帶進去，他們知道哪裡是「後門」。

和他們的父親一樣，他們對禮節和慣例幾乎從不放在眼裡：有一次，他們曾在內閣開會時奔跑著闖進了會議室，以至打斷了會議的進行，而他們之所以這樣做，僅是為了告訴總統一個好消息 —— 家裡的那隻貓剛在地下室生了幾隻小貓。

另一次，正當蔡斯在和林肯討論國家面臨的嚴酷金融形勢時，塔德爬到了林肯身上，最後落在他的肩膀上，兩條腿橫跨在他的脖子上坐在那

二十、雪上加霜，內憂外患

裡，這使嚴厲的薩蒙·P·蔡斯（Salmon Portland Chase）既生氣又厭惡。

有人送給威利一匹小馬，在冬季，無論天氣怎樣，他都堅持要騎牠出去玩，最終他因淋雨受寒而得了重感冒。不久，他發起了嚴重的高燒，接連很多個夜晚，林肯都坐在他的床邊，持續幾小時不動。當小傢伙最終不幸去世後，林肯一邊哽咽，一邊喊著：「我可憐的孩子！我可憐的孩子！他好像不適合在這個塵世生活，上帝把他召回家去了。他死了，這怎麼讓人受得了啊！」

凱克雷夫人當時也在那個房間裡，她這樣描述當時的情景：

「他雙手摀著臉，他的高大身軀因情緒激動而抽搐著……死去的孩子那蒼白的臉使林肯夫人抽泣起來，極度的悲傷使她的身體整個垮了下來，以至她沒能去參加葬禮。」

威利病死之後，林肯夫人不敢再去看他的照片。凱克雷夫人告訴我們說：

「看到任何他曾經喜愛的東西，都會使她情緒崩潰，哪怕是一朵花。別人給她送來一束昂貴的鮮花，她一看到它們就會渾身戰慄並趕緊把目光移開，她或是把它們放到某個她看不到的角落裡，或是乾脆把它們扔到窗外去。她把威利的所有玩具全都送給了別人……而且在他去世後，她從未再去過他去世時所在的客房，或是用香油給他塗屍體防腐劑時，他所在的白宮『綠屋』。」

在難以自制的悲傷中，林肯夫人叫來了一個所謂的亡靈術師，他戴上面具裝神弄鬼地招魂，號稱自己是「科爾徹斯特大王」。這個十足的騙子後來被人揭發並被逐出城去，他如果不走，就會面對鋃鐺入獄的命運。可是，當時正處於極度悲痛之中的林肯夫人卻在白宮接待了這個騙子，在那裡的一個黑漆漆的房間裡，他使她確信，護壁板上的刮擦聲、牆上的輕叩

聲和桌面上的輕拍聲是她已故兒子發出的示愛訊息。

當收到這些訊息時,她激動得流下了眼淚。

林肯被悲痛壓垮了,陷入了絕望之中,整天無精打采。他幾乎履行不了公職要求他要擔當起來的職責,他的辦公桌上堆滿了等待回覆的信函和電報。他的醫生擔心他可能會永遠這樣一蹶不振下去,再也不能重新振作起來;擔心他會完全屈服於內心的淒涼與痛苦。

有時,總統會坐在那裡進行持續數個小時的朗誦,他的聽眾只有祕書或是助手,一般說來,他讀的都是莎士比亞的作品。有一天,林肯正對著他的助手朗讀《約翰王》(The Life and Death of King John),當讀到康斯坦絲(Constance)哀悼她死去的兒子那一段時,他合上了書,背誦起下面這幾句劇中的臺詞:

主教大人,我曾聽你說過,
在天堂,我們會看到和認出我們的朋友,
如果這是真的,我會又一次見到我的兒子。

總統問他的助手說:「上校,你曾夢見過一位已故的朋友並感到你正在和他進行令人愉快的交流,可是又傷心地意識到這不是真的嗎?我經常這樣夢見我的兒子威利。」這時,林肯把頭低下來靠在桌子旁邊,開始大聲嗚咽起來。

二十一、寬廣胸懷,相容並包

當林肯把目光從軍隊轉向他的內閣時,他發現內閣內部也同樣存在著類似軍隊裡的那種紛爭和妒忌。

二十一、寬廣胸懷，相容並包

國務卿西華德把自己看成是「總理」，他奚落內閣中的其他成員並插手他們的事務，於是引起了他們的憤恨。

財政部長蔡斯看不起西華德，厭惡麥克萊倫將軍，憎恨戰務部部長斯坦頓，不喜歡郵政總局局長布萊爾。

而布萊爾到處──像林肯所說的那樣──「踢翻蜂箱」，還到處自誇說，當他「參加一場戰鬥時」，他實際上等同於「參加的是對手的葬禮」。他斥責西華德是「一個不講原則的說謊者」，並拒絕與西華德打任何交道；至於斯坦頓和蔡斯這兩個惡棍，他甚至都不願意屈尊去和他們說話──即便是在內閣開會時也是這樣。

布萊爾和別人之間發生的爭鬥是如此之多，以至最終他參加了自己的「葬禮」──至少對於他的政治生命而言確實是如此。他所激起的他人憎恨是如此強烈和廣泛，以至林肯只得請他辭職。

內閣中的彼此憎恨無處不在。

副總統漢尼巴爾（Hannibal Hamlin）不願與海軍部部長吉迪恩‧韋爾斯（Gideon Welles）說話。韋爾斯平時頭戴精心製成的假髮，並配之以一大片具有裝飾作用的白色連鬢鬍子，他有記日記的習慣，他的日記幾乎每一頁都向他的幾乎所有同僚「投出了嘲笑和蔑視的長矛」。

韋爾斯尤其嫌惡格蘭特、西華德和斯坦頓。

至於狂暴、蠻橫的斯坦頓，他是內閣中最容易憎恨別人的人，他看不起蔡斯、韋爾斯、布萊爾、林肯夫人，而且顯而易見地看不起除自己之外的幾乎任何人。

「他對別人的感受根本不在乎，」格蘭特寫道，「拒絕一個請求要比同意一個請求會他帶來更多的快樂。」

謝爾曼對斯坦頓的憎恨是如此的強烈，以至他曾在閱兵臺上當著大批

第三部　迎接勝利，輝煌頂峰

觀眾的面羞辱斯坦頓。十年之後，在他撰寫回憶錄時，他津津樂道地談到了此事。

謝爾曼在回憶錄中說：「當我走近斯坦頓時，他主動向我伸出了手，但我在大庭廣眾、眾目睽睽之下拒絕和他握手，大家都注意到了這一點。」

曾經活在這個世界上的人中，很少有人比斯坦頓更加強烈地被人們所憎恨。

內閣裡面的幾乎每個成員都認為自己比林肯強。

不管怎麼說，他們理應作為部下為其服務的這個人土氣、笨拙，只是一個很會講故事的西部鄉巴佬而已，他有什麼了不起啊？

他當上總統是一個政治意外，他是因為非常的偶然因素才得以入主白宮，得以他們擠了出來而成為──匹「黑馬」。

司法部長在西元 1860 年曾對自己被提名為總統候選人一事抱有很大期望。他在日記中寫道，共和黨提名林肯為總統候選人鑄成了一個「致命的錯誤」，林肯是一個「缺乏意志和目標」、「沒有指揮全域性能力」的庸才。

蔡斯也曾希望被提名的人是他自己，而不是林肯，直到他去世，他始終以「一種善意的鄙視」的目光來看待林肯。

西華德也是忿忿不平、滿腔怨恨。有一次，他一邊在房間裡的地板上踱步，一邊對他的一個朋友大聲嚷嚷：「失望？你竟然對我談失望，竟然對我談！我這個人本應天經地義地獲得共和黨總統候選人的提名，但我現在只得站在一邊看著提名被授予一個不起眼的伊利諾州律師！你竟然還敢對我談失望！」

西華德知道，要不是因為霍勒斯·格里利，他自己早就成為總統了。

二十一、寬廣胸懷，相容並包

他懂得怎樣辦事，他具有二十年處理州政府的各類事務的經驗。

可是，林肯經處理過什麼事呢？他什麼都沒經辦過，只是在新塞勒姆經營過一家小木屋雜貨店，而且他「把它經營得非常糟糕」。

呃，對了，他還經營過一個「郵局」，那「郵局」就在他頭上戴的寬邊帽子裡，他走到哪裡就把「郵局」帶到哪裡。

這個「草原政客」的執政經驗也就到此為止，沒別的了。

可是現在，正當國家猶如坐上了雲霄飛車，形勢急轉直下的危急時刻，他卻在白宮這裡坐著，不知所措、頻頻出錯，他什麼都做不了，只能聽任事態不斷惡化。

西華德認為──還有成千上萬的其他各色人等也都這樣認為──他自己之所以被任命為國務卿，是為了讓他實際上統治這個國家，而林肯只是擺樣子，裝點門面的傀儡而已。人們把他稱作「首相」，他喜歡這種叫法。他相信上天注定將拯救聯邦的重任落在自己的肩上，而且也只有他一個人能挑起這個重任。

在他接受國務卿這一職位的任命時，他說：「我會努力拯救自由，拯救我的祖國。」

林肯就任總統後還不到五週，西華德就讓人送去了一份口氣傲慢的備忘錄給他，這樣的備忘錄無疑是帶有很強的侮辱性。在美國歷史上，此前還從未有任何一位內閣成員膽敢寄送給總統如此傲慢無禮的檔案。

在備忘錄的開頭，西華德這樣說：「政府運作已有一月之久，可無論是內政還是外交，我們都沒有政策可以奉行。」接著，他旁若無人地裝出一副智慧高人一等的樣子，開始批評起那個來自新塞勒姆的前雜貨店店主，並告訴他政府應該怎樣運作。

在備忘錄的結尾，他厚顏無恥地建議說，從那時起，林肯應該退居二

第三部　迎接勝利，輝煌頂峰

線 —— 那是最適合他的歸宿，讓從容有禮、充滿自信的西華德操控治國大權，以避免國家走向崩潰。

除此之外，在西華德提出的建議中，還有一個建議非常不理智、極為乖僻，使林肯大吃一驚。西華德很不喜歡最近一段時間裡，法國人和西班牙人在墨西哥的所作所為，於是他建議讓這兩個國家作出解釋；此外，英國和俄國也要作出解釋。如果「得不到令人滿意的答覆」，那麼 —— 你猜一猜西華德究竟想採取何種措施呢？

那就是直接宣戰。對這位政治家來說，一場戰爭還嫌不夠，他打算讓這個國家猶如面對味道可口的小拼盤似的，同時發動好幾場不同的戰爭。

他確實準備好了一份他提議寄往英國的照會，這份照會口氣傲慢，其文字中到處是警告、威脅和侮辱。要不是林肯刪掉了寫得最糟糕的段落，並使其他措辭激烈的地方在口氣上看起來緩和，這份照會也許會真的會引發戰爭。

西華德吸了一撮鼻菸，然後宣稱說，他很想看到某個歐洲國家站在第一個宣布脫離聯邦的南卡羅來納州一邊出兵插手美國事務，因為到那時，北方軍就可以「猛烈攻擊該國部隊」，而南方各州也會協助打擊外國敵人。

而實際情況是，美國差一點就和英國再度開戰。北方的一艘砲艦在公海上攔截了一條英國郵輪，從郵輪上帶走了兩個要前往英國和法國的南部邦聯特使，並把他們送到波士頓的監獄裡羈押起來。

英國開始著手準備和美國開戰，成千上萬的士兵被用船搭載著橫渡大西洋，他們在加拿大登陸，準備聽到一聲令下，就對美國北方發起攻擊。

林肯只得交出那兩名南部邦聯特使並表示道歉，儘管他事後承認，這是「他曾經吞過的最苦的苦果」。

西華德的一些堪稱狂妄的想法使林肯極為震驚。從一開始起，林肯就

二十一、寬廣胸懷，相容並包

敏銳地意識到，在處理擺在他面前的各式各樣的艱鉅的本職工作上，他自己是缺乏經驗的，他需要幫助、智慧和指點，當時他任命西華德為國務卿，就是想從他那裡得到這些東西。可是，看看吧，如今落了個多麼糟糕的結果啊！

華盛頓全城都在議論，說聯邦政府的實際運作者是西華德。這傷害了林肯夫人的自尊，惹得她火冒三丈，她眼中帶著怒火，力勸她那位謙恭的丈夫拿出點當總統的樣子來。

林肯要她放心，對她說：「我自己也許不會大權獨攬，但肯定不能任由西華德胡鬧，我擁有的唯一執政者是我的良知和我的上帝，有朝一日，我會使西華德這些人明白這一點的。」

而使他們明白這一點的時刻很快就到來了。

薩蒙‧P‧蔡斯是內閣中的「切斯特菲爾德」(Chesterfield)，他長相特別英俊，身高六英尺三英寸，看上去很像是一個天生具有統治才能的人。他有教養，是一個熟悉古典作品的學者，他精通三門語言，而且他的女兒是華盛頓社交界最有魅力、最有人緣的女性。說實話，當他看到入主白宮的人竟然不知道怎樣點菜時，他備感震驚。

蔡斯是一個虔誠的基督教信徒，極為虔誠。在週日，他一天之中要三次前往教堂做禮拜；在澡盆裡洗澡時，他也不忘複述《聖經‧詩篇》裡的文句；他還指示把「我們相信上帝」作為座右銘刻印在國家發行的硬幣上。每天夜裡就寢前，他都會閱讀《聖經》和一本訓誡書，因此，他完全弄不懂為什麼總統睡覺前帶到床上去的會是阿蒂默斯‧沃德（Artemus Ward）或佩特羅里厄姆‧納斯比的著作。

林肯幾乎在任何時候、任何場合都會來點幽默，這種缺乏鑑別能力的情趣使蔡斯備感氣惱和憤怒。

第三部 迎接勝利，輝煌頂峰

有一天，一位來自伊利諾州的老朋友到白宮來拜訪林肯，門衛以挑剔的目光把他上上下下打量了一番，然後對他說，內閣正在開會，總統不接待來客。

這位來訪者不以為然，他對門衛說：「這沒關係的，你就對亞伯說，奧蘭多‧凱洛格來了，想給他講講口吃法官的故事，他一定會見我的。」

林肯吩咐馬上把這位老朋友帶進來，並在見到他時和他熱烈握手以示歡迎。林肯轉過身對出席會議的內閣成員們說：

「先生們，這位先生是我的老朋友奧蘭多‧凱洛格，他想給我們講講口吃法官的故事，這故事很不錯，因此我們現在先把所有的其他事務擱在一邊吧。」

於是，一臉嚴肅的政府要員們只能把國家大事暫時擱置，而奧蘭多卻講述起他的故事，並使林肯聽得不時發出爽朗的笑聲。

這使蔡斯感到厭惡，他為國家的前途憂心不已。他抱怨說，林肯「把南北戰爭當兒戲」，在使國家快速地走向「破產和毀滅的深淵」。

蔡斯的忌妒心強烈得超過中學女生聯誼會會員，他本以為會被任命為國務卿，為什麼他沒被任命這一職務？為什麼他受到了奚落？為什麼這個光榮的職務給了盛氣凌人的西華德？為什麼他自己被任命的職務僅僅是財政部長？他感到憤恨不平、怨氣滿腹。

現在他只得坐第三把交椅，這沒問題，不過，他會給他們來點顏色：西元1864年快到了，下一屆總統大選即將舉行，他決心在這次大選後成為白宮的主人。除此之外，他幾乎什麼也不在乎，他全部的心思都放到了這件事上，林肯把這件事稱作「蔡斯對總統職位的瘋狂追求」。

當著林肯的面，蔡斯假裝是他的朋友，可是，只要林肯總統一不在面前，他私下裡就會變得咬牙切齒地痛恨總統，不斷說著林肯的壞話。林肯

二十一、寬廣胸懷，相容並包

常不得不作出得罪權貴的決定，此時，蔡斯會匆匆趕到那位頗感不滿的「受害人」那裡，向他表示同情，使他確信自己是對的，激起他對林肯的更大怨恨，使他相信假如執政者換成薩蒙‧P‧蔡斯的話，他就不會受到不公正的對待。

「蔡斯像一隻綠頭大蒼蠅，」林肯說，「他會他能夠找到的每一處腐敗的地方產卵。」

好幾個月中，林肯對蔡斯所做的這一切全都瞭如指掌，但他沒只是考慮自己的得失，而是寬宏大量地說：

「蔡斯是一個很能幹的人，但在想當總統這個問題上，我想他是有些瘋了。最近他的所作所為很不好，有人對我說：『現在是到了該把他清除出去的時候了。』但我不贊成把任何人清除出去，如果某件事情有一個人能做而且能得更好，我就會說，讓他去做這件事。因此，身為財政部長的他只要能履行他的職責，我就決心對他的『白宮熱』發作視而不見。」

可是，情況變得越來越糟。當事情的進展不合蔡斯的心意時，他遞交了辭職報告，而且前後多達五次，林肯的做法親自拜會他，讚揚了他的功績，並試圖說服他繼續留任。但到了最後，即便是曾長期經受過苦難磨練的林肯也無法對他的所作所為繼續忍耐了，現在他們彼此之間已經產生了一種厭惡的情感，繼續合作只能徒增不快。於是，當蔡斯再一次遞交辭呈時，林肯接受了他的辭職。對這一點，蔡斯都倍感驚訝。

參議院金融委員會的委員們集體出動，一起匆匆趕到白宮提出抗議，他們說蔡斯的離職會是一件大為不幸的事情，堪稱一場災難。林肯耐心地聽他們把話說完，接著，他對他們講述了他和蔡斯共事過程中的痛苦經歷，他說蔡斯總是希望能取代總統的權位，而且尸位素餐，不理政務，根本沒有和自己通力合作的誠意。

第三部 迎接勝利，輝煌頂峰

林肯說：「他要麼就是下定決心使我生氣，要麼就是想讓我拍拍他的肩膀哄他留下來。我認為我不應當這麼做，我會按照他自己的請求同意他辭職，他作為內閣成員已經談不上對國家有所貢獻了，我有必要解除我們之間的合作關係，否則我寧願辭去總統職務，回伊利諾州的農場當農民，用犁和耕牛來養活自己。」

但林肯還是高度評價了蔡斯的才能及所發揮的作用，他說：「蔡斯是我一生中遇到過的才能最出眾的政界人士之一。」

儘管蔡斯與林肯產生了巨大的隔閡，但林肯此時作出了他政治生涯中最出色、最寬宏的決定之一，他授予蔡斯美國總統可以給予的最高榮譽——任命他擔任美國最高法院首席法官。

不過，與脾氣暴躁的斯坦頓比起來，蔡斯只能算是一隻溫順的小貓。斯坦頓個子矮而粗壯，有著公牛一般的體格，脾氣也不亞於最凶猛而狂暴的公牛。

有生以來，他一直表現出急躁和乖僻的性格特點。他那擔任內科醫生的父親希望孩子以後也當醫生，於是便在孩子常去玩的牲口棚裡懸掛了一具人體骷髏。青少年時期的斯坦頓常給他的玩伴們講授有關骷髏、摩西、地獄之火、史前大洪水的知識。後來，他離開老家去了俄亥俄州的哥倫布，成為一家書店的店員。他在一戶人家裡借宿，一天上午，他剛離開那戶人家時，那家的女兒就因霍亂而病倒了，而當天晚上，當斯坦頓回到家裡準備吃晚飯時，她已經去世並下葬了。他拒絕相信這一事實。

他擔心她是被活埋的，於是，他匆匆趕到了公墓那裡，找了把鐵鍬，花費數小時將她的屍體重新挖了出來，以確認其是否死亡。

多年以後，他親生女兒露西的去世使他陷入了絕望之中，他在她下葬十三個月之後讓人把她的屍體挖掘出來，並把屍體移到他臥室裡存放了一

二十一、寬廣胸懷，相容並包

年多的時間。

斯坦頓夫人去世後，他每天夜裡會把她的睡帽和睡衣放在自己的身邊，並對著它們流淚。

他是一個怪人，很多人說他的精神不太正常。

林肯與斯坦頓的首次見面是在一個有關專利的案件審理期間，他們兩人，以及來自費城的喬治·哈丁，被聘請擔任被告人的辯護律師。林肯已對這個案子進行了仔細研究，非常謹慎和勤勉地做好了準備工作，並想當庭進行陳詞辯護，可是，斯坦頓和哈丁恥於與他為伍，他們以鄙視的態度把他撇到了一邊，羞辱他，拒絕讓他在案子審理期間進行辯護。

林肯把他準備好的辯護詞給了他們一份，可他們確信那是「垃圾」，因此根本就沒看。

他們不願意和林肯一起出現在法院；他們不願意邀請林肯到他們的房間去；他們甚至不願意和他同桌用餐；他們像對待一個社會敗類一樣來對待他。

斯坦頓在林肯能聽到的情況下，公開宣稱：「看那該死的長臂猿一般的笨拙模樣，我不願意和這樣的傢伙共事。如果某個案子中我的搭檔模樣上不是一個有教養的人，我就會放棄接手這個案子。」

林肯說：「以前從未有人像斯坦頓那樣粗暴地對待我。」林肯回到家，覺得在感情上受到了嚴重的傷害，於是他又一次陷入了可怕的憂鬱情緒中。

林肯當上總統後，斯坦頓對他的鄙視和厭惡變得更深、更強烈了，他稱林肯為「令人討厭的低能兒」，宣稱說林肯毫無執政能力，應由一個軍事獨裁者取而代之。斯坦頓一再說，迪夏尤跑到非洲去找大猩猩是做傻事，因為大猩猩的鼻祖正坐在白宮裡面搔癢癢。

第三部　迎接勝利，輝煌頂峰

斯坦頓在寫給布坎南的若干封信中辱罵林肯總統，他使用的語言粗魯得難以形諸於文字。

在林肯上任後的第十個月，一件國家級的醜聞在美利堅大地上被傳得沸沸揚揚：政府遭到搶劫！數百萬美元丟失等等。

除此之外，林肯與當時的戰務部部長西蒙・卡梅倫（Simon Cameron）在是否應當把奴隸武裝起來的問題上存在著顯著分歧。

林肯要卡梅倫辭職，他必須找一位新人來接手戰務部。林肯知道，國家的前途也許取決於他選定什麼樣的人來接任，他也十分了解那個他所需要的人。因此，林肯曾對一位朋友說：

「我已經決定丟掉一切傲氣，放下一切『架子』—— 它們可能是我自尊的重要組成部分 —— 任命斯坦頓為戰務部部長。」

後來的事實證明，這是林肯所作的任命中最英明的一個。

斯坦頓上任後，被人們戲稱為「穿著褲子的龍捲風」，他辦事雷厲風行，怒氣勃發，其周圍的辦事員就像站在拍賣會場裡的東方奴隸，害怕得直哆嗦。斯坦頓不分白天黑夜地工作，他拒絕回家，吃喝拉撒都在戰務辦公室裡。那時有大批遊手好閒、愛吹牛皮的不稱職軍官混跡於軍隊之中，他們使斯坦頓怒火中燒、義憤填膺。

於是，他將他們「一網打盡」—— 把他們全部撤職查辦。

他侮辱插手其部門事務的國會議員，謾罵和詛咒他們；他對不誠實的訂約人進行了凶猛無情的打擊；他無視並違反美國憲法；即便是將軍，他也照樣把他們逮起來關進監獄，並未經審判就把他們拘押數月之久。他當面教訓麥克萊倫，就好像他面前站著的是一個接受軍訓的新兵，他當場宣布說麥克萊倫必須投入戰鬥。他強調說「波多馬克河畔軍中喝香檳、吃牡蠣的情況必須禁止」；他把所有鐵路的運輸指揮權都緊緊抓在自己手裡；

二十一、寬廣胸懷，相容並包

他強占了所有的電報傳輸線路，使林肯發送和接收電報也必須透過戰務辦公室才能進行；他獨攬了全部軍隊的指揮權，假如沒有他的批准，即便是格蘭特將軍發出的命令，也不能得到執行。

斯坦頓遭受頭痛的折磨已有數年之久，他還患有哮喘病和消化不良症。可是，他就像是一臺發電機一般，總是精力充沛地工作著，他的驅動力是一種使他全神貫注的熱情：浴血奮戰，直至南方回歸聯邦中來。

而同樣是為了達成這一目標，林肯什麼都可以容忍。

有一天，一位國會議員說服林肯為他簽發一個調動某軍團的命令，在得到林肯的手令後，他趕忙帶著它跑到了戰務辦公室，並把它放在了斯坦頓的辦公桌上，而斯坦頓卻聲色俱厲地說他不會照辦。

「可是，」這位政客抗議說，「你別忘了，這一命令是總統親自簽發的。」

斯坦頓反駁他說：「要是總統為你簽發了這樣的命令，那他就是一個該死的傻瓜！」

這位國會議員跑回到林肯那裡，滿以為會看到林肯狂怒得拍案而起，撤掉斯坦頓的戰務部部長職務。

可是，林肯先聽他講了事情的經過，然後目光閃爍了一下，說：「如果斯坦頓說我是一個該死的傻瓜，那麼我一定是，因為他做事幾乎總是正確的，我現在就親自去見他一面。」

林肯確實照他自己說的那樣做了，結果是斯坦頓最終說服了他，使他意識到自己所簽發的命令確實不妥，於是他收回了成命。

林肯知道斯坦頓對別人插手其事務感到深惡痛絕，因此他通常讓斯坦頓自己說了算。

「我不能再給斯坦頓添麻煩了，」林肯說，「世界上沒人比他的處境更困難了。軍隊裡成千上萬的人責備他不給他們晉級，還有成千上萬的士兵

第三部　迎接勝利，輝煌頂峰

責備他不任命他們為軍官，他承受的壓力大得難以計算，而且還無始無終。他是中國沿海沙灘上的岩石，任憑海浪的衝擊和咆哮，他把氣勢洶洶的海浪給頂回去，防止它們破壞和淹沒我們的國土。我不明白他是怎樣挺住而依然神采奕奕的，不明白為什麼他沒有垮掉。但我清楚如果沒有他，我就會遭受滅頂之災。」

不過，總統偶爾也會像自己所說的那樣「插一下足」；那時——可得小心，要是那時「老戰神」說他不願意做某件事，林肯就會平心靜氣地回答說：「部長先生，我認為這事你不做不行。」

於是，這事就被執行了。

有一次，林肯簽發了一條手令，手令說：「不要說『如果』、『那麼』或者『可是』，務必讓埃利奧特·W·賴斯上校被晉升為美國陸軍準將——亞伯拉罕·林肯。」

還有一次，林肯寫了一條指令給斯坦頓，要他任命某人擔任某職，林肯在指令中對斯坦頓說：「別去考慮他是否知道尤利烏斯·凱撒（Gaius Iulius Caesar）的頭髮是什麼顏色。」

最終，斯坦頓、西華德和一開始辱罵、鄙視亞伯拉罕·林肯的人中的絕大多數都學會了尊敬他。

當林肯躺在福特劇場街對面的公寓內奄奄一息時，曾斥責林肯為「令人討厭的低能兒」的斯坦頓——這條鐵打的漢子說：「那裡躺著的是世界上曾出現過的最完美統治者。」

海約翰是林肯的祕書之一，他對林肯在白宮的工作方式作了具體、鮮明的描述：

他做工作極其缺乏條理，尼古拉和我兩個人經過四年的艱苦奮鬥才使他採用了某些系統化的工作規則。任何一條規定，往往是剛被制定出來

二十一、寬廣胸懷，相容並包

的，就會馬上被他打破。雖然有些人毫無道理地進行投訴，提出不合理的要求，致使林肯不堪其擾、煩得要命，但對會使他擺脫這些人的任何動議，他總是不予批准。

他寫的信件為數很少，而且在他所收到的眾多來信中，真正被他拆閱的連五十分之一都不到。起初，我們試圖讓這些來信引起他的注意，可是最終，他把它們全都轉交給了我，由我來最終處理，而且，我以他的名義寫的回信他連讀都不讀就在上面簽了名。每週他親自寫的信頂多只有六封。

每當離華盛頓稍遠的地方有相當棘手的問題要林肯總統親自處理時，他很少會作書面指示，而是指派尼古拉或我去那裡進行處理。

他通常在十時至十一時上床睡覺，第二天起床很早。他住在鄉間的「士兵之家」的那段時間裡，他往往在早上八時之前就已經做完了上班前需要做的一切，包括起床、穿衣、吃早點（早點吃得極為節約，僅為一個雞蛋、一片烤麵包、咖啡或茶等）以及坐車進入華盛頓市區。冬季住在白宮時，他起床就不總是這樣早了，他睡眠不好，但在床上躺著的時間卻頗長。

在中午，他會吃一塊軟餅，冬天再喝一杯牛奶，夏天吃些水果（葡萄等），他在飲食上很有節制，吃得比我認識的其他人都要少。

他只喝水，這並不是因為他給自己規定了什麼清規戒律，而是因為他不喜歡果酒和烈酒。

有時，為了能稍稍休息一下，他會匆匆趕去聽講座、聽音樂會或是看戲。

他很少進行閱讀。他幾乎從不看報，除非我請他注意報紙上有關某個專題的某篇文章，他經常說：「有關這一點，我知道的比他們任何人都多。」

「他是個謙虛的人」的說法無疑是奇談怪論，從來沒有哪個偉人是謙虛的。

二十二、解放黑奴，創造歷史

如果你問一位當代美國普通公民：為什麼要打南北戰爭？他可能會回答說：「為了解放黑奴。」

真的是這樣嗎？

讓我們看看吧。這裡是從林肯的首次總統就職演說中摘錄的幾句話：「無論是直接還是間接，我都無意干涉現在實行蓄奴制地區的相關體制，我沒有這樣做的合法權力，我也沒有這樣做的意向。」

事實是，直到戰爭已經如火如荼地進行了一年半之久後，林肯才頒布了〈解放黑人奴隸宣言〉（The Emancipation Proclamation）。在此期間，激進分子和廢奴主義者自始至終都在催促林肯立即採取行動，他們透過媒體怒罵他，在公眾集會場所的講臺上斥責他。

有一次，一個芝加哥牧師代表團出現在白宮，他們帶著一道「立即解放黑奴」的命令，據他們聲稱，這道命令直接來自萬能的上帝。林肯對他們說，他認為要是上帝想給予忠告，上帝會帶著忠告直接到指揮部來，而不會繞道經由芝加哥讓人送來。

最後，霍勒斯·格里利被林肯的拖延和不作為激怒了，他在報紙上發表了一篇攻擊林肯的文章，其標題是〈兩千萬人的祈禱〉（Prayer of Twenty Millions），該文占了整整兩欄，通篇都是憤恨和牢騷。

林肯回應格里利的文章是南北戰爭時期的經典作品之一，它寫得明白

二十二、解放黑奴，創造歷史

易懂、簡明有力。在這篇回應文章的結尾，林肯寫下了如下令人難忘的話語：

在這次戰爭中，我的至高無上的目標是拯救聯邦，而不是拯救蓄奴制或是消滅蓄奴制。假如我不必解放任何一個黑奴就能拯救聯邦，我會這樣做；要是我透過解放所有的黑奴就能拯救聯邦，我也會這樣做；要是我解放一些黑奴、留下其他黑奴不管就能拯救聯邦，我還是會這樣做。有關蓄奴制和有色人種，無論我怎樣做，都是因為我認為那樣做有助於拯救聯邦；無論我使自己克制著不去做的是什麼事，我之所以克制的原因是我認為去做這事不會有助於拯救聯邦。而現在，我認為還沒有到必須解放黑奴的時候。

我在上面已經陳述了我的意圖，它所依照的是我作為總統的看法；同時，我並不想修改我曾多次表達過的個人願望，即但願普天下所有的人都能獲得自由。

林肯認為，如果他拯救了聯邦並使蓄奴制不擴散，那麼蓄奴制會在適當的時機自然消亡，但假如聯邦不幸解體了，那麼蓄奴制會繼續存在數百年的時間。

有四個蓄奴州當時依然和北方站在一起，這使林肯意識到，假如他在南北衝突中過早地頒布〈解放黑人奴隸宣言〉，他就等同於迫使這四個州倒向南方邦聯，這樣一來，南方力量得到了增強，並可能永遠毀掉聯邦。那時曾流傳著這麼一種說法：「林肯想要讓萬能的上帝站在他的一邊，可上帝硬塞給他的卻是肯塔基。」

於是，他等待著時機，同時每走一步棋都十分謹慎。

林肯夫人的娘家就是一個地處邊界州內的蓄奴家庭，她在其父親去世後分得的財產的一部分就是來自出售黑奴的所得。而且，林肯曾擁有的唯一的真正知心朋友——喬舒亞·斯皮德——也是一個蓄奴家庭的成員，

第三部　迎接勝利，輝煌頂峰

　　林肯對南方的立場觀點懷有一定的同情心。此外，由於他當過律師，他懷有律師那種對憲法、法律和財產的傳統式的尊重，他不想使任何人不好過。

　　他認為，在美國存在蓄奴制這一點上，北方應該受到的譴責並不比南方少；他還認為，在取消蓄奴制這一點上，南北雙方應該同樣承擔起責任。於是，最終他制定出一個幾乎完全合乎他心願的計畫。按照這一計劃，依然留在聯邦內的各邊界州中的奴隸主會因黑奴被解放而得到補償金，每擁有一個黑奴便能得到四百美元，黑奴的解放將逐步進行，而且步伐非常慢，整個解放過程預計到西元1900年1月1日才會全部結束，耗時近40年之久。林肯把邊界諸州的代表們召集到了白宮，請求他們接受他的提議。

　　林肯試圖說服他們，他對他們說：「這個計劃所帶來的變化會像天上落下的露水那樣，輕柔地降臨，它不會損壞或毀掉任何東西，難道你們不想接受它嗎？現在，根據上帝的旨意，你們非常榮幸地享有一次史無前例的行善機會，因為古往今來，任何一次性的付出所行的善都比不上你們這次的行動，但願在今後的漫長歲月裡，人們不必因你們忽視了這一大好機會而深感惋惜。」

　　可是，他們確實忽視了這次機會。他們斷然拒絕了整個計劃，使林肯失望之極。

　　他說：「只要有可能，我必須保住這個聯邦政府，我想我不妨把話說清楚了——只此一次，絕不重複——我不會放棄這局比賽，我會打到剩下最後一張牌……我認為解放奴隸和武裝起黑人現在已經成為一種必不可少的軍事手段，我已經被迫在兩種可能中作出選擇：或是解放奴隸，使黑人擁有武裝；或是放棄聯邦，任其解體。」

二十二、解放黑奴，創造歷史

他不得不馬上採取行動，因為英國和法國都即將承認南部邦聯。為什麼？道理很簡單。

先講法國的情況。拿破崙三世（Charles Louis Napoléon Bonaparte）的妻子是泰巴女伯爵——歐仁妮·德·蒙提荷（Eugénie de Montijo），她被認為是舉世無雙的美女，他想在她面前稍稍炫耀一下自己的才能和本領。他很想像他那位聞名遐邇的伯父所做的那樣，做出一番大事來而使榮耀加身。因此，當他看到美國人自相殘殺時，他知道他們會忙得無暇顧及將門羅主義付諸實施，於是他命令一支軍隊入侵墨西哥，槍殺了數千個當地人，征服了整個國家，宣稱墨西哥為法蘭西帝國的屬國，並安排王室太子馬克西米利安（Maximilian I）登上了墨西哥國王的寶座。

拿破崙三世認為——他的看法並非沒有道理——假如南部邦聯一派的人取勝，他們會贊成墨西哥成為法蘭西帝國的屬國；而如果北方聯邦取勝的話，那麼美國馬上就會採取一系列措施，把法國人趕出墨西哥。因此，拿破崙三世希望南方能成功脫離聯邦，他想盡量在不給自己造成太大麻煩的情況下幫助南方獲勝。

在南北戰爭之初，北方軍的海軍封鎖了南方的全部港口，共計一百八十九個大小港口都被徹底封鎖，海軍沿著九千六百一十四英里長的海岸線及海灣、河流進行巡航，徹底斷絕了南方軍的海上運輸線。

此次封鎖規模之大堪稱世上第一、史無前例。

南部邦聯一派的人被逼到了極為困難的境地。他們出售不了種植園出產的棉花，也購買不了槍炮、彈藥、鞋子、醫療用品和食物。他們把栗子和棉籽放到水裡煮，製成咖啡的替代品；他們用黑莓的葉子和黃樟的根煎泡成一種湯水來代替茶水；印刷報紙使用的紙張是壁紙；燻肉製作房內的土質地面飽含燻肉滴下的鹽水，於是他們就把那裡的泥土挖出來放到容器

裡煮，以提取出其中的鹽分；教堂鐘樓上的鐘被熔化後鑄造成大砲；里奇蒙有軌電車的鐵軌被從路面上拆除下來，以把它們製成砲艦的裝甲。

南部邦聯無力修繕他們的鐵路，也購買不了新的交通設備，導致交通運輸幾乎完全癱瘓：在喬治亞州，花兩美元就能買到一蒲式耳（bushel，即英斗）棉花，但在里奇蒙，要花十五美元才能買到。

必須馬上採取措施來擺脫這一困境。於是，南方主動提出可以給拿破崙三世價值達一千二百萬美元的棉花，條件是他承認南部邦聯並出動法國海軍艦隊解除北方軍的海上封鎖。此外，南方承諾可以與法國開展大規模的商業合作，確保法國的每一家工廠都能得到大量訂單。

於是，拿破崙三世力勸俄羅斯與英國和法國一起承認南方邦聯。當時統治著英國的貴族老爺們調整了一下他們的單鏡片眼鏡，倒上幾杯「約翰走路」（Johnnie Walker）酒，然後充滿渴望地聽著拿破崙三世的提議。美國變得太富有、太強大了，這使他們感到不安，他們希望看到美國國家分裂、聯邦解體的消息。此外，他們需要南方邦聯出產的棉花，此時英國有很多工廠都已關閉，上百萬人失業，面臨飢寒交迫的可怕困境，成千上萬的人死於饑荒；在世界的每個角落，都在展開旨在為英國工人購買食品的公眾捐款募集活動，甚至連遙遠的印度和貧窮困苦的中國也不例外。

有一種辦法能為英國弄到棉花，而且也是唯一的辦法——那就是與拿破崙三世一起承認南部邦聯並設法解除北方軍的封鎖。

如果這樣做了，那麼美國會出現什麼情況呢？南方就會得到槍炮、炸藥、信貸、食品、鐵路設備等物資的源源不斷的援助，也會使南方邦聯一派的信心和士氣得到極大提高。

而北方會得到什麼呢？兩個非常強大的新敵人。本就危機重重的局面將徹底一發不可收拾。

二十二、解放黑奴，創造歷史

沒人比林肯更清楚這一點，他在西元 1862 年曾坦承：「我們差不多已經打掉了手中的最後一張牌，我們必須改變現在的戰術，否則我們必將一敗塗地。」

照英國人的看法，整個美國都是從自己這裡分裂出去的殖民地。而現在，南方諸州已經脫離了北方諸州，北方正在和南方打仗，目的是壓制和征服南方諸州。田納西州和德克薩斯州是由華盛頓統治還是由里奇蒙統治，這在倫敦的貴族或是巴黎的王儲看來有什麼差別呢？根本沒有。在他們看來，這場內戰毫無意義，並不具有什麼崇高的目標。

卡萊爾寫道：「在我看來，我這個時代發生過的任何其他戰爭都不像南北戰爭這樣顯得愚蠢無比。」

林肯意識到，必須改變歐洲對南北戰爭所持的態度，而且他也知道該怎樣做。有一百萬歐洲人讀過《湯姆叔叔的小屋》—— 他們讀後熱淚盈眶，懂得了應當憎惡蓄奴制這種極為殘暴、滅絕人性的制度。因此，亞伯拉罕．林肯知道，假如他頒布〈解放黑人奴隸宣言〉，歐洲人對南北戰爭的看法就會與原本有所不同，這場戰爭就不再會是在他們看來毫無意義的血腥自相殘殺，恰恰相反，它會被上升為旨在消滅蓄奴制的一場神聖的討伐戰。到那時，歐洲各國政府就不敢輕易承認南部邦聯了，因為公眾輿論不會容忍政府支持被認為是在為奴役他人而戰的不義國家。

因此，在西元 1862 年 7 月，林肯終於決定要頒布這一宣言，可是此前不久，麥克萊倫和波普指揮的軍隊剛在戰鬥中遭到可恥的慘敗，西華德對林肯提出忠告，此時頒布在時機上是不妥當的，他應當等待合適的時機，在獲得勝利的巔峰時刻頒布宣言。

這聽起來頗有道理，於是林肯決定等待。兩個月之後，北方軍打了勝仗，隨後林肯就把各位內閣成員召集到一起，以討論在美國歷史上，繼

第三部　迎接勝利，輝煌頂峰

《獨立宣言》之後最偉大檔案的頒布事宜。

那是一個事關重大的偉大時刻，而且理應保持莊重的時刻，可是林肯在當時表現得莊重、嚴肅了嗎？沒有。每當他得知一個有意思的故事之後，他總是喜歡和別人分享它。他習慣帶上一本幽默作家阿蒂默斯‧沃德的作品上床就寢，當他讀到某件滑稽可笑的事時，他常常會從床上爬起來，穿著睡衣穿過白宮的走廊，來到祕書所在的辦公室裡，把書裡敘述的那件事讀給他們聽。

內閣要開會討論〈解放黑人奴隸宣言〉頒布事宜的前一天，林肯弄到了沃德最新出版的一冊書，書裡有一個他認為非常好笑的故事，於是，到了內閣開會時，在進入正題之前，他把這個故事讀給了在座的全體內閣成員聽，故事的題目是〈尤蒂基的專制暴行〉。

在笑夠了之後，林肯把書擱在一邊，開始嚴肅地說：「當叛軍在弗雷德里克時，我暗自決定，一定要把他們趕出馬里蘭州，我決定頒布〈解放黑人奴隸宣言〉。這事我對誰也沒說，可是我對自己和對造物主的確作出了這一承諾。現在，叛軍已經被趕走了，我打算落實這一承諾。我把你們召集到一起，是想讓你們聽一聽我草擬的宣言。我不希望你們在是否要頒布這一宣言上對我提出勸告，因為我意已決，這一宣言的頒布勢在必行。今天我只是希望諸位能為這一宣言在表達時的措辭上，或是一些小問題上提出修改意見，我會很高興地接受你們的建議。」

西華德建議某個地方在措辭上可稍作改變；接著，過了幾分鐘後，他建議另一處改動也得到了採納。

林肯問他，為什麼這兩個建議沒能同時提出；隨後，林肯中斷了〈解放黑人奴隸宣言〉的議題，開始講述一個故事。他說，印第安納州有一個僱工告訴僱傭他的農場主，他的最好的兩頭牛中的一頭死了，過了一下，

二十二、解放黑奴，創造歷史

這位僱工接著說：「另一頭也死了。」

農場主問道：「那為什麼剛才你不同時告訴我那兩頭牛都死了呢？」

僱工回答說：「呃，我不想使你在精神上受到傷害，所以我沒有同時告訴你這兩個噩耗。」

林肯的這一宣言於西元1862年9月面向其內閣成員進行宣讀，但宣言要到隔年1月1日才開始正式生效。因此，在隨後的12月中，在國會開會期間，林肯呼籲國會議員們給予支持，在他懇求的過程中，他說出了一句足以標榜史冊的名言，在談到聯邦時，他說：「我們將高尚地拯救或是平庸地失去這世界上最後也是最美好的希望。」

在西元1863年元旦那天，白宮裡擠滿了來訪的客人，林肯花了數小時和他們一一握手。在下午過去了一半時，他回到了辦公室裡，用筆蘸了一下墨水，準備在那份宣布黑人獲得自由的宣言上籤上名字。他猶豫了一下，轉過身來對西華德說：「假如蓄奴制是正確的，那這個世界上就不存在錯誤的事情了，我一生中從未像現在這樣信心十足地感到，我所要做的事是絕對正確的。不過，從今天上午九點鐘起，我一直在接待訪客、與人握手，我的手臂僵直而又麻木，而這個簽名是會被仔細審視的，假如他們發現我是手發著抖的情況下籤的名，他們就會認為：『他有些後悔了。』」

他讓手臂又休息了一下，然後在那個檔案上慢慢簽上了自己的名字，把自由給予了全美國三百五十萬名黑人奴隸。

宣言在頒布之初並沒有得到大眾的普遍擁護，林肯最親密的朋友和最堅決的支持者之一奧維爾·H·布朗寧寫道：「宣言的唯一效果是激怒了南方，並使南方諸州聯合成一體，還分裂了北方勢力。」

聯邦軍隊中甚至出現了兵變。已應募入伍前來拯救聯邦的士兵們強調說，他們不願意為了解放黑鬼，使他們擁有和自己同等的社會地位而站出

第三部　迎接勝利,輝煌頂峰

來上戰場找死。成千上萬的士兵離開,每個地方招募的兵員人數都有所下降。

早先支持林肯的百姓此時完全使他失望:秋季的國會選舉中,林肯所在的共和黨遭遇了慘敗,即便是在他的老家伊利諾州,也沒有多少人投票給共和黨人。

除了選舉方面的失利,不久之後北方軍又遭遇了南北戰爭中最富災難性的挫折之一——伯恩賽德的輕率莽撞,使得北方軍在菲德里克堡遭遇了慘敗,一萬三千名士兵陣亡。到此時為止,諸如此類的慘敗已經在開戰後的一年半時間裡反覆發生,難道北方軍真的沒有出頭之日了嗎?舉國都大為震驚,民眾陷入了絕望之中。到處都在激烈地斥責總統,他失敗了,他的將軍失敗了,他的政策失敗了,大家對這種局面再也無法忍受下去了。甚至參議院議員中的共和黨人都開始反對林肯,他們想逼林肯辭職,於是,他們去和林肯見面,要求他改變政策並解散整個內閣。

這一打擊使林肯感到極端的挫敗,他曾坦承,共和黨人集體上門逼宮這一事件堪稱自己政治生涯中的最大失敗。

他說:「他們想把我弄下臺,甚至我自己都有點想要辭去總統一職了,以便滿足他們的要求。」

霍勒斯‧格里利在西元1860年曾四處遊說,懇請共和黨提名林肯為總統候選人,此時他對此事痛悔之極。

格里利承認:「那是一個錯誤,是我一生中的最大錯誤。」

格里利和其他一些名聲顯赫的共和黨人組織起一場政治運動,他們指望透過這一運動達到如下目標:迫使林肯辭職,把副總統哈姆林推上總統寶座,然後迫使哈姆林任命羅斯克蘭斯(William Starke Rosecrans)為聯邦軍隊總司令。

林肯承認說：「我們現在正處於毀滅的邊緣，在我看來，似乎連萬能的上帝都在反對我們，我幾乎看不到一絲一毫的希望。」

二十三、蓋茲堡，偉大演講

西元 1863 年春，因打了引人注目的一連串大勝仗而滿臉喜色的李將軍決定採取攻勢，攻入北方領土。他計劃攻下賓夕法尼亞州那些富裕的製造業中心地區，弄到必需的食品、藥品，並為他身穿破衣爛衫的部隊弄到新衣服，如果可能的話，準備把華盛頓也奪取到手，然後迫使法國和英國承認南部邦聯。

這可是非常大膽而又魯莽的一步棋！不過，南部邦聯軍那時正誇口，說自己的一位戰士可以打敗三個北方佬，而且他們對此深信不疑。因此，當他們的軍官對士兵講，在他們打進賓夕法尼亞州後，他們可以一天兩次吃上牛肉時，他們巴不得立刻出發。

李將軍離開里奇蒙之前，他收到了來自家中的令人不安的消息：發生了一件可怕的事情，他的一個女兒在讀一本小說時被逮個正著。這位大將軍對此深感苦惱，於是他就寫了封回信，懇求她把閒暇時間花在讀無害的經典著作上，譬如柏拉圖（Plato）和荷馬（Homer）的作品，以及普魯塔克（Plutarchus）的《希臘羅馬名人比較列傳》（*Parallel Lives*）。寫完信後，李將軍按照他的習慣讀了一段《聖經》並跪下來祈禱，然後，他吹滅了蠟燭，上床睡覺去了。

不久之後，他帶著七萬五千名戰士出發了。他的軍隊像餓狼撲食似的衝過了波多馬克河，使所到之處一片恐慌。農戶人家驅趕著他們的馬和

第三部　迎接勝利，輝煌頂峰

牛，急匆匆地逃出坎伯蘭谷地（Cumberland Gap），黑人們嚇得體如篩糠，在驚恐萬狀中紛紛逃跑，以免自己被拖回去又成為奴隸。

李將軍的砲兵部隊的大砲已經在哈里斯堡前轟隆作響，就在此時，他突然獲知，在他大軍的後方，存在著聯邦軍切斷他的通訊線路的危險。於是，他率領部隊急速回轉身來，就像一頭憤怒的公牛那樣，想用牛角抵傷一隻猛咬牠蹄子的狗。說來也巧，公牛和狗在一個叫做蓋茲堡的地方相遇了，那是賓夕法尼亞州的一個寂靜村莊，村裡有一所神學院，南方軍和北方軍就在那個地方打了美國歷史上最有名的一仗。

在起初兩天的戰鬥中，聯邦軍犧牲了兩萬人。到了第三天，李將軍想讓喬治·皮克特（George Edward Pickett）將軍指揮戰鬥預備隊發起猛烈攻擊，以便能最終打垮敵軍。

這是李將軍先前從沒有使用過的新戰術，到那時為止，他一直指揮他的部隊躲在胸牆後面或藏在樹林裡向敵軍開火，而現在，他想讓部隊進入沒有遮擋的空曠地帶，發起一次奮不顧身的進攻。

李將軍最出色的助手隆史崔特（James Longstreet）將軍別說去真正執行這個計劃，光是一想到它就不寒而慄、兩腿發軟。

「偉大的上帝啊，」隆史崔特將軍驚呼起來，「李將軍啊，你看著我們的戰線與北方佬的戰線之間這片難以踰越的困難地帶——陡峭的山坡、敵軍的一排排大砲和一道道防護柵欄，而且，我們只能用步兵攻打他們的砲臺。你看看那塊我們必須穿過的中間地帶，那片毫無遮擋的空曠地帶幾乎有一英里長，而我們卻必須在敵軍的子彈、霰彈和彈片紛飛的情況下，穿越火線衝過去。我的看法是，即使有1.5萬名戰士在此擺好陣勢後發起衝鋒，他們也拿不下那個據點。」

可是，李將軍主意已定，他回答說：「以前的軍隊中從未有過我們這

二十三、蓋茲堡，偉大演講

樣的戰士，在正確的引導下，我們的戰士會劍鋒所指，所向披靡，什麼奇蹟都能創造出來。」

就這樣，李將軍死守著自己的決定不放，從而鑄成了他軍事生涯中最嚴重的錯誤，致使南部邦聯軍遭受了極為慘重的傷亡。

南部邦聯軍那時已經調集了一百五十門大砲沿神學院周圍的山脊上一字排開。如果你現在去蓋茲堡一遊，你可以看到那些大砲還在那裡，其安放位置一如當年 7 月那個致命的下午時的部署。南部邦聯軍設下的這道火網規模很大，大砲齊鳴時發出的驚天動地的響聲，是此前世人聞所未聞的。

在這件事情上，隆史崔特在判斷力的敏銳程度上比李將軍要強，他認為計劃中的這次進攻只會造成毫無意義的傷亡，於是他低下頭哭了起來，拒絕發出進攻的命令，結果是，只得由另一位軍官取代他來釋出命令。遵照這一進攻令，喬治·皮克特將軍率領他的南方軍部隊發起了西半球曾經出現過的最有戲劇性而又最為災難性的進攻。

有一件很有意思的事情，指揮南部邦聯軍向聯邦軍發起進攻的這位將軍是林肯的一位老朋友，事實上，當年正是由於林肯的幫助，他才得以進入西點軍校就讀。皮克特這位老兄是個別具一格、特色鮮明的人物，他赭色的頭髮留得很長，髮梢幾乎觸及了肩膀，還有，就像義大利戰役中的拿破崙那樣，即使身在前線戰場，他也幾乎每天要寫情真意切、熱情洋溢的情書。那天下午，他與眾不同地歪戴著帽子，使右耳朵被擋在帽子下面，就是這副模樣，他揚揚得意地騎著馬朝著聯邦軍的重重防線衝過去，他忠實的部下見此情景紛紛為他叫好，他們歡呼著並跟在他的後面，戰士們摩肩接踵地前進著，他們舉著的旗幟在風中飄揚，手持的刺刀在陽光下閃閃發亮。這支衝鋒大軍蠻勇十足、魯莽大膽，而且氣勢不凡、蔚為壯觀，堪

第三部　迎接勝利，輝煌頂峰

稱異乎尋常、別具一格。聯邦軍前線部隊的官兵一邊看著這個越來越近的「怪物」，一邊紛紛發出了輕輕的讚嘆聲。

皮克特的部隊在輕快的小跑中快速地向前挺進著，他們穿過種著果樹和玉米的地帶，通過了一片草地，又越過了一道深谷；在此期間，敵方大砲發射過來的砲彈一直不斷地在他們的隊伍中爆炸，使一批批的戰士倒下。可是，他們寧死不屈、不可阻擋地繼續挺進著。

突然，聯邦軍的步兵從公墓山脊上他們一直藏身在那裡的石牆後面露出了身體，他們連續不斷地朝皮克特失去防護能力的士兵們開槍射擊，山頂成了一片火海，成為血肉橫飛的屠宰場，成了噴發著熊熊烈火的火山口。幾分鐘之後，除一人之外，皮克特手下所有的旅長都倒下了，他的五千名士兵中五分之四的人也都倒下了：

一千人倒在了由肯珀率軍進攻的方向上；而加尼特（Richard Garnett）灑下熱血之處，也有一千人陣亡。頂著猛烈的炮火，倖存的戰士隨同阿米斯特德（Lewis Addison Armistead）一往無前，他們突破了北方軍的炮臺封鎖線，越過了他們的防衛火網。

阿米斯特德率領著他的部隊做最後一次衝鋒，他跑向前去，躍過了那堵石牆，隨後一邊揮舞著用劍尖頂著的帽子，一邊呼喊起來：「孩子們，叫他們嘗嘗刺刀的厲害！」

他們確實這樣做了。他們跳過石牆，用刺刀讓敵人血濺五步，把步槍當做棍棒猛擊敵人的腦袋，並把南部邦聯軍的戰旗插在了山脊上。

不過，這些戰旗只能在那裡飄揚了片刻工夫，隨後北方軍反擊並收復了陣地，這片刻工夫儘管非常短暫，但它卻作為南部邦聯軍進攻的高潮而被載入史冊。

儘管皮克特的這次突然猛攻頗為出色，且帶有英雄色彩，但它表明南

部邦聯軍已經日暮途窮了。李將軍失敗了，他喪失了大舉進攻北方的能力，而且他自己也明白這一點。

等待南部邦聯軍的，注定是會失敗的命運。

這次造成重大傷亡的進攻以慘敗告終後，當皮克特手下那些倖存下來的傷兵歷盡艱辛走在返回部隊駐地的路上時，李將軍孤身一人騎著馬迎上前去鼓勵他們，他向他們表示慰問時的開場白，幾乎可以用「崇高」一詞來形容，李將軍並沒有譴責他們的失敗，而是進行了自我批判，將戰敗的責任完全攬了下來。

7月4日夜間，李將軍開始帶領他的部隊進行策略撤退。此時天正下著大雨，當他們抵達波多馬克河時，河水已經暴漲，使他們無法涉水渡河。

李將軍只得待在那裡，他已經身處羅網之中，因為他前有天險阻路，後有追兵進擊，似乎他的命運已經被掌控在北方軍司令米德的手中。林肯非常高興，他確信，聯邦軍的部隊會朝著李將軍的側翼和後衛部隊猛撲上去，徹底打垮和俘虜他們，使南北戰爭以北方的徹底勝利而畫上句號。假如格蘭特將軍當時是指揮官的話，那麼這種情況將會成為必然。

可是，米德（George Gordon Meade）既膽怯又書生氣十足，他不是炮筒子脾性的格蘭特將軍那種人。整整一週時間，林肯一而再、再而三地催促和命令米德發起進攻，可是，米德始終過於謹小慎微，膽小怕事。他不想打仗，他猶豫不決；他拍發電報給林肯，電文是各種託詞；他明目張膽違抗軍令，竟然召集了一次「軍事會議」商談抵制林肯命令的方法——而後依然按兵不動；而在此期間，波多馬克河水位下降了，致使李將軍逃之夭夭。

林肯非常生氣。

「這是怎麼回事？」他大聲喊了起來，「天哪！這是怎麼回事？他們已

第三部　迎接勝利，輝煌頂峰

處在我們的絕對控制之中，我們原本只需要伸出手去就可以把他們一網打盡；可是，無論我說什麼、做什麼，軍隊都依然按兵不動。在當時的情勢下，幾乎隨便哪一位將軍都可以把李將軍打敗。如果當時我自己領兵去那裡的話，我都能把李將軍打得一敗塗地。」

在滿腹的怨恨和失望之中，林肯坐下來給米德寫了一封信，他在信中說：

我親愛的將軍：

我想你並未意識到李將軍的逃脫會給我們帶來多麼巨大的不幸，當時他已在我們唾手可得的地方，我們只需伸手一抓 —— 在我們最近取得的其他勝利的基礎上乘勝追擊 —— 那麼南北戰爭就會結束了。可是，從現在的情況來看，這場戰爭還會沒完沒了地持續下去。如果上週一你尚且不能對李將軍發起攻擊，那麼在波多馬克河的南岸 —— 那時你所率領的部隊只有你在北岸的部隊的三分之二 —— 你怎麼可能確保十拿九穩地打勝攻擊戰呢？指望在南岸打勝攻擊戰是不理智的，我已經不期待你在目前情況下會取得輝煌的戰績。你已喪失了大好戰機，我為此而感到極其痛苦。

林肯寫完信後把信讀了一遍，隨後，他兩眼呆呆地望著窗外，暗自思考起來。他大概是這樣思索的：「假如我是米德，要是我有他那種稟性，聽到的也是他那些膽小怯陣的軍官的讒言，要是我也像他那樣在這麼多個夜晚徹夜無眠，也像他那樣見到過這麼多的血腥場面，那麼我可能也會讓李將軍逃之夭夭的。」

這封信寫完後一直沒發送出去，米德從未見到過這封信，它是在林肯去世後在他的檔案中被發現的。

蓋茲堡之戰是在7月的第1週進行的，陣亡官兵達六千人，在戰鬥中受傷而滯留在戰場附近的官兵有二萬七千人。教堂、學校和牲口棚被臨時

二十三、蓋茲堡，偉大演講

改作醫院，痛苦不堪的傷員的呻吟聲在空中迴盪。每個小時都有上百名傷員傷重不治，在高溫下，屍體很快就腐爛了，屍體掩埋隊只得加快工作速度。由於幾乎沒時間挖掘墓穴，因此在很多情況下，所謂的埋葬只是在死者的屍體上覆蓋上一些就地挖掘的泥土。在下了持續一週的大雨之後，如此草草掩埋的屍體中有很多都暴露在外。於是，這些聯邦軍戰士的屍體又被從臨時墓地中挖了出來，被集中到一處下葬。在隨後到來的秋季，烈士公墓管理委員會決定舉行公墓的落成典禮，他們邀請了全美最有名氣的演說家愛德華·艾瑞特（Edward Everett）在典禮上致辭。

典禮出席邀請函被發送給了總統、內閣的全體成員、米德將軍、國會參眾兩院的全體議員、美國各界公民中的傑出人士以及各駐美外交使團的全體成員。這些人中只有極少數人接受了邀請，而多數人都對收到邀請函一事不作任何回應。

公墓管理委員會根本沒有料想到總統會來出席典禮，事實上，由於怕麻煩，他們甚至沒有專門撰寫一份以總統本人作為收件人的單獨邀請函。他收到的只是一份列印的批次邀請函。他們甚至臆想，林肯的祕書們甚至不會把邀請函交給林肯，就會直接把它扔進廢紙簍。

因此，當公墓管理委員會看到林肯寫信來說他將出席公墓落成典禮時，他們頗感驚詫，同時也感到有些尷尬。他們該怎麼辦呢，請他在落成典禮上發表演講嗎？一些人提出，他太忙了，不會發表演講的，說他不可能有時間準備演說詞。另一些人則坦率地發問道：「嗯，即使他有時間，可他有這種能力嗎？」他們對此感到懷疑。

喔，對了，他在伊利諾州時是有能力作樹椿演說；可是，在一個公墓的落成典禮上演講？不行吧。後者的情況不同，林肯並不具備所需的風格。不過，既然不管怎麼說他會出席典禮，他們無論如何都得有個表態。

第三部　迎接勝利，輝煌頂峰

於是，最後他們寫信給他說，他們想在艾瑞特先生演講完後，請他講「幾句適當的話」——這是他們措辭的原文——「幾句適當的話」。

這一邀請幾乎可以說是一種侮辱，可林肯總統還是接受了它。原因何在？在林肯接受邀請的背後，有一件有意思的事情值得一提。前一年秋季，林肯曾親臨安提頓戰場視察：一天下午，當他和一位名叫沃德·拉蒙的伊利諾州老朋友驅車在外兜風時，他轉過臉去看著拉蒙，要拉蒙唱一首被林肯稱作「悲哀的短歌」的歌曲，這首歌是林肯最喜歡的歌曲之一。

拉蒙曾這樣說：「有許多次，在伊利諾州的巡迴法院行進線路上或是在白宮中，當林肯與我兩人單獨在一起時，我都見到他流著淚聽我演唱這首通俗歌曲。」

歌詞是這樣的：

「湯姆，我曾漫步前往那個村落，我曾坐在以前為你和我抵擋風雨的那棵樹底下，坐在小學的操場上。

「可是，湯姆，會和我打招呼的熟人已蕩然無存；大約二十年前，我們在綠色草地上有一些玩伴，村中認識這些玩伴的人也已所剩無幾。

「湯姆，那股泉水旁，在你知道的那棵榆樹的樹幹上，我先前曾刻上你的名字，在緊靠著它的下方，我還刻上了你情人的名字；而你也在樹幹上刻上了我和我的情人的名字。

「某個殘忍的壞蛋已經把樹皮剝掉了——在剝樹皮時，這棵樹無疑正在死去，正在帶著對生的眷戀慢慢死去，就像二十年前你刻其名字的那個「她」業已不在人世。

「湯姆，我好久沒流過眼淚了，可回村的那次，我熱淚盈眶：我想起了我曾愛得如此之深的她，想起了早年間那些斷裂了的關係：我去了那片年代久遠的教堂墓地，我帶去了一些鮮花，把它們撒在了大約二十年前我們曾深愛過的那些人的墳頭。」

二十三、蓋茲堡，偉大演講

在驅車兜風途中，當拉蒙唱起這首歌時，林肯很可能陷入了沉思之中，在他腦海裡出現了他愛過的唯一一位女子安・拉特利奇的倩影，他想起了她躺在伊利諾大草原上無人探訪的墳墓裡。曾給他造成強烈精神刺激的一幕幕往事使他熱淚盈眶。於是，為了使林肯擺脫憂鬱的情緒，拉蒙開始唱起歌詞詼諧的一首黑人歌曲來。

這件事情從頭至尾的整個過程就是這樣，從中看不到林肯傷害了誰的感情，而且這事本身令聽者感到哀婉悲戚。可是，林肯的政敵扭曲了這件事情的真相，他們編造謊言並試圖使此事變成令全國人民感到恥辱的事情，使此事看起來像是一種卑劣的惡行。紐約的《世界報》不厭其煩，在幾乎長達三個月的時間裡，天天登載這一「醜聞」的某個版本，林肯被譴責為在「大批士兵組成的眾多分遣隊正從事掩埋陣亡將士屍體工作」的戰場上大講笑話，並演唱搞笑歌曲。

事實真相是，那次兜風時他沒講任何笑話，也沒唱任何歌曲。拉蒙為林肯唱歌那件事發生時，林肯身處距戰場好幾英里遠的地方。此事發生之前，陣亡將士的屍體都已被掩埋完畢，雨點已經滴落在他們的墳墓上。以上這些才是事實的真相，可是，林肯的政敵並不在乎真相，他們嗜血成性，恨不得一口把林肯吃掉。於是，一片聲嘶力竭、充滿怨恨的譴責聲席捲了全美國。

林肯的個人感情受到了嚴重傷害，他陷入了深深的痛苦之中，以至他都無法閱讀那些攻擊他的文章，不過，他並不覺得他應當對那些文章作出回應，因為他認為那樣做的話反倒抬舉了這些垃圾。於是，他一言不發、默默承受著內心的痛苦。因此，當他接到請他在蓋茲堡公墓落成典禮上講幾句話的請柬時，他採取的是歡迎的態度，這正好是一個他想要得到的好機會，他可以趁此機會使他的政敵閉嘴，也可藉此機會向那些光榮的陣亡將士表達他的崇高敬意。

第三部　迎接勝利，輝煌頂峰

　　那個演講邀請來得很晚，他只能在日程已被排得滿滿（的）的兩個星期中，盡量擠出時間來準備演講稿。他利用零散的非工作時間擬定腹稿——穿衣時、刮臉時、吃午飯時，在從斯坦頓的戰務辦公室到白宮之間的路上時。他還利用躺在戰務辦公室皮質長沙發椅上，等待遲到的戰況彙報電報送來的那段時間裡打腹稿。他把演講詞的草稿寫在一張淺藍色的大張書寫紙上，並把它放在他頭頂上常戴著的寬邊帽裡，帶著它到處走動。在發表演講之前的那個星期日，他曾告訴別人：「演講詞我已從頭至尾寫了三遍，但還沒有最後截稿，我得對它進行再次修改潤色才會覺得滿意。」

　　在公墓落成典禮的前夜，林肯來到了蓋茲堡，此時，這個小鎮上已經擁擠不堪、萬頭攢動，它平時的常駐人口僅為一千三百人，此時陡然增加到三萬人。天氣不錯，夜空暗朗，一輪熠熠生輝的滿月在高空中緩緩移動。在此聚集的數萬人中，只有一小部分能找到過夜的床位；成千上萬的來客成群結隊地在小鎮上走來走去，直至天亮。人行道不久就被阻塞了，無法通行，於是，上千人手挽手地行進在土質街道的中間，邊走邊唱：約翰·布朗的屍體躺在墳墓裡日漸腐朽。

　　林肯把那個夜晚全都用在了對演講詞做「再一次的修改和潤色」上，在十一點鐘時，他來到了國務卿西華德的下榻處，即和林肯住地緊靠著的一幢房屋裡，對西華德朗讀了演講詞並徵求他的意見。第二天上午吃完早飯後，林肯繼續對演講詞進行修改和潤色，直至有人來敲他的門，提醒他該是參加典禮的時候了，請準備出發。

　　隊伍出發時，林肯起初是身體僵直地坐在馬背上，可是過了不久，坐在馬鞍上的他開始身體前傾趴在馬背上，他的腦袋低垂在胸前，他的兩條修長手臂軟弱無力地垂落在身體兩側……他在專心致志地沉思，在把他那篇幅短小精悍的演講稿從頭至尾斟酌一遍，在對它進行最後的「修改和潤色」。

二十三、蓋茲堡，偉大演講

公墓管委會為公墓落成典禮專門挑選的演說家愛德華·艾瑞特在蓋茲堡犯了兩個錯誤，這兩個錯誤都很嚴重，而且本來都是可以避免的。第一個錯誤是他遲到了整整一小時；第二個錯誤是他的演講長達兩個小時之久。

林肯事前已看過艾瑞特的演講稿，因此，當他看到其演講即將結束時，他知道該是自己上臺進行演講的時候了，他確實感到自己準備得不夠充分，於是他變得有些緊張起來，如坐針氈，他從大禮服的口袋中抽出演講稿，戴上他的老式眼鏡，把演講詞又快速溫習了一遍。

過了一下，他手裡拿著講稿向前走到講壇那裡，用兩分鐘時間作完了他的簡短演講。

在那個雖時值11月，但依舊很溫暖的下午，有幸聆聽到林肯演講的聽眾真真切切地享受到了史上最偉大的演講之一，但他們意識到這一點了嗎？沒有。聽眾中的大多數人只是覺得好奇：在那之前，他們從未見過美國總統，也從未聽過美國總統講話，於是他們盡量伸長脖子要看一看林肯的尊容。當他們發現林肯的個子這麼高，嗓音這麼高而細時，發現他講話帶著南方口音時，他們感到頗為驚訝。他們忘記了林肯的出生地是肯塔基州，忘了他始終鄉音未改。而且，就在他們覺得林肯只是剛剛講完了演講的導言部分，馬上就要進入正題時，林肯卻出入意料地結束了演講，回到了原來的座位上。

怎麼這樣短？是他突然忘了演講詞嗎？還是他要講的確實只有這些？聽眾們十分驚訝和失望，以至於沒有鼓掌。

早先在印第安納州時，有多少個春季，林肯都曾手扶生鏽的鐵犁，試圖破土耕地；可是，泥土常常黏在犁具的上面，並很快形成亂糟糟的一大團。犁具很難前進——它沒有辦法「行得通」——遇到這種情況時，當

第三部　迎接勝利，輝煌頂峰

地的農民用的就是這個詞來形容。在林肯的一生中，當他想表達某件事情卻失敗了時，他常會使用起這種說法。在演講結束時，他轉過臉對沃德‧拉蒙說：「我這個演講完全失敗了，它不會『行得通』，聽眾們感到很失望。」

他說得對，每一個人都感到失望，包括和林肯總統一起在貴賓席就座的愛德華‧艾瑞特和國務卿西華德。這兩人都認為林肯的演講非常失敗，都為他感到扼腕嘆息。

林肯非常痛苦，他頭痛欲裂，在返回華盛頓的路上，他不得不在列車的私人臥鋪車廂裡躺下，並讓人用涼水浸泡他的腦袋。

林肯開始時確信他在蓋茲堡的演講徹頭徹尾地失敗了，而從演講的即時效果來看，那次演講確實相當失敗。

林肯的主要性格特點之一就是謙虛，他從心底裡感到，世人「幾乎不會注意到或是長期記得」他在那裡所作的演講，可是，他們將永遠銘記那些勇敢打拚、為國捐軀的將士在蓋茲堡的英勇行為。假如林肯現在還在人世，當他得知自己一生中所做的無數演講中，能夠在一百多年後的今天還被世界人民所銘記的，就是那個沒能「行得通」的蓋茲堡演講時，他會多麼驚訝啊！當他發現，他在蓋茲堡講的那十句不朽的話很可能會在若干世紀之後，在人們幾乎已經忘記南北戰爭之時，依然被全世界人民銘記在心，被人看作是世界上最出色的文學瑰寶之一時，他會多麼驚異啊！

林肯的蓋茲堡的致辭不僅是一次演講，它還是因受苦受難而變得崇高，變得偉大的一位罕見英才的非凡表達。它是無意中撰寫而成的散文詩，如史詩般蘊含著宏偉壯麗的氣勢，與音韻上獨樹一幟的藝術美感，它全都擁有。

其演講詞全文如下：

八十七年前，我們的先輩在這片大陸上建立起一個新的國家，它孕育於自由之中，致力於實現「人人生而平等」的偉大主張。

現在，我們正在進行一場偉大的南北戰爭，來檢驗這個國家，或是任何一個如此孕育、持有如此目標的國家是否能夠長存於世。我們在這場戰爭中的一個重要戰場上聚集在一起，我們來到此地，是要把這偉大戰場的一部分作為這群英雄最後的安息之所，來紀念與祭奠這些為維護國家統一而拋頭顱，灑熱血的偉大英烈。這是最為穩妥的做法，也是我們最應當做的事情。

但從更偉大的意義上看，我們還不能奉獻、祭奠這塊土地，使其成為偉大神聖之地。曾在這裡浴血奮戰的那些依然在世和業已捐軀的英勇將士，早就已經使這片戰場變為聖地。他們的偉大操守與英勇事蹟，遠非我們那蒼白無力的讚揚之辭所能表達其萬一。世人幾乎不會注意到或長期記得我們在這裡所講過的話，但是他們將永遠銘記這些英勇的將士在此地的偉大行為。

理所當然，現在應當繼續為偉大美國和世人做出貢獻的，正是我們這些還在人世的人，我們要肩負起那些勇者未竟的事業——我們不會讓這些偉大的英烈白白犧牲。他們為了這一事業鞠躬盡瘁、死而後已。我們唯有矢志奉獻，才能從這些光榮的為國捐軀者手中接過這一偉大事業，莊嚴地表達我們的決心：這個國家在上帝的護佑下，一定會享有自由的新生，做到民有、民治、民享的政府必然永久長存。

二十四、任用悍將，戰爭轉折

西元 1861 年，當南北戰爭爆發時，在伊利諾州的加利納（Galena），一位衣衫破舊、神情沮喪的男子在一家皮革製品店裡坐在一個貨箱上，嘴上抽著一個陶土製成的菸斗。他的工作——當他擁有工作時——是記帳

第三部　迎接勝利，輝煌頂峰

及從農民那裡收購生豬和獸皮。這家店的店主是他的兩個弟弟，他們本來是無論如何都不想僱他來店裡工作的，可是一連數月，儘管他走遍了聖路易斯的每一條街道——想隨便找一份工作來做，卻終歸是徒勞無功的，結果是，他的妻子和四個孩子陷入了衣食無著的貧困境地。最後，他在絕望中借錢買了一張火車票，到肯塔基找他老爸請求援助。雖說他老爸有不少錢，但他捨不得拿出分文，結果是，他老爸坐下來給在加利納開店的兩個小兒子寫了封信，要他們為哥哥提供一份工作。

他們於是立即僱傭了他，這與其說是出自其他任何動機，不如說是出自家庭關係和家庭親情的考慮。

一天兩美元——這是他的薪水——可這一薪水很可能已經超過了他這個人作為僱員的價值：原因是，他和長耳大野兔一樣，沒有任何做生意的能力，他懶散，工作馬虎，喜歡喝玉米釀成的威士忌酒，還總是身揹債務。他老是向人借錢——雖然每次借的金額都不大，因此，當他的朋友在大街上看見他從對面走過來時，他們通常會裝作沒看見他，並迅速躲到街道的另一側去，對他避而不見。

到那時為止，他的一生中所從事過的任何職業都以失敗和挫折告終。

但這也只是到那時為止，隨後的情況卻峰迴路轉。因為好消息和令人震驚的好運就在前面不遠處等著他。不久之後，他就會像一顆劇烈燃燒、璀璨耀眼的流星般劃過天空，照亮整個美國。

雖然現在他是一個讓人鄙夷的徹頭徹尾的失敗者，但三年之後，他會成為北方聯邦軍的統帥，並率領這支軍隊開始走向輝煌頂點。

四年之後，他將率領這支軍隊徹底擊敗南方邦聯由李將軍所率領的部隊，為南北戰爭畫上句號，把他的名字用熠熠生輝的字母永久載入史冊。

八年之後，他將會入主白宮，並獲得連任。

二十四、任用悍將，戰爭轉折

在那之後，他將以凱旋者的姿態到世界各地訪問，各國各地的元首和顯貴將把各種榮譽、勛章和鮮花堆到他身上，他們還會專門舉辦歡迎他的招待會，並請他在盛宴後發表演講——而當初在加利納的大街上，人們為了躲避他而故意走到街道的另一側去。

這是個令人難以置信、令人嘖嘖稱奇的故事。

與他的生平有關的一切都令人稱奇，甚至他母親對他的態度都是反常的，她似乎一直都不很關心他——甚至在他當上總統之後，她也拒絕去看望他。在他出生時，她甚至懶得給他取名字，以至於她的親屬用類似抽籤的辦法來處理這件事情——在他六週大時，他們把他們最喜歡的若干名字分別寫在從一個紙袋上撕下來的若干碎紙片上，然後把這些紙片混在一起放入一頂寬邊帽中，最後從中抽取一張碎紙片來決定起什麼名字。他的祖母辛普森在那之前一直在讀荷馬的著作，她在紙片上寫的名字是「海勒姆・尤利西斯」（Hiram Ulysses）。被抽中的正好是這張紙片，因此，由於這個偶然的原因，他小時候還沒離開家的十七年間，一直在使用這個名字。

不過，他這個人容易害羞，腦子也不是很機靈，於是村鎮上的那些才子叫他「沒用的格蘭特」。

在西點軍校，他又獲得了一個新的名字：負責在指派他去西點軍校學習的檔案上填寫姓名的那位官老爺想當然地猜想，他中間的名字一定是辛普森，即他母親未婚時她娘家的姓，於是，他的姓名就成了「U・S・格蘭特」。當軍校的學員聽到這一名字時，他們哄堂大笑，把頭上的帽子摘下來扔到了空中，並喊叫說：「弟兄們，山姆大叔（US 是 United States of America 即美國的簡稱，而山姆大叔是美國的象徵，因此他們把格蘭特稱為山姆大叔）來到我們中間了！」直至他去世，曾在西點軍校和他同班的那些人一直都叫他「山姆・格蘭特」。

第三部 迎接勝利，輝煌頂峰

但是，他並不介意，他落落寡合，他也不在意別人怎麼稱呼他。而且他不修邊幅：他的上裝常常不扣釦子，他的槍枝常常不擦乾淨，他的皮鞋也很少擦亮。此外，他在西點軍校時並沒有去努力掌握拿破崙和腓特烈大帝所使用的軍事原則，反而把許多時間用在讀小說上，如《埃文侯》和《最後一個莫希干人》(The Last of the Mohicans)。

令人難以置信的事實是：他一生中從未讀過軍事策略方面的書籍。

在他贏得南北戰爭的勝利後，波士頓市民為了給他建立一個私人書庫而展開了集資籌款活動，他們指派了一個委員會去搞清楚他已經藏有哪些書，使委員會十分驚訝的是，他們發現格蘭特並沒藏有任何一篇軍事性質的論文與書籍。

他不喜歡西點軍校，不喜歡軍隊以及任何與軍隊有關的一切。在他成為世界名人之後，他曾在檢閱德國軍隊時對身邊的俾斯麥（Otto Eduard Leopold von Bismarck）說：「我對軍事不太感興趣，事實的真相是，我在本質上與其說是一名戰士，不如說是一個農民。雖然我參加過兩場戰爭，我卻總是一參軍就感到後悔，一離開軍隊就感到快樂。」

格蘭特承認困擾他自身的最重大毛病是懶惰，承認他自己一向不喜歡學習。甚至在他已從西點軍校畢業後，他在拼寫 knocked 這個詞時都會漏寫該詞的首字母「k」，拼寫 safety 這個詞時都會漏寫其中的字母「e」。不過，他在數字計算方面還算不錯，因此他希望能成為數學教授；可是，沒有這樣的職位讓他去供職，於是他在正規軍裡待了十一年，因為不管他的興趣何在，他總得有碗飯吃，而在軍中服役似乎是混飯吃的最簡易途徑。

西元 1853 年，他所在的部隊駐紮在加利福尼亞州的洪保堡，駐地附近的一個村落中有一個名叫瑞安的怪人。瑞安經營著一家商店，還經營著一家鋸木廠。在每週的工作日，他去店裡和工廠裡視察一下業務工作，在

二十四、任用悍將，戰爭轉折

星期日，他會去教堂布道。在那些日子裡，威士忌很便宜，瑞安神父在他店鋪的後部放置著一桶桶蓋子被打開的威士忌酒，桶上懸掛著一個洋鐵皮杯子，這樣，不管是誰，無論何時如果想要喝點威士忌，就可以去那裡開懷暢飲，格蘭特是去那裡喝酒的常客。他頗感寂寞，想要把他看不上眼的軍中生活忘個一乾二淨，結果是，他常常喝得酩酊大醉，以致部隊不得不把他除名了。

他身無分文，又沒有工作。於是，他向東又「漂」回到了密蘇里州，在一個屬於他岳父所有，面積達八十英畝的農場裡耕種玉米地和餵豬，這樣虛度了四年光陰。在冬季，他砍伐木材並打成捆，然後把它們用車裝著拉到聖路易斯去賣給城裡的居民。可是，隨著時間一年一年地過去，他的經濟狀態越來越不如人意，以致只得依靠借貸度日。

最後，他離開了農場，把家搬到了聖路易斯，想在那裡找到一份工作。他試著做房地產推銷工作，可是一事無成。隨後，他在城內漫無目的地四處走動，想要找份工作——隨便什麼工作都行。最後，他陷入了走投無路、山窮水盡的窘境之中，以致他試圖把妻子擁有的黑奴租出去，以便弄到錢來支付賒欠雜貨店的債務。

下面是有關南北戰爭的最令人驚奇的事實之一：李將軍認為蓄奴制是錯誤的，他在南北衝突開始之前很久就讓他自己擁有的奴隸獲得了自由人身分；可是，就在格蘭特將軍正帶領北方軍準備消滅蓄奴制時，格蘭特的妻子卻依然擁有黑奴。

當南北戰爭爆發時，格蘭格由於對他在加利納那家皮製品商店所做的工作感到厭惡，就想回到軍隊裡去服役。

由於北方軍中那時有成千上萬的新兵尚待培訓，而格蘭特又是西點軍校畢業生，應該說他的這一從軍願望不難得到實現，但實際卻並非如此。

第三部　迎接勝利，輝煌頂峰

加利納建立了一支志願兵連隊，由於格蘭特是鎮上唯一懂得一些軍事培訓方法的人，就由他來訓練他們。可是，當他們手持槍口插著花束的槍枝開往前線戰場時，格蘭特卻只能站在人行道上目送他們啟程——原因是，他們已經選了另外一個人做他們的指揮官。

隨後，格蘭特寫了封信給戰務部，信中詳細談了他的經歷和遭遇，並請求該部任命他為能夠指揮一個團兵力的陸軍上校，可是信件卻猶如石沉大海，他從未收到過回信，後來在多年後，此時格蘭特已經成為美國總統，他的這封信才在戰務部的檔案中被人發現。

最後，他得到了春田市陸軍副官長辦公室的一個職位，這是連十五歲女孩都能勝任的辦事員工作。他一天到晚忙於工作，頭上戴的帽子在工作時也從不摘下來，他一邊不斷地抽菸，一邊趴在一張桌子上抄寫命令，那張陳舊殘破的桌子只有三條腿，因此被推到了牆角以獲得部分支撐力。

隨後，一件完全出人意料的事情發生了，它使他從此踏上了成名之路：伊利諾州志願兵第二十一團的士兵已墮落成了一群持有武器的烏合之眾。他們無視軍令，咒罵軍官，把老資格的古德上校追打出了營地，還發誓說，要是古德再次在營地露面，他們會剝下他的皮並把它釘在蘋果樹上。

伊利諾州州長耶茨為此而憂心忡忡。

他對格蘭特的評價並不高，但不管怎麼說，這位老兄是西點軍校的畢業生。因此，耶茨州長決定碰碰運氣起用格蘭特。於是，西元 1861 年 6 月的陽光明媚的一天，格蘭特來到了春田市的遊樂場，在那裡接過了別人誰也不敢接手的一個團的指揮權。

他手裡攜帶著一根手杖，腰部圍著一條印花大手帕——這兩件東西是他唯有的權威象徵。

二十四、任用悍將，戰爭轉折

他沒有戰馬，沒有軍裝，也沒錢去購買戰馬或軍裝。他那汗漬斑斑的帽子頂部有好幾個洞，他穿著一件破舊的上衣，他的手臂肘從袖子裡頂出來裸露在外。

他手下的士兵馬上開始拿他取樂，有一個傢伙從他身後對他飽以老拳，另一個傢伙從「拳師」身後向前衝並用力推「拳師」，以致「拳師」因站不穩而跌跌撞撞向前邁了幾步，一頭撞在格蘭特的後背上。

格蘭特立即制止了士兵們的一切蠢行。要是某個士兵膽敢違抗軍令，他就會被綁到一根柱子上並一直被綁上一整天；要是他膽敢張口咒罵，就會被用塞口物堵住他的嘴巴；要是在點名時全團人員全都遲到——這種全團都遲到的事的確發生過一次——那麼，從此時起的 24 小時內他們都別想吃到任何東西。格蘭特這位來自加利納的前獸皮採購員把他們馴得服服帖帖，讓他們再也不敢造次，並帶領他們前往密蘇里州作戰。

在這以後過了不久，又有一件令人驚異的幸運之事向他走來。

在那些日子裡，戰務部正在一批批地增授陸軍準將頭銜，每批都有十二人左右。西北伊利諾州當時已選送伊萊休·H·沃什伯恩到國會任職，在政治抱負的激勵下，沃什伯恩急不可待地要向家鄉的民眾表明，他並沒有「尸位素餐」，於是，他去了戰務部，提出要求說，他所代表的選區應該有一位陸軍準將。好吧，可是由誰來當呢？那很簡單：在沃什伯恩所代表的選區選民中，只有一位選民是西點軍校的畢業生。

於是幾天後，當格蘭特隨手拿起一份聖路易斯出版的報紙翻閱時，他讀到了那條令人驚喜的消息——他已成為陸軍準將。

他的指揮部經安排設立在伊利諾州的開羅，他立即開始進行有關工作。他指揮他手下的部隊登上船隻，沿俄亥俄河上行，攻占了肯塔基的策略要地帕迪尤卡。他還提議把部隊開往田納西州，以對坎伯蘭河上的要塞

第三部　迎接勝利，輝煌頂峰

唐奈森堡（Fort Donelson）發起攻擊。聽到他的這一計劃，哈勒克等軍事專家對他說：「你瘋了！你在說蠢話，格蘭特。這事是不會成功的，嘗試你所說的計畫無異於自殺。」

格蘭特不聽勸說堅持這一計劃，結果僅用一個下午就攻占了唐奈森堡，並俘獲了一萬五千名敵軍。

當格蘭特正指揮部下攻擊唐奈森堡時，南部邦聯軍的將軍派人送去了一封信函給他，請求休戰並商議投降的條件，但格蘭特以相當刻薄的口氣回答說：

「我的唯一條件就是你們要立即無條件投降。我打算馬上進逼你們的陣地。」

格蘭特的回信收件人是南部邦聯軍將軍西蒙·巴克納（Simon Bolivar Buckner），他在西點軍校時就認識山姆·格蘭特，而且在格蘭特被軍隊除名時，曾借給他錢支付膳食費。巴克納覺得，格蘭特本應在回信的措辭上稍微溫和一點，但巴克納還是原諒了格蘭特，他率領部下投降，並和格蘭特一起一邊抽菸一邊回憶往日的時光，度過了整整一個下午。

攻占唐奈森堡具有深遠的影響：它使肯塔基州留在了北方陣營，使聯邦軍得以挺進二百英里而不遇到敵軍的抵抗，它使南部邦聯軍從田納西州的大片土地上撤走，它截斷了他們的補給供給路線，導致原先由南部邦聯軍駐守的納什維爾與哥倫布堡的失守——而這兩個地方可以說是密西西比河的「直布羅陀」，是絕對的策略要地。它使整個南方陷入了深深的沮喪之中，而從緬因州（Maine）到密西西比河的大片土地上，到處都能聽到教堂傳出的歡慶勝利的鐘聲，到處都能見到慶祝大捷的熊熊篝火。

那確實是一次驚人的大捷，它甚至在歐洲也造成了重大影響，完全稱得上是南北戰爭的重要轉捩點之一。

二十四、任用悍將，戰爭轉折

從那時起，U·S·格蘭特這個名字被人們理解為「要敵人無條件投降」的格蘭特，而他曾說的「我打算馬上進逼你們的陣地」成為北方軍的戰鬥口號。

國人期待已久的偉大統帥終於出現了。國會授予他少將軍銜。他隨即被任命為西田納西州戰務部司令，並很快成為國人的崇拜偶像。有一家報紙提到他在戰鬥進行期間喜歡抽菸，於是轉眼之間，一萬多盒雪茄菸被送到了他的身邊，差點把他埋在裡面。

可是，發生這一切後過了不到三個星期，格蘭特卻流下了憤怒和屈辱的眼淚，原因是他受到了一位心懷忌妒的上級軍官對他的不公正待遇。

他在西部地區的頂頭上司是哈勒克（Henry Wager Halleck），那是一個十足的大笨蛋。海軍上將富特稱哈勒克為「一個軍事低能兒」；對哈勒克十分了解的聯邦海軍部長吉迪恩·韋爾斯是這樣評價哈勒克的：「哈勒克毫無創新精神，沒有先見之明；他不會提任何建議，不會擬定任何計劃，不作任何決定。他是個廢物，除了罵罵咧咧、抽菸和搔手臂肘之外，一無是處。」

可是，哈勒克卻是一個自命不凡的人物。他曾在西點軍校當過助理教授，曾撰寫過軍事策略、國際法以及採礦方面的學術著作；他曾擔任過某家銀礦的總監，一家鐵路公司的總裁；他還曾當過律師，而且做得頗為成功；他精通法語，曾翻譯過一本有關拿破崙的長篇著作。在他看來，他可以被稱作是傑出的學者亨利·韋傑·哈勒克。

而格蘭特是何許人也？一個無名鼠輩，一個成天醉醺醺而喪失了名譽的軍隊下級軍官。在攻打唐奈森堡前，當格蘭特去見哈勒克時，哈勒克表現得粗魯無禮，他火冒三丈，以鄙視的態度一口拒絕了格蘭特的軍事建議。可如今，格蘭特打了大勝仗，國民把他當作偶像頂禮膜拜，而哈勒克

第三部　迎接勝利，輝煌頂峰

卻依然在聖路易斯搔著自己的手臂肘，被民眾冷漠地拋在一邊。這使哈勒克大為氣惱。

更糟的是，哈勒克覺得這個昔日的獸皮採購員在侮辱他。他日復一日地給格蘭特發去電報，可是格蘭特卻厚著臉皮無視他發去的軍令——至少哈勒克腦子裡是這麼想像的，可是他錯了。格蘭特曾用電報發回一個又一個報告，可是，在唐奈森堡攻占之後，電報通訊線路發生了中斷事故，使他拍回的電報不能通行無阻地傳到哈勒克那裡。而哈勒克並不了解這一情況，因而他生氣得不得了。勝利和公眾的讚揚聲落到了格蘭特頭上，對吧？那好，他哈勒克會給這個升遷過快的年輕人一個教訓。於是，他反覆給麥克萊倫拍去電報，對格蘭特進行斥責和詆毀。格蘭特根本傲慢無禮、酗酒、遊手好閒、無視軍令、不稱職。「我被這種翫忽職守、辦事拖沓的情況弄得精疲力竭、煩惱透頂。」

麥克萊倫也嫉妒格蘭特在民眾中的聲望，於是他拍去了一封電報給哈勒克，以歷史的眼光來看，這是南北戰爭中最令人驚異的一封電報，其電文是：「要是這樣做對廣大軍人今後的表現有積極作用，那就當機立斷，立即逮捕他（格蘭特），並安排Ｃ・Ｐ・史密斯接任司令。」

哈勒克接到電報後立即剝奪了格蘭特的軍權，真的逮捕了他，隨後，他舒舒服服地靠在椅子背上，像一個野人似的搔著他的手臂，心裡別提有多高興了。

此時，南北戰爭已經進行了快一年的時間，而北方軍中曾打過大勝仗的唯一將軍卻被剝奪了一切軍權，並受著公開的侮辱。

後來，格蘭特官復原職又擔任了司令。之後，他在夏羅之戰（Battle of Shiloh）中令人惋惜地犯了個大錯誤；要是南部邦聯軍的將軍約翰遜沒在戰鬥中流血至死，那麼格蘭特帶領的所有部隊可能會被包圍並俘虜了。到

二十四、任用悍將，戰爭轉折

那時為止，夏羅之戰是北美大陸上曾經打過的最大戰役，格蘭特所率部隊遭受的損失之大令人瞠目——一萬三千名官兵陣亡。格蘭特的表現可謂愚蠢，他在毫無準備的情況下受到了敵軍的突襲，他理應受到批評，而批評之聲的確如潮水般湧來。他被指責為在夏羅喝得酩酊大醉，無數人相信這種說法，但實際上，這一指責不符合實際情況。民眾的憤怒像洶湧澎湃的浪潮般席捲聯邦的所有土地，公眾大聲喧嚷，要求解除格蘭特的職務，可是林肯說：「我不能放棄任用這個人，他是個將才。」

當林肯聽說格蘭特喝威士忌而且酗酒過度時，他問道：「是什麼牌子的？我想給其他幾位將軍送幾桶過去。」

第二年一月，格蘭特擔任了一支遠征軍的司令，他們的攻打目標是維克斯堡（Vicksburg），那是一個天然要塞，坐落在高出密西西比河河岸二百英尺的一段陡坡上。攻打維克斯堡的戰役漫長而又令人傷透了心。該堡森嚴壁壘、武器裝備充足，可謂固若金湯，部署在密西西比河上的砲艦的大砲難以把炮口抬高到足以使砲彈落到該堡的防禦工事上。格蘭特面對的難題是怎樣使他的部隊靠近到足夠有利的位置以便發起攻擊。

他回到密西西比州的中部，試圖從東面長驅直入地對它發起進攻，可是這一計劃失敗了。

之後，他讓部下掘開密西西比河的大堤，讓部隊登上堤外的小船，試圖讓他們沿著洪水漂流過去，從北邊進逼維克斯堡，結果這一計劃也失敗了。

隨後，他率領部下挖了一條運河，試圖改變密西西比河的河道走向。這一計劃也以失敗告終。

那是一個非常考驗人的冬季。冷雨幾乎連綿不斷地下著，密西西比河的洪水把整個河谷都吞沒了，格蘭特的部隊掙扎著穿過數英里長的沼澤

第三部　迎接勝利，輝煌頂峰

地，穿過軟泥地、牛軛湖，走過枝葉交纏的森林以及漫山遍野交纏的野葡萄藤。士兵們站在齊腰深的泥淖裡，他們在泥淖地裡吃，在泥淖地裡睡。結果惡劣的衛生條件導致了瘧疾的爆發，不少戰士發起了高燒，麻疹和天花也隨後流行起來。衛生防疫工作的成效卻差得驚人，染病人員的死亡率高得嚇人。

北方軍在維克斯堡戰役中敗北——這一消息被迅速傳播到了全國各地。這是一次愚蠢的失敗，一次悲劇性的失敗，一次罪責難逃的失敗。

格蘭特手下的幾位將軍——謝爾曼、麥克弗森、洛根、威爾遜——認為格蘭特擬定的幾個進攻計劃荒謬可笑，他們確信他的這些計劃只會給北方軍帶來毀滅性的後果。各國各地的報刊都發表了口氣尖刻的文章，聯邦的民眾紛紛要求解除格蘭特的軍職。

林肯說：「現在除了我，他幾乎一個朋友都沒有了。」

儘管受到各方面的強烈反對，林肯卻堅持任用格蘭特。他對格蘭特的堅定信心最終收到了豐厚的回報——7月4日，即因米德將軍的膽怯，致使李將軍在蓋茲堡成功逃離的同一天，格蘭特騎在從傑佛遜·戴維斯的種植園裡牽來的馬上，成功占領了維克斯堡，贏得了維克斯堡戰役的最終勝利。他的這一勝利要比從華盛頓時代起，其他所有將軍取得的勝利都更偉大。

在長達八個月時間裡，品嘗到了令人備感淒涼的失敗後，格蘭特在維克斯堡俘獲了四萬名敵軍，使整個密西西比河都落入了北方軍的掌握之中，並使南部邦聯被攔腰截為了兩半。勝利的天平已經開始向北方聯邦傾斜。

勝利的消息使整個聯邦欣喜若狂、一片歡騰。國會通過了一項特別提案，以使格蘭特能被授予陸軍中將軍銜——在華盛頓去世後，再也沒人曾獲得過這一殊榮——此外，林肯在白宮親自召見了格蘭特並作了簡短

二十四、任用悍將，戰爭轉折

致辭，在致辭中，林肯任命格蘭特為聯邦軍統帥。

事前已有人提醒格蘭特說，在總統致辭後，他應以「接受任命演講」作答，於是在林肯致辭後，格蘭特從口袋裡抽出一張被揉得皺巴巴的小紙片——紙片上只寫著三句話。當他開始讀這些句子時，紙片顫動起來，他的臉漲得通紅，他的雙膝哆嗦起來，他的嗓音也小得聽不見。他已完全無法進行下去了，於是，他用兩隻手緊緊抓住顫抖著的紙片，變換了一下站姿，深深地吸了一口氣，又從頭再念了一次。

這位來自加利納的前生豬暨獸皮採購員發現，相比之下，面對敵人的子彈只是小事一樁，而面對十一位聽眾，來發表一篇只有八十四個單字的演講卻是如此艱難。

林肯夫人很想利用格蘭特來到白宮的機會搞一次社交聚會，她已安排好了用以招待格蘭特將軍的晚宴和晚會，但是，格蘭特提出他必須盡快返回前線去。

「可是，我們不能同意你的要求，」林肯總統堅持說，「我的夫人安排的晚宴要是你不去出席，那就成了上演《哈姆雷特》劇卻沒有主角登場。」

格蘭特回答說：「在我看來，我去出席一次晚宴意味著我們的祖國在一天內將要遭受一百萬美元的損失。此外，不管怎麼說，我對此類作『秀』的事情已經差不多受夠了。」

林肯非常喜歡說話如此直率的人，即非常喜歡像他自己那樣對「煙火和爆竹」不屑一顧的人，能夠「認真負責、做實事」的人。

現在，林肯心中燃起了希望，這希望宛如高高升起的太陽，驅散了林肯心中的一切陰霾。林肯堅信，有格蘭特做統帥，不久之後，這場戰爭會以勝利告終的。

第三部　迎接勝利，輝煌頂峰

可是，林肯錯了。在隨後的四個月中，整個聯邦陷入了比以往任何時候更為嚴重的絕望之中。於是，林肯再度徹夜在屋子裡來回踱步，他面容憔悴、神情疲憊，模樣顯得非常絕望。

二十五、贏得連任，再展宏圖

西元 1864 年 5 月，格蘭特以勝利者的姿態帶領十二萬二千名戰士急速渡過拉皮丹河（Rapidan River），他打算立即殲滅李將軍的部隊，徹底結束南北戰爭。

李將軍的部隊在北維吉尼亞名為「荒野」的地方與格蘭特的部隊遭遇，那個地方的名字取得很好，它是一片起伏的丘陵地帶，並夾雜有沼澤，上面布滿著叢林，覆蓋著濃密的松樹和櫟樹，靠近地面處的矮樹叢濃密得連白尾灰兔都幾乎鑽不過去。在這片陰暗、枝葉蔓生的林子裡，格蘭特進行了一場極為嚴酷、血腥的戰鬥，傷亡人數極為驚人，叢林裡燃起的大火吞沒了無數傷員。

戰鬥進行到第二天結束時，即使是喜怒不形於色的格蘭特都因部下的嚴重傷亡而深感震驚，以致當回到他的營帳時，他偷偷地哭了起來。

可是，在打完每一仗之後，無論是打了勝仗還是吃了敗仗，他發出的都是同一命令：「前進！繼續前進！」

在浴血奮戰的第六天結束後，他發送了那封後來廣為人知的電報：「我打算在這條戰線上戰鬥到底，哪怕要耗費整個夏季的時間。」

實際情況是當夏季結束時，戰鬥卻沒有終結，而且居然一直持續到第二年的春季。

二十五、贏得連任，再展宏圖

就當時來說，在這片戰場上，格蘭特擁有的兵力要比敵軍多一倍，而且能夠不斷得到後方的兵員補給，而南方的後備兵員已經近乎於枯竭，補給也出現了短缺。

格蘭特說：「那些叛匪已經開始強行徵召襁褓中的嬰孩和墳墓中的死人去服役了。」

格蘭特認為結束南北戰爭的最快和唯一的方法就是堅持不斷地消耗南方軍的兵力，直到李將軍投降為止。

假如北方軍與南部邦聯軍的傷亡交換比達到2：1，那又該怎麼辦呢？格蘭特能彌補軍力上的損失，但李將軍不能。因此，格蘭特堅持採用消耗戰術，一點一點地蠶食南方軍日漸枯竭的兵力。

在六個星期中，他手下的士兵有五萬四千九百二十六人陣亡，這一數字幾乎與李將軍的全部兵力等同。

在冷港一役中，他曾在一小時內就損失了七千名士兵——這比蓋茲堡戰役，南北雙方在三天中所犧牲的總人數還多出一千人。

可如此巨大的損失換來了什麼好處呢？

我們讓格蘭特自己來回答這個問題吧。他的評估是：「沒換來任何好處。」

針對冷港的攻擊戰是格蘭特軍事生涯中最具悲劇色彩的重大失誤。

那種大屠殺一般的場面超出了人的神經和身體可以忍受的極限，它使格蘭特手下的部隊喪失了士氣，大批士兵鬧著要兵變，而很多軍官們自己也準備加入兵變。

格蘭特軍團中的一位司令說：「到現在為止，已經持續了三十六天，一直有連續不斷的送葬隊伍從我身邊走過。」

第三部　迎接勝利，輝煌頂峰

　　林肯雖然感到非常悲傷，但他意識到，現在唯一的辦法就是堅持下去。他發電報給格蘭特，要他「像獵狗那樣死死抓住和咬住敵人不放，讓敵人窒息。要像獵狗那樣堅持下去」。隨後，他發出了徵兵令，要再徵募五十萬名新兵服役一至三年。

　　這一號令使舉國上下一片震驚，國人開始陷入絕望的深淵中。

　　林肯的一位祕書在日記中寫道：「現在展現在我們面前的一切只有黑暗、懷疑和氣餒。」

　　7月2日，國會通過了一項極為沉痛的決議，它聽起來就像《聖經‧舊約》中某位希伯來先知所作的輓歌。決議要求公民們「坦白並懺悔他們的諸多罪孽，請求萬能的上帝給予同情和寬恕，並懇求作為世界最高統治者的上帝不要毀滅我們這個民族與國家」。

　　此時，林肯在北方遭到了不亞於南方人的咒罵與詛咒，他被斥責為篡位者、叛徒、暴君、魔鬼、怪物，「一個叫囂拚個你死我活、白刃戰來解決一切問題的人，一個雙手沾滿鮮血的劊子手，一個叫喊著讓更多受害者被送到屠宰棚去的屠夫」。

　　最恨他的敵人中有些人公開聲稱，他應該被殺死。一天晚上，正當他騎著馬準備前往設在「士兵之家」的夏季指揮部時，一個圖謀暗殺他的人朝他開了槍，子彈穿過了他戴著的高頂絲質寬邊帽。

　　幾個星期後，賓夕法尼亞州米德維爾的一家旅館業主在一塊玻璃板上發現了如下留言：「亞伯‧林肯將於西元1864年8月13日因被人下毒而死去。」留言被發現於那天的上半夜，住在這間客房的房客是一位頗受大眾喜愛的演員，名叫布思——約翰‧威爾克斯‧布思（John Wilkes Booth）。

　　在剛剛過去的6月，共和黨人已提名林肯為總統候選人，希望他能夠贏得連任，可是現在，他們認為自己犯了一個大錯，而且是一個異常可悲

二十五、贏得連任，再展宏圖

的錯誤。共和黨內的頭面人物中，有一些人勸說林肯退出競選，還有些人態度強硬地要求他退出競選，他們想要再開一次黨代表大會，在會上指責其失職，不能為國家帶來希望，取消對他的提名，並安排其他候選人作為首席被提名人。

甚至林肯的密友奧維爾・布朗寧都在西元1864年7月的日記中寫道：「國家的最迫切需求是一位能夠主動帶領大家做事的稱職領袖。」

這時，林肯自己都認為自己能夠贏得連任的希望渺茫至極，他放棄了再次當選而連任總統的全部念頭。他已經失敗了，他的將軍們已經失敗了，他的戰爭策略已經失敗了，人民已經對他這個領導人失去了信心，而他自己也擔心聯邦會被最終毀滅。

他仰天長嘆：「甚至天空都陰雲密布，如此龐大的烏雲低垂在頭頂上。」

最後，厭惡林肯的一大幫激進帳子重新召開了一次共和黨代表大會，提名了個人特色別具一格的約翰・C・弗里蒙特將軍（John Charles Frémont）為他們的總統候選人，其後果是造成了共和黨的內部分裂。

形勢頗為嚴峻，幾乎無可置疑的是，假如弗里蒙特後來沒從競選中退出的話，那麼民主黨總統候選人麥克萊倫將軍極有可能贏得大選，如此一來，美國的歷史也許就會改寫。

甚至在弗里蒙特最終退出競選的情況下，林肯在大選中獲得的選票僅比麥克萊倫多出二十萬張。

儘管林肯被淹沒在口氣尖刻的譴責聲中，但他依舊心平氣和地辦著公務，他盡力做好他的工作，同時對任何指責不做回應。

他說：「我希望能如此進行本屆政府的政務工作，直到最後，當我從權利的巔峰退下來時，當世界上其他的所有朋友都和我反目時，我至少還會剩下一位朋友，這位朋友會留在我的內心深處……我不一定會勝利，但

第三部　迎接勝利，輝煌頂峰

我一定會忠誠；我不一定會成功，但我一定會無愧於我內心的良知。」

在疲憊和沮喪之中，林肯常躺在一張長沙發上，隨手拿起一本精巧的《聖經》，從其中的〈約伯記〉尋求安慰：「你現在要如勇士束腰，因為我要向你提問，你要回答我。」

到西元1864年夏季時，林肯像是換了一個人似的，在身心兩方面都發生了巨大的變化，他已完全不像是三年前來自伊利諾大草原的那個身材高大的巨人。年復一年，他的笑聲越來越少，臉上的皺紋更深了，雙肩垂了下去，臉頰陷了進去。他長期患有消化不良症，而且兩條腿總是感到冰涼，他睡眠很少，臉上習慣性地帶著憔悴的表情。他對一位朋友說：「我覺得好像我再也高興不起來了。」

當著名的雕塑家奧古斯都・聖・高登（Augustus Saint-Gauden）看到西元1865年春製作的林肯的寫生面部模型時，他認為那是一個在死人面部印製的模型，他堅持說那肯定是在其死後印製的，因為死亡的標誌已經出現在那個面部模型上。

畫家卡彭特（Robert Carpenter Spencer）在繪製畫作〈黑奴解放宣言頒布場景〉期間在白宮住了數月之久，他在書中寫道：

「荒野」一仗開打後的第一週，總統幾乎沒有睡覺。那一週中的一天，當我穿過家居式公寓樓的大廳時，我遇見了他，他穿著一件修長的輕便晨衣在那裡來回踱步，他的雙手放在背後，眼睛下面有碩大的黑色眼圈，他的腦袋朝前低垂在胸前，整個形象看上去簡直就是悲哀、憂慮和焦急的化身 —— 有好幾天，無論何時我見到他那張布滿皺紋的臉，他幾乎總是處於極度的憂慮當中。

來訪者常發現他癱坐在椅子上，當他們主動和他打招呼時，他疲憊得無法抬起頭看他們，也不說話。

二十五、贏得連任，再展宏圖

他曾公開說：「有時我都會這樣想像：每天來見我的那群人中，每一個人都伸著大拇指和食指向我飛奔過來，取出我的活力中他可以拿走的那一份，然後帶著它遠去。」

他對《湯姆叔叔的小屋》作者斯托夫人說，他將活不到和平降臨的那一天。

他說：「這場內戰正在殺死我。」

他的朋友們對他外貌的改變甚感驚恐，力勸他去休假。

他回答說：「兩個或三個星期的休假不會對我有什麼好處。我無法擺脫現在的這種悲觀思緒，我幾乎不知道該怎樣休息。我累的是內心，而內心的勞累是無法用休假緩解的。」

他的祕書說：「寡婦和孤兒的哭聲總是響在林肯的耳邊。」

每天都有為數眾多的母親、「甜心」和妻子哭著跑到他那裡，乞求他赦免已被判處槍決的男人。無論他怎麼累，無論他怎麼精疲力竭，他總是耐心地聽取她們的陳述，並通常會批准她們的請求，原因是看到一個女子的哭泣，總是使他受不了，尤其是懷裡抱著嬰兒的女子。

他悲嘆道：「我希望在我死了後對我進行如下的評價：無論何處，在我認為可以長出鮮花的地方，我都會拔掉薊草而種上鮮花。」

將軍們破口大罵，斯坦頓大發雷霆——林肯的悲天憫人在毀掉軍紀，他必須停止插手軍紀問題。可事實的真相是，林肯厭惡準將們殘暴的處置方法，憎恨正規軍中的專制政治；另一方面，他關愛贏得內戰必須依靠的志願兵，這些戰士像他自己一樣來自林區和農場。

他們之中，有一位戰士不過是因為膽小怕死而已，卻要被處決，林肯會赦免他，並解釋說：「我一向對如下問題沒有把握：假如是我要上戰場打仗，我是否能做到不扔下槍逃跑。」

第三部　迎接勝利，輝煌頂峰

有一位志願兵因想家而當了逃兵，「嗯，我看不出把他槍決了對國家有什麼好處。」

有一位來自佛蒙特州（Vermont）一個農場的小夥子在站崗放哨時因勞累和疲憊而睡著了，他因此而被判了死刑，林肯說：「我自己或許也會像他那樣在站崗時睡著。」

如果將有幸受到他赦免的人的名單全部寫出來，會寫滿數量相當可觀的紙張。

有一次，他發電報給米德將軍：「我不願意讓任何十八歲以下的小夥子遭到處決。」在聯邦軍隊中，這個年齡層的人多達一百萬人。事實上，有二十萬人不滿十六歲，十萬人不滿十五歲。

有時，林肯總統會在他發送的十分嚴肅的信件中新增一點幽默。例如，在他拍發給馬利根上校的電報中，他說：「要是你還沒槍決巴尼·D，那就別槍決了。」

母親們的喪子之痛使林肯感觸頗深。西元 1864 年 11 月 21 日，他寫下了一生中最唯美、最有名的一封信；牛津大學在校舍某處的牆上懸掛有這封信的複製品，旁邊配著這樣的評註：「這是至今為止無出其右的純粹及優美措辭的典範。」

雖然此信是以散文文體撰寫的，但它完全稱得上是不經意間寫出的蘊含最多共鳴的詩。

　　　　　　　　　　　　　華盛頓　總統府　1864 年 11 月 21 日
　　　　　　　　　　　　　麻薩諸塞州比克斯比夫人收

親愛的夫人：

他們給我看了戰務部檔案中麻薩諸塞州陸軍副官長寫的情況介紹，其中說您是五個兒子的母親，而他們已經全都在戰場上光榮犧牲了。我試圖

二十五、贏得連任，再展宏圖

勸慰你從如此難以承受的損失所造成的悲哀中解脫出來，但任何話語都是如此得軟弱無力和毫無成效啊！我是清楚這一點的，但我還是忍不住向您表示慰問，這一慰問或許能表達他們以死捍衛的共和國對您的些許謝意。我祈求我們的上帝減輕您的喪子之痛，而只為您留下對已逝愛子的珍貴記憶以及莊重的自豪感 ── 您理應感到自豪，因為您在自由的祭壇上供奉如此珍貴的一份祭品。

您非常誠摯和恭敬的

A·林肯

一天，諾厄·布魯克斯給了林肯一冊奧利弗·溫德爾（Oliver Wendell Holmes, Sr.）的詩集。翻開這本詩集後，林肯開始朗讀〈萊辛頓〉那首詩，可是，當他讀到以下兩行詩時 ── 她的殉難者躺在其上的那片草地如此碧綠，他們在那裡永遠安息，沒有裹屍布，也沒有墳墓 ── 開始的那個詩節時，他的嗓音顫抖起來，隨後便哽咽住了，他一邊把詩集遞回給布魯克斯，一邊小聲說：「你來讀吧，我已經讀不下去了。」

西元1864年4月5日，林肯收到一封信，信是賓夕法尼亞州華盛頓縣一位傷心的女孩子寫來的。她在信中說：「在長時間的因害怕和擔心造成的猶豫之後，我終於決定把我的麻煩事跟您說說。」她和一位男子訂婚已經好幾年了，而他參加了聯邦軍。後來，他被准許回家參加選舉投票，而他們兩人呢 ── 用她的原話來說 ──「非常愚蠢地、過於自由地沉迷在結婚事宜之中」。現在，「我們這一沉迷的後果是，我們兩人意圖組織的家庭將會成為不合法的家庭 ── 要是您不寬恕我們、不為了認可業已發生的事情而准許他缺勤的話……我希望並向上帝祈禱：您不會把我拋在一邊而使我在沮喪中受人鄙視。」

林肯讀這封信時被深深地觸動了，他兩眼呆呆地望著窗外，可又似乎什麼也沒看見，毫無疑問，他此時已熱淚盈眶。

第三部　迎接勝利，輝煌頂峰

　　林肯拿起筆來，在那個女孩來信原文的底下寫了下面的話：「務必讓他回到她那裡去。」這批語是寫給斯坦頓看的。

　　西元 1864 年那個可怕的夏季慢慢過去了，而秋季則帶來了好消息：謝爾曼攻占了亞特蘭大（Atlanta），他率領的大部隊正在穿過喬治亞州；海軍上將法拉格特（David Glasgow Farragut）在一場頗具戲劇性的海戰中奪取了莫比爾灣（Mobile Bay），並加強了對墨西哥灣的封鎖；謝里登在謝南多厄谷（Shenandoah Valley）表現出色，贏得了引人注目的勝利；而李將軍那時卻嚇得不敢出來公開露面，於是，格蘭特正調兵遣將包圍彼得斯堡和里奇蒙……

　　南部邦聯的末日即將來臨。

　　林肯的將軍們現在正在取得勝利，林肯軍事策略的正確性已被證明，北方軍民的情緒如潮水般高漲起來，於是在 11 月分的競選中，林肯勝出而連任總統。可是，他沒把這看作是個人的勝利，而是簡短地評論說，顯而易見，人民大眾認為「騎馬渡河的過程中換馬」是不明智的。

　　在打了四年仗之後，林肯的心中對南方邦聯一派的人已沒有仇恨，他不止一次地說：「『你們不要妄下結論來評價別人，以免你們自己也被妄下結論』。如果我們處在他們的位置上，我們也會是他們那樣的人。」

　　於是，在西元 1865 年 2 月，正當南方邦聯瀕臨土崩瓦解，李將軍在兩個月後即將投降之時，林肯提議，由聯邦政府付給南方諸州四百萬美元，以使這些州的黑奴得到解放而成為自由人；可是，內閣的所有成員都對這一提議持反對意見，於是林肯只得放棄了這一主張。

　　接下來的那個月，在總統就職儀式上，林肯發表了一篇精彩的演說，它被已故的牛津大學校長柯曾稱為「人類口才中最純淨的金子，不，應該說是近乎神聖的口才中最純淨的金子」。

二十五、贏得連任，再展宏圖

在這次就職儀式上，林肯走上前去，親吻了一本翻到〈以賽亞書〉第五章的《聖經》，然後才開始了他的演說，它聽起來彷彿是戲劇演出中的某個偉人在演講。

卡爾·舒爾茨（Carl Schurz）在書中寫道：「它像是一首神聖的詩，到那時為止，沒有任何一位統治者曾對他的人民講過那樣的話語，此前的美國從未有任何一位總統在他的內心深處能夠找到那樣的話語。」

卡爾在評價這篇演說時說，其結束語是古往今來世人所說的話語中，最高尚和最美麗的，每當卡爾讀到這篇演說的結束語時，他不知怎的總是聯想起一個孤兒在一座教堂中黯淡的光線下玩耍。

我們天真地希望──我們熱切地祈禱──這場巨大的戰爭災難會很快結束，不過，如果上帝想讓這場戰爭繼續下去，直到奴隸們在二百五十年的無償勞動中所累積起來的財富全都付之東流，直到鞭子抽打出來的每一滴血都必須要以刀槍拚殺的另一次流血來償還，那麼，就像三千年前預言所說的那樣，我們也依然不得不說：「上帝的審判是完全正確的，也是完全正義的。」

對任何人都不要懷有怨恨，對任何人都要懷有慈愛之心。上帝給我們指明了正確之路，讓我們沿著正確之路堅定地前進，讓我們繼續奮鬥，完成我們正在做的工作。我們要包紮好美利堅人民的傷口，關心那些要接受戰場生死考驗的戰士，關心烈士的遺孀和孤兒──我們要盡一切努力取得並珍惜正義，珍惜持久的和平──這不僅是指美國國民自身之間的和平，而且還包括美國和其他所有國家之間的和平。

恰好在兩個月之後的同一天，在春田市的林肯葬禮儀式上，林肯的這篇演說詞被再次宣讀，以表示國人對他的沉痛追悼。

第三部　迎接勝利，輝煌頂峰

二十六、內戰結束，締造輝煌

西元 1865 年 3 月下旬，維吉尼亞州里奇蒙出現了一件頗有政治意義的事件。南方邦聯總統的妻子傑佛遜・戴維斯夫人賣掉了拉馬車的馬匹，把她的個人財產擺放在一家乾貨店裡公開出售，她把餘下的個人物品打包，離開里奇蒙逃往南方——這預示著即將有大事發生。

到那時為止，格蘭特已經圍困南方邦聯首都里奇蒙達九個月之久，李將軍部隊的戰士們吃穿供給都嚴重不足。發給他們的軍餉很少，而且發放次數很少；即使發放，給的也只是南方邦聯的紙質臨時貨幣，在那時幾乎一文不值。買一杯咖啡要花費三元，買一根做劈柴用的長木條要花五元，一桶麵粉的售價則為一千元。

脫離聯邦的「宏圖大業」未能成功，蓄奴制也無法留存，李將軍心裡非常明白這一點，他手下的戰士們自然也明白這一點。十萬名戰士已當了逃兵，現在，大批人馬正收拾好行李，然後一起走出軍營，頭也不回地離開。留在軍營裡的那些人正轉向宗教，以求從中獲得慰藉和希望，幾乎每一個營帳內都在舉行祈禱集會，戰士們呼喊著、哭泣著，有的人眼前甚至出現了幻象，在上戰場之前，無數的士兵都在跪著禱告。

不過，儘管他們如此虔誠，但里奇蒙的失守卻已是板上釘釘的事情，只是需要一定的時間。

4 月 2 日是星期日，在那天，李將軍的部隊燒毀了城內的棉花倉庫和菸葉倉庫，他們還放火燒毀了軍火庫，毀掉了碼頭上建造了一半的船隻。入夜以後，他們開始逃離這座城市，此時的夜幕中火焰沖天，其間夾雜著震耳欲聾的爆炸聲。

李將軍的部隊剛逃出城，格蘭特將軍率領的 7.2 萬名北方軍戰士就展

二十六、內戰結束，締造輝煌

開了猛烈的追擊，他們從兩翼及後側向南部邦聯軍不停地開火；而謝里登率領的騎兵部隊則從前面迎頭攔截，他們截斷了鐵路線，繳獲了為南部邦聯軍運送補給的特快車。

謝里登拍去電報給總指揮部說：「我認為要是使目前的軍事形勢續發展下去，李將軍將會投降。」

林肯發了回電：「讓它繼續發展下去。」

當時的軍事形勢的確被進一步推進了。於是，在追擊了僕莫里之後，格蘭特將軍的部隊最終從四面八方把南方邦聯軍團團圍困了起來。南方軍已成甕中之鱉，面對這一情況，李將軍意識到進一步的浴血奮戰將是毫無意義的。

與此同時，格蘭特患上了劇烈的偏頭痛，痛得眼睛都幾乎看不清路，於是，他落在了隊伍的後面，在週六晚上進入了一座農舍休息。

他在《回憶錄》（*The Personal Memoirs Of U.s. Grant*）中寫道：「整整一夜，我把雙腳浸泡在放了芥末的熱水裡，還把芥末膏塗抹在我的手腕上和脖子的後部，心裡希望到早晨時我的頭痛病會被治好。」

第二天早晨，他的病確實一下子就好了，但治好疾病的並不是芥末膏，而是有一位騎兵沿著道路策馬飛馳而來，給他送來了李將軍寫的一封親筆信，李在信中說他希望投降。

當天下午，為了商討投降條件，兩位將軍在一幢磚宅中的簡陋客廳裡會面了。格蘭特像往常那樣不修邊幅：他的鞋積滿汙垢，也沒帶佩劍，他穿的制服與部隊中的每個一等兵所穿的制服完全相同，只是在制服的肩膀部位飾有三顆銀星，用以表明他的身分。

他與一副貴族模樣的李將軍形成了多麼鮮明的對照啊！李將軍戴著飾有珍珠的長手套，帶著鑲有珠寶的華貴佩劍，李將軍看上去好像是剛從鋼

第三部　迎接勝利，輝煌頂峰

版印刷品中走出的一位皇家出身的征服者，而格蘭特看上去更像是一個進城來賣幾頭生豬和幾張獸皮的密蘇里州農民。在格蘭特的一生中，唯獨這一次他為自己骯髒邋遢的模樣感到羞恥，於是他向李將軍表示道歉，說是本該為這次會面穿戴得更講究一些的。

時間倒退二十年，那時格蘭特和李兩人都在正規軍裡當軍官，當時美國正和墨西哥打仗。於是，他們現在陷入了對很久之前的那段日子的回憶之中，他們回憶起美國正規軍在墨西哥邊界度過的那個冬天，回憶起常常通宵進行的打撲克遊戲，回憶起他們這樣的非專業演員排演的《奧賽羅》（Othello）劇──格蘭特當時在劇中扮演柔情如水的女性角色苔絲狄蒙娜。

格蘭特在《回憶錄》中寫道：「我們倆的談話進行得非常愉快，愉快得我都幾乎忘記了此次會面的真正目的。」

最後，李將軍把話題引回到了投降條件上，可是，格蘭特在這方面的答話非常簡短，而且在回答完後，他的腦子又開始遐想起來，回到了二十年前，回到了基督聖體節和西元1845年冬狼群在大草原上嚎叫的那些日子；回到了陽光在萬頃碧波上跳躍的日子；以及能用三美元買到一匹野馬的歲月。

要是李將軍沒第二次打斷並提醒格蘭特說他來此是為了商討他的軍隊的投降事宜的，那麼格蘭特可能會整整一個下午都沉浸在對往事的回憶和追述中。

由於李將軍的再度提醒，格蘭特便叫人拿來了筆和紙，潦草地寫下了北方允諾的投降條件：一定不會有像西元1781年華盛頓在約克敦（Yorktown）向英軍強求的那種令人感到屈辱的停戰儀式：當時華盛頓提出的是，讓無助的敵軍不帶槍枝列隊行進接受檢閱，而隊伍兩側排著長隊的檢閱者則是興高采烈的戰勝者；不會有報復的行為：在打了四年的血腥戰爭

二十六、內戰結束，締造輝煌

期間，北方的激進主義者一直在要求把叛國的李將軍以及其他從西點軍校畢業的軍官以叛國罪處以絞刑，可是，格蘭特寫出來的允諾條件是並不會傷害對方：准許李將軍手下的軍官繼續持有他們的武器，李將軍手下的普通士兵會在被假釋後打發回老家，每一位提出要一匹馬或一頭騾子的士兵，其要求可以得到滿足，他可以騎上它回到農場或是棉花地去，重新開始種田生涯。

為什麼在南方軍準備投降的前提下，北方答應給予的條件如此慷慨和寬宏呢？原因是，亞伯拉罕·林肯親自口授了這些條件。

於是，這場殺死了五十萬人的戰爭終於結束了，停戰儀式在維吉尼亞州一個名叫阿波麥托克斯（Appomattox）的小鎮的鎮政府樓裡舉行。南方軍投降儀式在一個春光明媚、氣氛平和的下午舉行，那時空氣中瀰漫著丁香花的香味，而且那天恰好是復活節前的星期日。

就在那個下午，林肯正乘坐著「河上女王號」船回華盛頓去，在船上，他朗讀莎士比亞的作品給他的朋友們聽，一共讀了幾個小時。朗讀開始後不久，他讀到了《馬克白》中的這一段：

鄧肯躺在他的墳墓裡；
在生活的陣陣狂熱之後，他安詳地睡了，
叛逆已經無以復加地對他下了毒手：
鋼刀、毒藥、內部的忌恨、外部的敵人，
沒有任何東西可以再加害於他。

這些詩文給林肯留下了很深的印象。他把它們讀了一遍，隨後停了下來，兩眼朝船的舷窗外呆呆地望著。

過了一下，他又一次朗讀起這些詩來。

五天以後，林肯就去世了。

第三部　迎接勝利，輝煌頂峰

二十七、不受歡迎的總統夫人

現在，我們必須在時間上倒流回去，再講述一些其他的故事，因為我想講一講攻占里奇蒙前夕發生的一件令人驚異的事，它生動地說明了林肯默默忍受了幾乎四分之一個世紀的家庭痛苦究竟有多麼難以忍受。

這件事情是在格蘭特的總指揮部附近發生的，此前，這位將軍邀請了林肯先生及其夫人到前線附近去，和他共度一個星期。

能去那裡度假，他們感到很高興，原因是林肯總統幾乎都快累死了。自從他入主白宮以來，他從未度過假，而且，在他連任總統的新任期開始後，大批想混個一官半職的求職者又一次來找他幫忙，使他不堪其擾，因此，他急著要躲開這些人。

於是，林肯和夫人登上了「河上女王號」船，船順著波多馬克河下行，穿過了乞沙比克灣的下游地區，從旁經過了古老的波因特康福特（Point Comfort），然後沿著詹姆斯河上行，抵達了錫達波因特（Cedar Point）。那裡，在高於河面二百英尺的一段高高陡岸上面，那位來自加利納的前獸皮採購員正滿面愁容地坐在那裡抽菸。

幾天之後，一群來自華盛頓的要人，包括法國公使若弗魯瓦先生，加入到了林肯一行人當中。當然，所有這些來訪的客人都很想看一看十二英里外波多馬克河駐軍的前線，於是第二天，他們出發開始了這次短途旅行——男人騎馬前去，林肯夫人和格蘭特夫人坐在一輛半敞篷的馬車上跟在男人們的後面。

亞當‧巴多（Adam Badeau）將軍是格蘭特的軍事祕書和副官，也是格蘭特將軍最親密的朋友。那天他被選派去護送兩位夫人。他坐在馬車前面的座位上，臉向著她們而背對著馬。他是從頭至尾所有事情的目擊證人，

二十七、不受歡迎的總統夫人

下面我的引文來自他撰寫的《在戰場以外的格蘭特》一書：

在談話過程中，我偶然提到，所有隨軍待在前線的軍官家眷已被命令返回後方去——這是一個訊號，它確定無疑地表明主動進擊的軍事行動正在被醞釀之中。我說，沒有一位太太被允許留下來，但查爾斯·格里芬將軍的妻子格里芬夫人是個例外，她從總統那裡獲得了特殊許可。

聽到這裡，林肯夫人馬上張牙舞爪地「自衛」起來。「先生，你說這話是什麼意思？」她大聲說，「你的意思是說，在別人不在場的情況下，她和他見面了？我從不允許總統在其他人不在場的情況下，單獨會見任何女人，你知道這一點嗎？」

她對可憐的、長相並不突出的亞伯拉罕·林肯有極強的忌妒心。

我試圖掩飾此前的話，試圖使她平靜下來，但她幾乎是怒氣沖天。「先生，你的微笑讓人摸不著頭緒啊，」她大聲喊道，「讓我馬上下車，我要問問總統是否在無人在場的情況下接見那個女人了。」

後來成為埃斯特哈齊伯爵夫人的格里芬夫人是華盛頓最有名、最高雅的女人之一，她出身於名門望族卡羅爾家族，與格蘭特夫人私交甚篤。此時格蘭特夫人力圖使異常激動的林肯太太平靜下來，可是完全無濟於事。林肯夫人又一次吩咐我叫車伕把車停下來，正當我想要聽從她的吩咐，可又猶豫不決時，她急速地伸出手臂，從我的身旁伸過去一直伸到了馬車的前面，用手把馬車伕緊緊抓住了。不過，格蘭特夫人最終說服了她，使她同意到整個參觀團都停下來時再下車。

當天夜裡，在我們回到宿營地後，格蘭特夫人和我談論了這件事，她說，整個這件事非常令人痛苦、非常傷人心，因此我們倆誰都不準向別人提及；至少我必須絕對守口如瓶，而她只會向格蘭特將軍一個人透露這件事。可是，第二天，我被從我的保證中解脫出來了，因為「更糟的情況還

第三部　迎接勝利，輝煌頂峰

在後面」。

第二天早晨，參觀團出發去參觀由奧德將軍指揮的、駐守在詹姆斯河北岸的駐軍。交通工具和護送等事宜的安排在某種程度上與前一天的安排相同，我們乘一艘輪船沿河上行，然後，男人們還是騎馬，林肯夫人和格蘭特夫人則乘坐一輛戰地救護馬車繼續趕路。同先前一樣，我被選派去擔任她們的護送人，不過我請求再派一人和我同車執行護送任務，原因是，經過前一天的經歷之後，我不願意她們坐在車上時，只有我一個軍官陪同。於是，霍勒斯·波特上校接到命令成為車上的護送人員之一。奧德太太陪同她的丈夫一起前往，由於她是軍團司令的妻子，她並不受制於「軍官妻子回後方」的那道命令；不過，我敢肯定，在那一天的參觀結束之前，她心裡會巴不得自己是在華盛頓或是這裡之外的任何地方。她先前是騎在馬上的，由於救護馬車上已坐滿了人，作為女眷的她只得與男人們一起騎馬。有一陣子，她騎著馬和總統並排而行，因此就走在了林肯夫人的前面。

林肯夫人一發現這種情況，便立即怒不可遏，她大聲喊道：「那個女人是什麼意思？竟然在總統身邊騎著馬和他並排前進，而且還跑到我前面去了。難道她以為他需要她在身邊陪同嗎？」

她激動得像是瘋了似的，她的言語和動作每分每秒都在變得更加凶暴。

格蘭特夫人又一次力圖使她平靜下來，可林肯夫人隨即把怒氣都撒到了她身上，波特和我兩人能做的唯一事情是設法使林肯夫人的怒氣只停留在言語發洩層面上，確保不發生更糟的情況——我們擔心，她也許會跳下車去，朝整個行進隊伍大聲叫嚷起來。

她激動地對格蘭特夫人說：「我想妳自以為有朝一日，會成為白宮的女主人，對吧？」格蘭特夫人十分平靜，也顯得很高雅，她只是回答：她

二十七、不受歡迎的總統夫人

對自己目前的地位相當滿意，白宮第一夫人的位置遠遠超出了她的期望目標，她從未奢望獲得如此殊榮。可是，林肯夫人大聲喊了起來：「啊！要是妳能獲得它，妳最好還是接受下來，那可是個好位置啊！」接著，林肯夫人又把怒氣轉回到奧德夫人身上，而格蘭特夫人則為她的朋友辯護，儘管這樣做是在冒著更加觸怒她的風險。

當隊伍在途中停下來時，國務卿的姪子，奧德將軍參謀部的一名軍官西華德少校騎著馬來到了馬車跟前，他試圖說一件調節氣氛的事情。「總統的馬非常美麗俱儻，林肯夫人，」他說道：「牠非得要陪伴在奧德夫人的身邊一起前行。」

當然，這無疑是火上澆油。

西華德隨後就發現他犯了一個極大的錯誤，他不得不跟在隊伍的最後面，以躲開狂風暴雨般的辱罵。

最後，參觀團一行人馬到達了目的地，奧德夫人來到了救護馬車前。這時候，林肯夫人顯而易見地侮辱了她，她當著大批軍官的面用各種骯髒的字眼辱罵了她，並質問她老纏著總統有什麼見不得人的企圖。奧德夫人這位可憐的女子急得哭了起來，不清楚自己到底做了什麼錯事，可是，林肯夫人偏偏不肯息怒，她繼續大發雷霆，直到她自己都覺得累了；格蘭特夫人依然試圖站在她朋友這一邊為其開解。在場的每一個人都深感震驚，目瞪口呆。不過，任何事情都有一個收場，過了一陣之後，我們回到了錫達波因特。

那天夜裡，林肯總統及夫人在輪船上設晚宴招待格蘭特將軍夫婦以及格蘭特將軍的全體參謀人員。當著我們所有人的面，林肯夫人向林肯總統說了一大堆奧德將軍的不是，並竭力主張把奧德解職。她說，他不稱職，更別提他的妻子有多差勁了。格蘭特將軍當時正坐在旁邊，他勇敢地為這

名手下進行了辯護。當然，結果是奧德將軍沒被解除職務。

在這次參觀前線的整個過程中，類似的場面不斷出現。林肯夫人因格里芬太太和奧德太太的事情而一再指責她的丈夫。當我看到國家元首——即在國家存亡的關鍵時刻，肩負起整個民族的前途的人——受到這種難以形容的公開傷害時，我感到極大的屈辱和痛苦；迄今為止，我從未因親朋好友之外的人而感受到如此巨大的屈辱和痛苦。林肯就像耶穌·基督會做的那樣，忍受著這種公開的傷害，他的臉上帶著痛苦和悲傷的表情，使人看後十分痛心，但他始終表現得不失尊嚴、十分平靜。他把他的夫人稱作「媽媽」，從中可以看出他依然保留著早先樸素的平民風格；他用眼神和語調懇求，努力向其他人對她做出的冒犯做出解釋或掩飾，直到她像母老虎那樣把火氣轉到他的頭上，隨後他就會走開，以免我們大家親眼目睹他那種極度痛苦的表情。

謝爾曼將軍是幾場這樣的「插曲」的共同見證人，多年前他在其回憶錄中提到了他的見聞。

海軍上校巴尼也是一個目擊證人和「受難者」。在奧德夫人不幸的騎行旅程中，他是她的陪伴者。事後，他認為奧德女士受到的指責完全是無妄之災，因此曾為她進行過辯護。因而林肯夫人一直對他耿耿於懷。那次參觀後過了一天或兩天，他去見總統談論某件公事，當時在場的有林肯夫人和其他幾個人。總統夫人對他說了幾句極為冒犯的話，而且嗓門大得足以讓在場的人都聽得見。林肯沒說話，但過了一下，他走到這位年輕的軍官跟前，拉住他的手臂，把他帶進了自己的私人房間，據巴尼說，林肯在那裡給他看了一張地圖或一份檔案。林肯對剛發生的不愉快事件沒說什麼，他無法斥責他的妻子，可是，他表示了他的歉意以及他對這位軍官的敬意，他的表示方式很有特色，在我看來，當一個人具有可想像的最高雅的教養時，才會擁有這種表達方式。

二十七、不受歡迎的總統夫人

在這些事情發生之前不久，斯坦頓夫人曾去過錫達波因特，我偶然問起過她與總統夫人在相處方面的一些問題。

她的回答是：「我從不去林肯夫人那裡。」可是，我以為我一定是聽錯了，戰務部長的妻子一定是會去拜訪總統的妻子的，於是我重新問了一次。

「先生，你聽懂了嗎？」她把她想表達的意思重複了一遍：「我一向不去白宮，我從不拜訪林肯夫人。」我與斯坦頓夫人並不是熟人，她的這句話非常反常，以致我一直沒有忘掉。可是後來，我才終於弄明白了其中的含義。

對格蘭特夫人，林肯夫人後來依然故我地繼續採取她那種不友好的言行，而格蘭特夫人總是力圖安撫她，可每當此時，林肯夫人就會變得更加蠻橫無禮。有一次，她斥罵格蘭特夫人，原因是後者當著她的面坐了下來。林肯夫人吼道：「妳竟然坐在座位上，膽子也太大了吧！我還沒請妳坐下呢。」

在去格蘭特將軍總指揮部的路上，伊麗莎白·凱克利一直陪伴著林肯夫人。她講述了「總統夫人」在「河上女王號」船上舉辦的一次晚宴派對過程中所發生的事情。

晚宴的賓客之一是一名歸衛生委員會領導的年輕軍官，他在林肯夫人不遠處就座。為了助興，他說：「林肯夫人，總統凱旋進入里奇蒙的那天，您本該去看看他的風光模樣。他那時是萬眾矚目的中心人物，女士們向他頻頻飛吻，並揮動著手帕向他表示歡迎，他被貌美的年輕女士包圍著，堪稱蓋世英雄的榜樣。」

突然之間，這位年輕的軍官停下了講述，臉上呈現出尷尬的表情。

林肯夫人憤怒地轉過臉去，對他怒目而視，死盯著他說，他的這種套

第三部　迎接勝利，輝煌頂峰

近乎的言語使她覺得非常不舒服。

隨後林肯夫人大鬧一場，我想那位惹得林肯夫人不快的軍官會把那個難忘的夜晚永遠銘記於心。

凱克利太太說：「我一生中從未見過性格比她更為刁鑽古怪的女人，你把全世界搜個遍都找不到像她這樣的女人。」

霍諾雷‧威爾西‧莫羅在她所著的《瑪麗‧陶德‧林肯》一書中寫道：「問一問你碰到的第一個美國人：『林肯的妻子是個什麼樣的人？』結果99%的可能是，他會回答說她是一個悍婦，是她丈夫的剋星，是一個低俗的傻瓜和精神病。」

林肯一生的最大悲劇並不是他遭人暗殺，而是婚姻的徹底失敗。

當暗殺林肯的布思朝林肯開槍後，林肯只是在短時間的痛苦後就得到了解脫，可是，在長達二十四年的時間裡，他幾乎每天都在被赫恩登稱作是「婚姻不幸的苦果」的生活所悽慘折磨。

巴多將軍說：「林肯身陷黨派憎恨的風暴之中，身陷反叛力量抗爭的風暴之中，他遭受的是身體被釘在十字架上那樣的極度痛苦——家庭悲劇更是無時無刻在折磨著林肯的內心，而他也像基督那樣說：『上帝啊，寬恕他們吧，他們不知道自己在做些什麼。』」

在林肯擔任總統的那些日子裡，他最熱忱的朋友之一是奧維爾‧H‧布朗寧。他們相識已有四分之一個世紀了，布朗寧是白宮晚宴的常客，而且經常在白宮過夜，他對那些日子有著詳細的日記，可是，誰也不知道對於林肯夫人，他在日記裡寫了些什麼，因為獲准閱讀日記手稿的作者們必須以自己的名譽立下保證：不洩漏任何毀損她的人格的任何內容。日記的手稿最近已出售成交、準備出版，但附帶條款是：在付梓之前，手稿中涉及林肯夫人的所有令人震驚的語句都必須先行刪除掉。

二十七、不受歡迎的總統夫人

白宮舉行公開招待會時有一種傳統的做法，即總統要從他妻子之外的女士中選擇一位和他一起在舞會開場時引領全體舞者列隊行進。

可是，無論這種慣例是否存在，林肯夫人就是無法容忍這種做法。什麼？另一個女人走在她前面？而且還需要挽著總統的手臂？門都沒有！

於是，事情都必須按著她的意願來辦，華盛頓社交界發出了一片起鬨聲。

她不僅不允許總統與另一個女人一起走路，而且即使總統僅僅和別的女人說說話，她也會帶著妒忌的目光看他並狠狠地把他斥責一頓。

在出席公開招待會之前，林肯往往去詢問那位喜歡妒忌的妻子那裡，問他可以和誰說話；她往往會提到一個又一個的女人，說她討厭這個女人、怨恨那個女人，因此林肯絕對不可以與她們有任何接觸。

林肯往往會為自己抗辯說：「可是，媽媽，不管怎樣，我也得和別人說話呀，我不可能站在旁邊一言不發。要是妳不願意告訴我可以和誰談話，那麼請告訴我不可以和誰談話。」

無論付出的代價會有多大，她鐵了心要讓事情按照她自己的意願發展：有一次，她威脅說，要是林肯不提拔某個官員，她就會當著大家的面躺到泥潭當中。

還有一次，正當林肯在辦公室裡進行一次重要的會晤時，她急速闖了進去，讓人插不上嘴地一口氣說了一大堆話。林肯沒回答她，而是平靜地站了起來，把她從座位上拉起來，帶著她走出了房間，把她安頓在另一個地方，然後回到辦公室裡，把門從裡面鎖上，隨後繼續進行處理正經事，就好像他從沒被打斷過似的。

林肯夫人請教過一個江湖術士，他告訴她，林肯內閣團隊的所有成員都是林肯的敵人。

第三部　迎接勝利，輝煌頂峰

術士說的話並沒有使她驚訝，她一直就不喜歡他們之中的任何一個人。

她看不起西華德，把他稱作「偽君子」、「鬼鬼祟祟的廢奴主義者」，說他這個人不可信賴，並告誡林肯要和他保持距離。

凱克利夫人說：「她對蔡斯恨之入骨。」

林肯夫人之所以對蔡司斯恨之入骨，原因之一是：蔡斯有個女兒，名叫凱特，她嫁給了一位富翁，而且她是華盛頓社交界最漂亮、最有魅力的女子之一。凱特時常出席白宮的招待會，使林肯夫人極為厭惡的是，凱特會把所有的男人都吸引到她的身邊，在招待會上顯得極為出眾。

凱克利夫人說，「林肯夫人妒忌其他人的人緣好，她試圖透過打擊蔡斯的政治地位來動搖他女兒的社會地位。」

林肯夫人多次對林肯發脾氣，吵嚷著力勸林肯把蔡斯從內閣中踢出去。

她厭惡斯坦頓，當他批評她時，她會給他寄送去一些書刊和剪報——他在其中被描繪為一個易怒、難以相處的人，以作為她對他的回敬。

面對林肯夫人所有這些充滿怨恨的指責，林肯往往會說：

「媽媽，妳搞錯了，妳的偏見強烈得使妳不願意冷靜下來使用理智來分析問題。要是我聽從了妳的話，內閣很快就會空無一人。」

林肯夫人很不喜歡安德魯・約翰遜，她也同樣憎恨麥克萊倫，更看不起格蘭特，稱他為「一個頑固不化的笨蛋，一個屠夫」，公開宣稱說她能把軍隊帶得比他更好。她常常起誓說，要是他有朝一日當上了總統，她就會離開這個國家，只要他是白宮的主人，她就永不會回國。

「好吧，媽媽，」林肯常說，「假設我們給妳指揮軍隊的大權，毫無疑問，妳會比任何一位將軍都做得更出色。」

二十七、不受歡迎的總統夫人

在李將軍投降後，格蘭特夫婦來到了華盛頓。入夜後，該城處於一片光的海洋中，大街小巷到處是歡慶的人群，他們燃起篝火唱起歌，狂歡的氣氛充滿了整個城市。於是，林肯夫人寫信給格蘭特將軍，邀請他與總統夫婦一起坐車去街上兜風，「以觀賞流光溢彩的歡慶場面」。

但是，她並沒有邀請格蘭特夫人。

不過，幾天後，她安排好了一場戲劇晚會，並邀請格蘭特夫婦和斯坦頓夫婦屆時與總統一同坐在包廂裡觀看演出。

斯坦頓夫人一接到通知，就急匆匆地趕到了格蘭特夫人那裡，詢問她是否打算出席。

斯坦頓夫人對格蘭特夫人說：「要是您不接受邀請，那麼我也不會前往。除非您也坐在那個包廂裡，不然的話，我是絕對不會單獨與林肯夫人待在裡邊的。」

格蘭特夫人不敢接受這一邀請。因為她知道，要是格蘭特將軍出現在那個包廂裡，觀眾們一定會用喝采聲來歡迎這位「阿波馬托克斯的英雄」。

而那時候，林肯夫人會做出什麼事來呢？誰也說不好。她也許又會上演一場侮辱人、傷害人的好戲。

因此，格蘭特夫人拒絕了邀請，斯坦頓夫人也隨之拒絕了。正是由於她們的拒絕，她們也許因此而救了自己丈夫的命，因為在看戲的當晚，布思偷偷溜進了總統的包廂並槍殺了林肯。假如斯坦頓與格蘭特當時也在那裡，布思也許會大開殺戒。

第三部　迎接勝利，輝煌頂峰

二十八、總統遇刺，巨星隕落

　　西元 1863 年，維吉尼亞州的若干位大奴隸主建立了一個祕密社團，其活動經費由他們提供，其目的是刺殺亞伯拉罕·林肯。此外，西元 1864 年 12 月，一家在阿拉巴馬州塞爾馬出版的報紙登出了一份廣告，其內容是懇請公眾捐款，以便設立一項基金，用於培訓人員去刺殺林肯。與此同時，南方出版的其他一些日報也都曾登出懸賞啟事，稱如能殺死林肯，則獎勵現金若干。

　　可是，最終槍殺林肯的那個人既不是受所謂「愛國欲望」的驅使，也沒有經濟利益方面的動機：約翰·威爾克斯·布思之所以要刺殺林肯，是為了贏得名聲。

　　布思是一個什麼樣的人呢？他是一名演員，老天賦予了他異乎尋常的魅力和個人吸引力。林肯的祕書們把布思描繪成像拉特莫斯山上的恩底彌翁（Endymion，希臘神話中的英俊少年，受到月亮女神阿蒂蜜絲（Artemis）的青睞）那樣英俊，是生活中的寵兒」。弗朗西斯·威爾遜（Francis Wilson）在他所著的《布思傳》（*John Wilkes Booth: Fact and Fiction of Lincoln's Assassination*）一書中宣稱：「就贏得女性青睞這方面而言，他是世界上最成功的人之一……當他走在大街上，從女人們的身邊走過時，她們會止步不前並本能地回過頭去看他，並讚賞他的英俊容顏。」

　　到二十三歲時，布思已小有名氣，成了日場演出的偶像級演員；當然，他最廣為人知的飾演角色是羅密歐。無論他在哪裡演出，無數封來自懷春少女的充滿甜言蜜語的求愛信便會像雪片一樣向他飛來。當他在波士頓演出時，成群結隊的女人擠滿了特里蒙特劇場大門前的幾條街道，她們渴望著能在她們心目中的英雄途經那裡時，一睹他的風采。一天夜裡，有位

忌妒成性，名叫亨利埃塔·歐文的女演員在一間旅館客房內先用刀刺傷了他，然後試圖自殺。在布思槍殺林肯後的第二天早晨，他的另一位情人，名叫埃拉·特納，與他同住在華盛頓一家陳設考究的妓院裡，在得知她的心上人已成為凶手並已逃離了該城時，痛苦得不堪忍受，結果她手持他的照片貼在胸口，喝下了大量麻醉劑氯仿，然後躺下等待死神的光臨。

可是，女人們對他的這種潮湧般的追捧聲浪給他帶來幸福了嗎？只有很少的一點點，原因是：他的成功只局限於某個範圍，追捧他的人幾乎全是窮鄉僻壤地區那些不具有鑑別能力的觀眾，而一種強烈的雄心壯志正啃咬著他的內心，那就是要在大都市贏得一片喝采聲。

不過，紐約的評論家認為他演技很差。在費城，觀眾曾向他起鬨，把他趕下了舞臺。

這使他非常煩惱，原因是，布思家族的其他成員凡是涉足舞臺的，都是演技一流、名聲卓著的名演員。在接近 30 年的時間裡，他的父親朱尼厄斯·布魯特斯·布思一直是第一流的舞臺明星。他所飾演的莎翁戲劇人物是舉國上下議論的焦點話題，在美國舞臺藝術史上，沒有人曾經贏得過他那樣的非凡名聲，而且，這位布思老先生在培養他最寵愛的兒子約翰·威爾克斯·布思的過程中，一直力圖使他相信，他會成為布思家族中最了不起的人。

可事實真相是，約翰·威爾克斯·布思只有很少的才能，而且，即便是他確實擁有的那一點點才能，他也沒能去充分利用。他長相英俊，但他很懶——他被寵壞了，他拒絕學習，覺得學習枯燥無味、令人厭煩。他在馬背上打發了青年時代的大好時光，他時常騎著馬急速穿越馬里蘭州那個農場的林區地帶，時常對著樹木和松鼠像個英雄似的大發感慨，還常常手持墨西哥戰爭時期使用過的一支陳舊的軍用長矛，對著空中亂刺一通。

第三部　迎接勝利，輝煌頂峰

朱尼厄斯‧布魯特斯‧布思這位老先生從來不允許在家庭的餐桌上擺上肉，他教育他的兒子們說，殺死任何活物——即便是響尾蛇——都是錯誤的。可是，顯而易見，約翰‧威爾克斯並未按照他父親的哲學對自己的行徑加以認真的限制，他喜歡射擊和破壞。有時，他手持槍枝不斷地朝黑奴擁有的貓和獵狗開槍，而且有一次，他槍殺了鄰居家的一隻母豬。

後來，他成了出沒在乞沙比克灣裡的一名專門搶奪牡蠣的海盜，之後又開始當演員。現在，在他二十六歲時，他成了易動感情的中學女生最喜歡的人，可是，在他自己看來，他是一個失敗者。此外，此時的他正懷著很強的忌妒心，因為他看到他哥哥艾德溫正在取得他自己極其渴望獲得的那種聲望。

他花了很長一段時間思索如何才能成名的問題，最後，他決定要讓自己一夜成名，而且流「芳」百世。

布思的第一個計劃是這樣的：在某個晚上，他將跟蹤林肯，進到劇場裡，當布思的同謀者之一關閉天然氣燈閥門，導致劇場出現暫時的黑暗時，布思將急速衝進總統包廂，把總統用繩子捆綁起來後，扔到包廂下面的舞臺上，然後硬推著他穿過一個後門，把他扔到一輛馬車上，之後便趁著夜色駕車發瘋似的急速駛離那裡。

在快馬加鞭、奮力行駛的情況下，布思可在黎明前抵達尚在沉睡之中的古城菸草港，然後，他將划船渡過寬闊的波多馬克河，讓馬車一路飛奔穿過維吉尼亞州，直到他把聯邦軍總司令活著交給里奇蒙防衛森嚴的南部邦聯軍手中。

那麼，隨後會發生什麼事呢？

在那之後，手握人質的南方會提出相應的條件，迫使群龍無首的北方做出讓步，使南北戰爭立即畫上句號。

二十八、總統遇刺，巨星隕落

這一出色的成就會歸功於誰呢？當然是會歸功於光彩照人的天才約翰·威爾克斯·布思，他將獲得的名望會是他哥哥艾德溫的千萬倍，他將被戴上「威廉·特爾」的桂冠而名垂青史。他的夢想就是這樣的。

在他當演員的時候，他的薪水是一年兩萬美元，這在當時堪稱是不菲的收入了。可是，他決定把這一切全都放棄，現在，金錢對他來說意義很小，因為他即將演出的好戲將會使自己收穫價值遠超金錢千百倍的名望。於是，他從巴爾的摩與華盛頓一帶，與南部邦聯有著共同觀念的人中，物色了一些同情南方的人，組成了一個支南幫會，由他用自己的積蓄給這個幫派提供活動經費。布思向他們許諾，他們中的每一個人都會名利雙收，成為有錢人和社會名流。

支南幫是怎樣的一群烏合之眾呢？這個小集團中有斯潘格勒——一個總是喝得醉醺醺的舞臺布景工作人員和捕蟹漁工；有阿特澤羅特——一位頭髮和連鬢鬍子粗得像繩線的房屋油漆工和偷越封鎖線者，也是一個粗魯、凶暴的傢伙；有阿諾德——一個懶惰的農場工人，是南部邦聯軍的一名逃兵；有奧勞克林——一個馬房工人，身上總是散發出馬匹和威士忌的氣味；有薩拉特——一個店員，是一個妄自尊大的廢物；有鮑威爾——一個體格魁梧、身無分文的莽漢，是一位浸禮教傳道士的兒子，他目光凶狠，模樣像瘋子；有赫羅爾德——一個傻裡傻氣、總是咯咯笑的流浪漢，他常在馬房附近漫無目的地遊蕩，其說話的內容不外乎馬和女人，他靠他寡居的母親及七個姐妹資助給他的一堆十美分和二十五美分的硬幣為生。

憑藉這幫不入流的烏合之眾做支持，布思準備飾演他生涯中的最偉大角色，他不惜花費大量的時間和金錢，對劫持行動的種種細節做了極為審慎而又周密的安排。他購買了一副手銬，在幾處合適的地點安排好了接力所需的快馬，購置了三條船，配備好了櫓並安排好了划船工，他讓這些船停在菸草

第三部　迎接勝利，輝煌頂峰

港附近的河中待命，讓划船工隨時準備著，一接到通知便能立即起航。

最後，在西元1865年1月，他認為偉大的時刻終於來臨了，林肯將在該月的18日去福特劇場觀看艾德溫・福里斯特主演的《傑克・凱德》(Jack Cade)，城裡的傳言是這麼說的，布思聽到了這一傳言，於是，那天晚上他手頭準備好了繩子，心裡充滿了希望。可是，那天晚上發生了什麼事呢？什麼也沒發生，林肯根本沒露面。

兩個月之後，有報告說林肯將在某個下午坐車出城，到離城不遠處的一個士兵營地觀看一場戲劇演出，於是，布思和他的同謀者們騎在馬上，隨身帶著長獵刀和左輪手槍，藏身於總統必經之路上的一片林子裡。可是，當白宮的馬車駛過時，林肯並不在車上。

這一回，布思再次遭遇了挫折，他到處發脾氣，嘴裡不斷咒罵，氣得用手拉住自己烏黑的小鬍子，用馬鞭抽打自己的皮靴。他受夠了，他不想再遭遇其他挫折了。上帝在上，要是他劫持不了林肯，他至少可以親手殺了他。

幾週之後，李將軍投降了，南北戰爭也結束了，此時布思意識到再去劫持總統已變得毫無意義，於是，他決定殺掉林肯。

布思無需久等，在接下來的那個週五，他理了個髮，然後到福特劇場去取他的郵件，他在那裡得知，當天夜場演出的一個包廂已經為總統預訂好了。

「什麼！」布思驚叫起來，「那個老無賴今晚要來這裡嗎？」

搭設舞臺布景的工作人員已在為一場慶典演出做準備工作，他們在劇場左側包廂的透空織物背景前懸掛起帶褶的旗子，懸掛華盛頓的畫像作為裝飾，移走包廂內的隔板以使空間擴大一倍，用紅紙條把包廂標示出來，並把一把高大得出奇的胡桃木搖椅放在包廂中，以供長有兩條長腿的總統大人就座。

二十八、總統遇刺，巨星隕落

布思賄賂了一個舞臺布景搭置工，要他把搖椅準確放置在布思指定的位置上；包廂中離觀眾最近的一角是布思想讓椅子放置的地方，因為這樣一來，就沒人會看見他進入包廂。在搖椅後面很近的地方是「內門」，他在這扇門上鑽了個小小的窺視孔，然後，他在從花樓通往包廂的門的後側灰泥處挖了一個凹槽，以便他可以用木板閂住那個入口。在這之後，布思回到了他住的旅館，寫了一封長信給《國情報導報》的編輯，在信中，他以「愛國主義」為名為自己的謀殺正當性做了辯護，並宣稱千秋萬代的美國人都會銘記他的偉大功勳。他在信上簽了名，並把信交給了一個演員，要他設法在第二天使這封信得以公開發表。

接著，他去了一家可租用馬匹的馬車行，租了一匹他自誇可以跑得「像貓那樣快捷」的栗色小馬；他把他的助手們集合到一起，讓他們騎上馬，他給了阿特澤羅特一把槍，要他到時候射殺副總統；他把一支手槍和一把刀交給了鮑威爾，命令他殺死西華德。

那天是耶穌受難日，一般而言，這是一年中劇場生意最冷淡的日子之一，可是，在這一個耶穌受難日，城內卻到處都是軍官和徵募入伍的新兵，他們渴望見到軍隊的總司令。而且此時，這個城市依然沉浸在慶祝內戰結束的歡樂氣氛中，凱旋門依然橫跨在賓夕法尼亞大道上，大街上依然有喜氣洋洋的遊行隊伍，他們拿著火把一邊行進，一邊跳舞。那天晚上，當總統乘坐的馬車從隊伍旁駛過時，隊伍裡的人興高采烈地朝總統呼喊示意。當總統抵達福特劇場時，劇場裡已經人滿為患，上千人被擋在了劇場大門之外。

在 8 點 40 分時，總統一行走進了劇場，這時第一幕戲正演到一半，舞臺上的演員們停止了演出，並向總統鞠躬致意；衣著光鮮的觀眾以歡呼聲歡迎總統蒞臨；樂隊猛然演奏起了《您好，長官》的曲子。林肯向他們鞠躬以示謝意，他用手使大衣的燕尾後襬向兩邊分開，然後坐在那把裝有紅布椅套的胡桃木搖椅上。

第三部　迎接勝利，輝煌頂峰

在林肯夫人的右側坐著她的客人：憲兵司令部少校軍官拉思伯恩和他的未婚妻克拉拉·H·哈里斯，後者是紐約州選出的國會參議員艾拉·哈里斯的女兒，在華盛頓社交界，這對年輕情侶的高貴出身足以滿足他們的肯塔基州女主人的挑剔要求。

當晚上演的是頗負盛名的喜劇《我們的美國表親》，勞拉·基恩正在進行她在該劇中的最後一部分戲的表演：這是一個讓人興高采烈的歡樂時刻，因此劇場中迴盪著觀眾發出的陣陣笑聲。

當天下午，林肯帶著他妻子坐車兜風了很長時間。此後她曾說，那天是數年中她所見到的他最高興的一天。為什麼他不該高興呢？和平、勝利、聯邦的維護和保全、自由，這些東西都在長期奮鬥之後獲得了。那天下午，他對瑪麗講了在從總統的位置上卸任，離開白宮後，他們將要做的事情：首先，他們會或在歐洲、或在加利福尼亞州度一個長假以便能好好休息一下；度假回來後，他或許會在芝加哥創辦一家律師事務所，或回到春田市安度晚年，從事他喜歡的工作，即在大草原上騎著馬順著巡迴法院的行進路線走，承攬律師事務方面的生意。就在那天下午，他在伊利諾州時認識的一些老朋友到白宮去拜訪他，他興高采烈地講笑話給他們聽，以致林肯夫人費了很大周折才把他弄到餐桌那裡吃晚飯。

前一天的夜裡，他做過一個奇怪的夢。當天上午內閣開會時，他向閣員們講了這個夢。他說：「我彷彿坐在一條奇特而又難以形容的船上，船正以極快速度駛向黑暗而模糊不清的河岸。此前我的身邊即將發生大事件時，我都會做這個異常的夢。在安提頓之戰、斯通河之戰、蓋茲堡之戰和維克斯堡之戰、內戰結束之前，我都做過這個夢。」

他認為這個夢是好兆頭，它預報了好消息，即某件美好的事情即將發生。

二十八、總統遇刺，巨星隕落

在十時十分，布思走進了劇場——這是他一生中最後一次走進這個劇場——並注意到了總統所在的位置，此時的他因威士忌的作用而渾身熾熱，他穿著黑色馬褲和裝有馬刺的靴子，手拿一頂帽邊垂落下來的黑色寬邊帽。他沿著通往花樓的樓梯拾級而上，側著身子穿過一條堆滿椅子的下行過道，直到他來到了可通往各個包廂的走廊那裡。

在被總統的保衛人員之一攔住進行盤問時，布思裝出一副滿懷信心、滿不在乎的模樣遞上了自己的名片，並說總統想見他。沒等得到衛兵的允許，布思就擅自推開走廊門闖了進去並在身後把門關上，他用從樂譜架上弄下來的一截木棍插在事先挖好的那個凹槽裡，把門緊緊閂上，短期內沒法打開。他透過事先在總統身後的門上鑽出的那個小孔進行窺視，猜想了一下他與總統之間的距離，然後悄無聲息地把門推開。他猛地把他大口徑短管手槍的槍口移到貼近林肯腦袋的地方並扣動了扳機，然後迅速縱身一躍跳到了包廂下方的舞臺上。

林肯的腦袋先是向前，然後向一側垂落了下來，身體頹然癱倒在搖椅上。他甚至連哼都沒哼一下。

有那麼一剎那的工夫，觀眾們滿以為手槍聲和人跳落到舞臺上是劇情的一部分，沒人——甚至包括演員們自己在內——猜想到總統已遭殺害。

接著，一聲女人的尖叫聲響徹了整個劇場，所有的眼睛都轉向了那個掛有帶褶旗子的包廂，拉思伯恩少校的一條手臂血如泉湧，他高喊著：「別讓那個人跑了！攔住他！他刺殺了總統！」

一剎那的寂靜後，一縷煙霧從總統包廂中飄了出來。接著，短暫的寂靜和遲疑被打破了，恐懼和瘋狂般的激動情緒頓時抓住了觀眾，他們越過座位四散奔逃，手忙腳亂地撥開地板上的椅子，跳過欄杆；有些觀眾試圖

第三部　迎接勝利，輝煌頂峰

爬上舞臺，他們相互拉拽，有些老弱之人跌倒在地後被人踩踏，有些人的骨頭斷了，女人們發出陣陣尖叫，一些婦女暈倒在地；痛苦的尖叫聲和「絞死他」、「槍斃他」、「把劇場燒掉」等凶狠的叫嚷聲交織在一起。

有一個人喊叫說劇場本身應該用炸彈炸掉。憤怒和恐慌愈演愈烈，此時一個連的士兵火速衝進了劇場，他們手持上了刺刀的步槍向觀眾衝去，一邊大喊：「從這裡出去！該死的，滾出去！」

觀眾中的醫生檢查了總統的傷口，他們知道那是致命傷，因此不同意讓垂死的總統遭受鵝卵石道路的顛簸被送回白宮去。於是，四個士兵把他抬了起來──兩人抬肩膀，另兩人抬腳──把他的身體抬出劇場運到了大街上，從傷口滴下的鮮血染紅了人行道。男人們跪在地上用他們的手帕接住從傷口滴下的血──他們將一輩子珍藏這些手帕，而且在他們臨死之前，會把手帕作為無價的遺產贈送給他們的孩子。

倚仗閃亮的軍刀和高大的馬匹，騎兵清出了一塊地方，充滿愛意的手抬著受難的總統來到街對面的一位裁縫擁有的一幢分間廉價出租公寓中，把他的軀體平放在一張中部塌陷下去的床上，那張床對他來說太短，軀體只能斜著躺在上面。然後，人們把床拉到閃爍著淒涼黃光的一盞煤氣燈下。

床所在的地方是個客廳，長十七英尺，寬九英尺，床一側的牆上高掛著一幅羅莎‧博納爾（Rosa Bonheur）的畫作〈馬市〉（*Le Marché aux chevaux*）的廉價複製品。

林肯遇刺這一悲劇性的消息如同龍捲風那樣很快傳遍了華盛頓全城。悲劇並沒有就此結束，很快雪上加霜地傳來了關於另一場災難的噩耗：在林肯受到槍擊的同一時間，國務卿西華德在躺在床上時被人用刀刺傷，重傷垂死。除了這些讓人驚恐的真實情況外，一些流言蜚語在那個夜晚像連

二十八、總統遇刺，巨星隕落

串閃電一樣被迅速傳開了：副總統約翰遜已經被人殺害了；斯坦頓被暗殺了；格蘭特被槍殺了。無數的謊言充斥了整個華盛頓。

此時民眾深信：李將軍的投降是一個詭計；南部邦聯支持者已經陰險奸詐地潛入了華盛頓，正試圖一舉消滅聯邦政府的全部要員；南方軍團又迅速地拿起了武器，戰爭將再次開始，而且會比以往任何時候都更充滿血腥。

神祕的信使狂奔著穿行在居民區內，他們按照事先約定好的暗號叩擊了人行道兩下，一共重複三次——這是一個名為「聯邦團」的祕密社團聯繫時使用的訊號，表明「出了危險情況，趕快應召出動」。被這一暗號所召喚，該團的團員抓起他們的來福槍，狂奔到大街上。

拿著火把和繩子的群眾人聲鼎沸地穿行在城內的街道上，他們怒吼著：「把劇場燒掉！」、「絞死賣國賊！」、「殺死反叛者！」

這是美國人曾經聽說過的最瘋狂的夜晚之一！

電報把林肯遇刺的消息迅速傳送到全美各地，國人的憤怒情緒立即被激發起來了。對南方邦聯持同情態度的北方人被用桿子抬著遊街示眾，他們的身上被塗上柏油、再貼上羽毛；有些南方邦聯的同情者的腦袋被人用鋪路石砸了個稀巴爛；巴爾的摩攝影作品展覽館被人強行闖入並砸毀了，原因是據信館中有布思的照片；此外，馬里蘭州有一位編輯被人槍殺了，原因是他曾公開發表過一些辱罵林肯的言論。

由於總統已生命垂危，副總統約翰遜喝得爛醉如泥地躺在床上——頭髮上還黏著汙泥；國務卿西華德被刀刺傷，奄奄一息（西華德後來得以轉危為安，林肯死後，在約翰遜總統的政府中繼續擔任國務卿一職）。統治大權於是落到了那位態度粗暴、性格乖僻、愛發脾氣的戰務部長愛德華·M·斯坦頓手裡。

253

第三部　迎接勝利，輝煌頂峰

由於確信聯邦政府的所有高級官員都已被定為殺害對象，情緒極為激動的斯坦頓坐在奄奄一息的林肯身旁，以他的寬邊綢帽頂部作為墊襯，急速寫下了一個又一個的命令。他命令大批士兵守衛在政府要員的住宅及各大政府機關周圍，進行嚴密保護；他把福特劇場無償收歸國有，並逮捕了與這家劇場有聯繫的每一個人；他宣布華盛頓處於被敵軍包圍的緊急狀態；他命令哥倫比亞特區警方的所有成員，特區周圍營地及防禦工事中的所有駐軍，美國聯邦諜報人員以及軍事司法局下轄的特務人員全都出動，並進入一級戒備狀態；他在全城各處都設定了警戒哨，哨兵之間的間距僅為五十英尺；他在每一個渡口都安排了守衛人員，並命令拖船、輪船和軍艦在波多馬克河上進行巡邏。

斯坦頓打電報給紐約警察局長，要他把最好的警探火速派往華盛頓；他拍發電報傳送他的命令，要有關人員密切注意美加邊境的動態；他命令巴爾的摩暨俄亥俄州鐵路公司總裁在費城將格蘭特將軍攔住，並馬上把他送到華盛頓，而且在格蘭特乘坐的那列火車前面要另行安排一個火車頭開道打先鋒。

斯坦頓派遣了一個旅的步兵入駐馬里蘭州南部地區；還派出了一千名騎兵快馬加鞭地追趕暗殺林肯的凶手，務必要將他繩之以法。他一再叮嚀他們說：「他會試圖逃往南方去的，從華盛頓起，沿著波多馬克河前往南方的各個河段都要嚴加防守。」

布思發射的子彈從林肯腦袋的左耳下方打入後，在大腦中斜向穿行，最後留在了離右眼不到半英寸的地方。生命力較弱的人捱了這一槍會立即喪命，可林肯卻又活了九個小時，其間他聲音很沉重地呻吟著。林肯夫人被人阻擋著，待在一間相鄰的房間裡，可是每隔一小時，她便堅持要別人把她帶到他的床邊去，她一邊哭泣，一邊尖叫道：「啊，我的上帝啊！難道我只能袖手旁觀地等我的丈夫死去嗎？」

二十八、總統遇刺，巨星隕落

有一次，當她撫摸著他的臉並把她被淚水沾溼的臉頰貼到他的臉頰上時，他的呻吟聲和呼吸聲突然開始變得比任何時候都大；心慌意亂的妻子一邊尖叫，一邊迅速倒退，最後倒在地上暈厥了過去。

斯坦頓聽到這亂糟糟的響聲後馬上跑進了房間，他大喊道：「把那個女人帶走，別讓她再進到這個房間來。」

早上七點多，林肯的呻吟聲停止了，他永遠離開了人世，一顆璀璨的巨星隕落了。他的一位祕書寫道：「一種無法形容的平靜表情出現在了他那張焦慮的臉上。」

有時候，人在臨終的迴光返照時，認知力和理解力會在剎那間突破極限。

在最後的那段平靜時刻裡，快樂往事的若干片段也許曾斷斷續續而又十分清晰地在他的內心世界中一閃而過 —— 即他曾見過的那些很久之前的景象，現在早已蕩然無存了：印第安納州巴克霍恩谷那間的敞開式棚屋前，在夜間熊熊燃燒的柴火堆；新塞勒姆桑加蒙河洶湧的河水流過為讓磨坊利用水力而修築的攔水壩，發出隆隆的轟鳴聲；安・拉特利奇在手紡車那裡邊工作邊唱歌；綽號「老朋友」的那匹馬想吃玉米而嘶叫；奧蘭多・凱洛格講述著口吃法官的故事；春田市那個牆上有墨水汙跡、書櫃頂部花卉種子在發芽的律師事務所……

在林肯與死神搏鬥的那段漫長的時間裡，一位外科軍醫，即利爾醫生，自始至終坐在林肯總統的床邊並握著他的手；在七時二十二分，這位醫生把林肯已經沒有了脈搏的兩條前臂交疊起來，把面值五十美分的硬幣放在他雙眼的眼皮上以使它們合上，並用一條手帕把他的下巴向上捆起來；有一位牧師做了祈禱；冷雨滴滴答答地敲打著屋頂；巴恩斯把床單拉蓋在業已去世的總統的臉上；斯坦頓一邊流淚，一邊拉下了窗戶的遮光

簾，以不讓拂曉的光線照進來，並且講了那個可怕之夜唯一令人難忘的話：「現在，他永垂不朽了。」

第二天，總統的兒子小塔德向白宮的一位訪客詢問他的父親是否已經到了天堂。

這位訪客的回答是：「我對此堅信不疑。」

「如果是這樣的話，我很高興他走了，」塔德說，「因為他來這裡以後從來都沒真正開心過，這裡對他來說並不是一個幸福的地方。」

第四部
尾聲

第四部　尾聲

二十九、舉國哀悼，入土為安

　　載著林肯遺體返回他老家伊利諾州去的送葬火車在兩側大批哀傷的人中間緩慢穿行。火車車廂自身被籠罩在喪事用的黑綢紗下面，而火車頭就像一匹拉靈柩車的馬，其上覆蓋著一條旁邊鑲有銀星、碩大無比的黑色毯子。

　　當火車向北方行駛時，人們開始在鐵軌旁聚集，以莊嚴肅穆的表情目送靈車遠去，隨著時間的推移，人數以幾何級的速度增長著，人們臉上的哀容也愈來愈凝重。

　　在抵達費城火車站之前，火車連續數英里都在密密實實的兩側人牆中間行駛。當它駛進費城時，成千上萬的人在街道上繞來轉去，使街道人滿為患、多處造成堵塞。在獨立會堂外，欲進會堂弔唁的隊伍延伸了三英里長，人們側著身子，一英寸一英寸地向前挪動著，等候十個小時之久，就是為了能最終瞻仰一下林肯的遺容，哪怕只能看一秒鐘。週六午夜，獨立會堂的大門被關上了，可是，拒絕離去的弔唁者徹夜待在瞻仰遺容隊伍中自己所在的位置上，到星期日凌晨三時，前來瞻仰遺容的人比先前任何時候都要多，一些男孩以十美元的價錢出售他們在弔唁隊伍中排到的位置。

　　士兵和騎警們花了很大力氣才使車馬行進的道路保持暢通無阻，與此同時，在等待弔唁的過程中，有數百名婦女暈倒在地，曾經參加蓋茲堡戰役的老兵們在奮力維持秩序時，也有不少人由於過度勞累而虛脫。

　　追悼會被定於在紐約舉行，在那之前的二十四小時中，特快車日夜兼程地把大批前來參加葬禮的民眾從全國各地源源不斷地送入該城——龐大的客流量使全城的旅館全都客滿，有些人只能在私人住宅中下榻，還有的人只能以公園和輪船碼頭為落腳地點。

二十九、舉國哀悼，入土為安

第二天，由黑人騎著的十六匹白馬拉著靈車行進在百老匯大道上，與此同時，悲傷得發狂似的婦女把鮮花拋撒在靈車通過的道路上。在靈車的後面響起了如潮水般的聲響——這是多達十六萬名送葬者的沉重腳步聲，他們搖動著手持的旗幟，旗幟上寫著如下的引文：「啊，可惜啊，亞戈式陰謀家的謀害——可惜啊！」「你們要安靜，要知道，我是上帝。」

五十萬名觀眾人潮湧動，目的是想真切地看一看總統的靈柩與長長的送葬隊伍；面向百老匯大道的二層樓房的窗邊位置以四十美元一位的價錢出租，而且，為了能容納盡可能多的腦袋向外張望，連窗戶上的玻璃都被暫時拆卸了下來。

當無數人在停放在紐約市政廳內的林肯棺木旁啜泣時，許多人對死者說起了話，有些人試圖去觸控他的臉，而且，有一位婦女還趁著警衛不留神時，彎下腰去親吻了遺體。

週二中午在紐約，棺材被蓋上了蓋子，這時候，成千上萬還未能瞻仰林肯遺體的人匆忙趕去搭乘火車，急速西行趕往送葬火車預定停靠的其他站點去。從此時起，直至送葬火車駛達春田市，一路上喪鐘的鳴響聲和禮炮的轟鳴聲幾乎至始至終陪隨著列車。白天，列車在常青樹樹枝和鮮花搭成的拱門下通過，列車經過的山坡上站滿了揮動旗子的兒童；夜晚，橫跨半個大陸的無數火把和燃燒著的篝火照亮了列車通過的線路。

國人處於堪稱狂亂的激動情緒中。古往今來，如此備受關注的葬禮前所未有。在一些地方，有些意志薄弱者被精神壓力所摧垮：紐約有一位年輕人用剃刀自刎，他一邊這麼做，一邊叫喊：「我要和亞伯拉罕·林肯一起去天堂。」

林肯被暗殺的四十八小時之後，春田市的一個委員會的若干名成員急匆匆地來到了華盛頓，他們懇求林肯夫人同意讓她的丈夫安葬在家鄉。起

第四部　尾聲

初，她斷然拒絕了這一建議。她在春田市幾乎已經沒有什麼朋友了，這一點她是知道的。雖然事實上，她有三個姐妹在那裡居住和生活，但她對其中的兩位沒有絲毫好感，對剩下的那一位則心存鄙夷，而且，她對小鎮上那些喜歡嚼舌根的其他人都非常厭惡。

她對她的黑人女裁縫說：「伊麗莎白，我的天啊！我絕不能讓林肯安息在春田市。」

於是，她打算把林肯葬在芝加哥，或是安葬在國會大廈拱頂下那個原本是為喬治·華盛頓建造的陵墓裡。

不過，在那個委員會連續懇求了七天之後，她終於答應把遺體運回到春田市。春田市小鎮籌措了一筆公共基金，用它買下了一塊足有四個街區那麼大的土地 —— 如今的州議會大廈占據著這塊土地 —— 並安排人員日夜施工，開始陵墓的修建工作。

最後，在7月4日上午，送葬的特快車駛進了鎮子，陵墓已經一切就緒，成千上萬名林肯的老朋友聚集在陵墓那裡等著參加落葬儀式；而就在此時，林肯夫人突然反覆無常地發起脾氣來，她取消了先前的所有安葬計劃，趾高氣揚地發號施令說，遺體一定不能葬在已建好的陵墓這裡，而要葬在二英里之外林地當中的橡樹嶺公墓。

有關這一決定，不允許有「如果」、「那麼」或「可是」之類的回應，要是不照她的決定辦，那就存在這樣一種危險：她可能會使用「強迫」手段把遺體運回華盛頓去。為什麼呢？原因非常不合常理。在春田市中部地區建起的陵墓坐落在被人稱為「馬瑟街區」的地界上，而林肯夫人是非常鄙夷馬瑟家族的。多年以前，馬瑟家族的一個成員曾不知怎地惹得她大發雷霆。現在，即使死神的光臨已使大家都鴉雀無聲，她卻依然懷著她那刻骨的怨恨。因此，她不同意讓林肯的遺體在這塊土地上安息哪怕是一夜，因

二十九、舉國哀悼，入土為安

為這塊土地已經被馬瑟家族汙染了。

在長達 24 年的時間裡，這個女人一直與一個「對誰都不懷有惡意」、「對每個人都有仁愛之心」的丈夫生活在同一個屋簷下，可是，就像法蘭西波旁王朝的那些國王那樣，她什麼也沒學到，她什麼也沒忘掉。

春田市只得屈從於這位總統遺孀的命令，於是在十一點鐘時，遺體被運出城送到了橡樹嶺公墓的一個公共棺槨中。「戰鬥的喬·胡克」騎著馬在靈車前開道；靈車的後面是被人牽著走的綽號是「老朋友」的那匹馬，馬背上覆蓋著一塊紅、白、藍三色相間的毯子，毯子上刺繡著幾個字：「老亞伯的馬。」

當「老朋友」回到馬廄時，馬背上的那條毯子連一塊碎片都沒剩下，尋求紀念品的人已經把它撕扯開並搶走了。而且，就像鵜鶘覓食那樣，他們猛撲到已經空了的靈車那裡，爭搶車上的帷幕，直到士兵們手持刺刀衝上前去制止時，他們才罷手。

林肯被暗殺後，林肯夫人在白宮裡躺了五個星期，在此期間她常常哭泣，無論是白天還是黑夜，她都拒絕離開她的房間。

在這段時間，伊麗莎白·凱克利一直待在林肯夫人的床邊陪著她。伊麗莎白在書中寫道：

我將永遠不會忘記那個場景：傷心之極的慟哭，可怕的尖叫，嚇人的痙攣，從內心深處發出的、似暴風雨般狂暴的哀傷爆發。我用涼水浸溼林肯夫人的腦袋，盡我所能平息她可怕的、龍捲風般的發作。

塔德因父親去世而產生的哀傷與他母親一樣深，不過她那可怕的呼天搶地的慟哭把孩子嚇得不敢出聲。

在夜間，塔德常常聽見她在床上啜泣，此時，他會從床上起來，穿著他的白色睡衣走到她床前對她說：「媽媽，別哭了，妳一哭我就無法入睡！

第四部　尾聲

爸爸是一個好人,他已經去了天堂,他在那裡會很幸福的,他與上帝和威利哥哥在一起。媽媽,別哭了,不然我也會哭的。」

三十、惡貫滿盈,凶手末日

　　在包廂裡,布思朝林肯開槍之後,同樣坐在裡面的拉思伯恩少校立刻一躍而起與刺客搏鬥,試圖將他繩之以法,但布思揮舞起了手中的長獵刀,在這位少校的手臂上砍出了一道很深的傷口。布思趁機躍過包廂的欄杆,跳到了比包廂低十二英尺的舞臺檯面上,可是,在他起跳時,他腳上的馬刺掛住了包廂那裡懸掛著的旗子,於是他顯得笨手笨腳地跌倒在舞臺上,並導致其左腿腓骨骨折。

　　他頓時感到一陣椎心的疼痛,但他並未畏縮或猶豫,現在他認為自己正飾演著生涯中至高無上的偉大角色,眼前的這一場戲會使他的名字永垂青史。

　　他很快從地上爬起身來,揮舞著他的獵刀,並且喊起了維吉尼亞州的格言:「對付暴君,任何時候都要這樣。」他跌跌撞撞地衝過舞臺,對碰巧擋住他去路的一位音樂家刺了一刀,把一位女演員打倒在地,飛也似的跑出後門,跳上了正等著他的那匹馬。他舉起他的左輪手槍用槍柄擊倒了正為他牽馬的名叫「花生約翰」的男孩,然後發狂似的沿著大街疾馳而去,在夜色中,他那匹小馬的蹄鐵在路面的鵝卵石上擊出了火星。

　　他騎著馬一直跑了兩英里,穿越城區,其間路過了國會大廈所在的地點。當月亮升到樹梢上時,他已經飛奔到了阿納卡斯蒂亞橋(Anacostia)前,守護在那裡的聯邦軍警衛科布警官手持上了刺刀的步槍從哨所裡衝出

來厲聲喝問：

「你是做什麼的？這麼晚了，你出城去做什麼？難道你不知道九點鐘之後讓任何人通過此地都是違反規定的嗎？」

說來也怪，布思居然報上了自己的真實姓名，他說自己住在查爾斯縣，到城裡來辦事。這麼晚才要出城，是因為他得等月亮升起來後才能藉著月光看清回家的路。

他的這番陳述聽起來有模有樣。由於此時內戰已經結束了，科布警官也放鬆了警惕，於是放下了步槍，讓這個騎馬人通過了。

數分鐘之後，布思的同謀之一戴維‧赫羅爾德也以同樣的解釋騙過了警衛人員，他急速通過阿納卡斯蒂亞橋，在事先約定的見面地點與布思會合，然後兩人繼續騎著馬奔逃。他們在馬里蘭州南部沿著沒有亮光的地方飛快騎行，頭腦裡想像著在迪克西一定會出現的迎候他們的狂熱歡呼聲。

午夜時分，他們停在了瑟拉特維爾的一家小酒館門前，他們給氣喘吁吁的馬餵飽水和草料，讓人拿來當天下午瑟拉特太太留在那裡的望遠鏡、槍枝和彈藥，喝下了價值一美元的威士忌，然後，在對人自誇說自己已槍殺了林肯之後，他們跳上馬繼續疾馳在夜色之中。

他們本來計劃從這裡騎馬直接前往波多馬克河，期望第二天一早能趕到河邊，隨後馬上坐渡船過河前往維吉尼亞州。如果布思的腿沒有骨折的話，也許他們的預謀真的會實現。

可是，儘管腿部持續劇痛，布思那天夜裡仍以斯巴達式的堅毅精神騎著馬繼續飛馳，雖然正如他在日記裡所記載的那樣，開裂成鋸齒狀的斷骨在馬「每跳躍一步時都在撕扯著他的肉」。最後，當他再也不能忍受這一折磨時，他和赫羅爾德向左側掉轉馬頭騎行，在週六天快破曉時，停駐在一位名叫馬德的鄉村醫生的家宅前。馬德即塞繆爾‧A‧馬德醫生，他家

第四部　尾聲

位於華盛頓東南方二十英里處。

布思此時身體非常虛弱，而且承受著非常強烈的疼痛，以至他已經無法憑自己的力量下馬，只能由別人抬舉著離開鞍座，一路呻吟著被運送到了樓上的一個臥室裡。這裡交通不便，既不通電報，也不通火車，當地人誰也不知道林肯被人暗殺的消息，因此，這位醫生對他們沒有產生任何懷疑。布思的腿是怎樣斷了的呢？照布思的解釋，過程很簡單——他的馬跌倒時壓到了他的腿。馬德醫生為布思做了簡單的治療。他用刀割掉布思左小腿上的皮靴，把骨折的部分復位接好，斷腿的周圍用以帽子盒為材料製作的紙製夾板捆夾起來。他還為這位瘸子製作了一根做工粗糙的枴杖，還給了他一隻鞋，以便走路時可以穿在腳上。

布思在馬德醫生家裡度過了一個白天，睡了一覺以恢復體力，但當黃昏來臨時，他忍著疼痛，側著身子從床上爬了起來，他拒絕用餐，剃掉了他的小鬍子，在肩膀上披了一條長長的灰色頭巾以使頭巾的一端遮蓋住右手上可能會洩漏天機的姓名首字母紋身，戴上假的連鬢鬍子來改變自己的面部特徵，付給醫生二十五美元的鈔票。之後，他和赫羅爾德又一次跨上馬背，朝著他們的希望之河出發了。

可是，有一片沼澤地正好橫貫在他們的前進道路上，即面積巨大的澤基亞沼澤。這片大沼澤上長著不少灌木叢和山茱萸，到處是泥濘的汙泥和黏滑的死水坑，它們是蜥蜴和蛇的樂園。在黑暗中，兩位騎手走錯了路，一連數個小時，他們由於迷失了方向而到處亂闖，可是始終找不到出路。

直到深夜時分，才有一個人幫他們走出了困境，這位幫助者是一位黑人，名叫奧斯瓦爾德·斯旺。此時，布思被腿痛折磨得非常厲害，以至無力繼續騎馬前進了，於是他給了斯旺七美元，要他在天亮前用他的運貨馬車載著他離開這裡。此時天快亮了，這一天是星期日，也恰好是復活節，

那位黑人讓他的白色騾子拉著車停在了「富山宅」門前。「富山宅」是考克斯上尉的家，考克斯是一位富翁，也是一位眾所周知的南部邦聯支持者。

布思的亡命奔逃最終被證明是一場徒勞，而其逃命經歷的第一部分就這樣結束了。

布思向考克斯上尉坦白了自己的身分，以及自己刺殺林肯的事情始末。為了證明自己的身分，他向考克斯展示了他自己手上用墨汁塗寫的姓名首字母紋身。

他以他母親的名義請求考克斯上尉別出賣他，辯解說他又病又瘸、苦不堪言，宣稱說他的行刺在他看來對南方是件再好不過的事情。

布思此時的身體狀況差得使他不能再繼續上路逃命，無論是騎馬或是坐車都不行。於是，考克斯上尉就把這兩名逃犯藏在他家附近的一片茂密的灌木叢中，把那個地方說成是「灌木叢」有點輕描淡寫、辭不達意，它實際上是一片名副其實的叢林，稠密的月桂和冬青構成一大片森林，兩個逃犯就在那裡度過了隨後的六天五夜，以等待布思的傷勢好轉到足以使他們能繼續上路逃命。

考克斯上尉有一個好兄弟，名叫湯瑪斯·A·瓊斯。瓊斯是一個奴隸主，連續數年，他一直是南部邦聯政府的一位頗為活躍的代理人，負責把被北方追逃的逃犯和禁運郵件偷偷運送到波多馬克河對岸。考克斯上尉力勸瓊斯照料赫羅爾德和布思，於是每天早晨，瓊斯會為他們送去一籃子食物。他知道每條林中小路中都有人在搜尋，清楚聯邦密探無處不在，因此在他手提食物籃去送吃的時，他會邊走，邊呼喚他家養的豬，裝作他是在為了餵食而去找它們。

布思雖然肚子餓得很想吃東西，但他更想獲得的不是食物，而是消息。他老是懇求瓊斯對他講講最新的消息，以便了解國民是怎樣為他的刺

第四部　尾聲

殺行為而叫好喝采的。

瓊斯帶去了一些報紙給布思，布思急不可待地一口氣把它們全都讀完，不過，他在報紙上的搜尋卻是徒勞一場，因為他所熱烈渴望的爆炸似的叫好聲在報紙上根本沒有出現，他從報紙中得到的只有幻滅感和傷心。

在此前的三十多個小時中，他一直在不顧肉體上的折磨，向維吉尼亞一路疾馳，雖然肉體上的折磨非常強烈，可與他此時遭受的精神痛苦相比，它們還是微不足道的。北方的媒體怒氣沖天，紛紛譴責凶手，這倒是沒什麼，他早就料到了這一結果，可是，當他看到維吉尼亞州的報紙時，那裡是南方——他的南方——也在反對他、譴責他並否認與他有任何關係時，他絕望得簡直要發狂。他曾夢想自己會被南方的人們尊奉為第二個布魯特斯（古羅馬時代刺殺凱撒的人），被人稱頌為現代威廉‧特爾，可是現在，他發現自己被人抨擊，被人稱作膽小鬼、傻瓜、拿別人好處的凶手和謀逆者。

這些文字上和口頭上對他的攻擊，使他感到像是被蜂蛇咬中那樣痛苦，痛苦得就像死神即將降臨一般。

可是，他自責了嗎？沒有。恰恰相反，他責怪其他所有人——除了他和上帝之外的所有人。他只是掌握在上帝手中的一個工具，這是他為自己的辯護：他受神的指派去槍殺亞伯拉罕‧林肯，他唯一的錯誤是去為「過於墮落」以至不能對他作出正確評價的國民服務，「過於墮落」——這是他在日記中所使用的詞語。

他在日記中還寫道：「雖然我並不想成為一個偉人，但要是世人能夠懂得我的心，那麼我的那一槍已經使我變得偉大了⋯⋯我的心靈實在是太偉大了，偉大得不可能使我像個罪犯似的死去。」

躺在澤基亞附近的溼地那裡，身上蓋著一條蓋馬背用的毯子卻還是瑟

三十、惡貫滿盈，凶手末日

瑟發抖，他以悲劇式的誇張語言傾吐自己痛苦的心聲：

這裡又溼又冷，我忍飢挨餓，而且為千夫所指，我深感絕望，為什麼呢？因為我做了布魯特斯所做的那類事情，可他卻因此而贏得了榮譽；因為我做了威廉‧特爾所做的那種事情，可他卻因此而成了英雄；我打倒了一個比他們所知道的更有過之而不及的暴君，可是我被卻被看作是一個普通的凶手。但我的動機完全是出於公心，出自純潔無私的情感與正義感，這一點遠超他們個人……我並不指望我自己能從這件事中得到什麼……我認為我做得不錯，我並不後悔自己打出的那一槍。

當布思躺在那裡寫日記時，三千名探員和一萬名騎兵正在搜尋馬里蘭州南部的每一個角落和隱蔽處，他們搜尋房舍，進山洞探看，進大樓搜尋，甚至仔細搜尋了澤基亞沼澤地的每一處小泥塘。他們發誓一定要追蹤發現布思並把他捉拿歸案 —— 無論他是死是活 —— 然後就可以獲得獎賞 —— 抓獲布思的懸賞金額高達十萬美元。有時，布思聽得見正在追尋他的騎兵的聲音 —— 他們在距離布思二百碼遠的一條公路上疾馳而過。

有時，他可以聽見那些騎兵的馬相互呼應地嘶叫。要是他和赫羅爾德的馬對騎兵的那些馬作出回應，那麼他們的末日也就到了。於是，那天夜裡，赫羅爾德把他們的馬牽到了澤基亞沼澤地中，把它們槍殺了。

兩天之後，老鷹出現了！起初，它們只是天空中的一些小斑點，後來便飛得越來越近。最後，它們不斷盤旋後高飛，而它們的位置就位於死去的那兩匹馬的正上方。布思被嚇壞了，因為這些老鷹可能會引起追捕者的注意，隨後他們幾乎肯定會認出死馬中的一匹正是他逃亡時騎乘的栗色馬。

除此之外，他已經決定他必須想個方法到另一位醫生處去治療一下傷腿。

第四部　尾聲

於是，第二天夜裡，即4月21日週五的夜裡——此時距離刺殺事件已經過去了一週，他被人從地上抬起來，兩腿騎跨在湯瑪斯‧A‧瓊斯的一匹馬的馬背上，然後，他和赫羅爾德又一次出發朝波多馬克河行進。

就他們的目的而言，那個夜晚非常理想：濃霧重重，周圍暗得什麼也看不見。在一片漆黑之中，他們只能依靠相互觸控才能不至走散。

瓊斯堪稱是他們的忠實走狗，他引領著他們離開藏身之地向河邊出發，三個人偷偷穿過了開闊的田野，橫穿過一條公路，後來又走過了一個農場。由於害怕遍地撒網的士兵和特務會突然出現，瓊斯先是一個人悄無聲息地前行，每次走五十碼就停下來聽聽四周有沒有動靜，然後輕輕吹一下口哨，之後布思和赫羅爾德才會向他那裡前行。

就這樣，他們摸黑行進了數個小時。由於謹小慎微，他們走得非常慢，途中一有風吹草動就會把他們嚇一跳。最後，他們終於抵達了從陡岸頂上通往下面河邊的那條陡峭、彎曲的小道。那天一直颳著大風，在黑暗中，他們可以聽見下面傳來的河水拍擊沙灘，彷彿是在哀哭的聲音。

在過去的接近一週的時間裡，聯邦軍士兵一直在波多馬克河畔來回騎行，他們毀掉了馬里蘭州一側河岸邊的所有小船，可是，瓊斯比他們更聰明：他讓他的一名叫亨利‧羅蘭的黑人手下每天白天駕船到河上去捕鯡魚，夜裡則把船藏在登特家的草叢裡。

因此，當兩名逃犯那天晚間到達河邊時，一切都已準備就緒。布思壓低聲音對瓊斯表示了謝意，付給他十七美元作為用他的船渡河及其提供的一瓶威士忌的報酬。兩名逃犯爬上了船之後，船就朝五英里之外的維吉尼亞州一側河岸邊的某個地點駛去。

在濃霧密布、一片漆黑的夜色中，布思坐在船尾，赫羅爾德划著雙槳，他們試著用指南針和蠟燭來確定航向。

三十、惡貫滿盈，凶手末日

可是，他們的船剛開出不遠就遇上了非常強勁的湍流，原因是河道在那個位置頗為狹窄。潮水席捲著他們的船沿河上行達數英里之遠，在大霧中，他們不知自己身在何處。在躲開巡邏在波多馬克河上的聯邦軍砲艦之後，他們在黎明時發現自己到了從出發處算起沿河上行十英里處，與第一天夜裡出發時相比，他們與維吉尼亞之間的距離沒有絲毫的縮短。

於是，那天的整個白天他們都藏身於南傑莫伊灣的沼澤地中，夜幕降臨後，儘管飢餓難當、渾身溼透，他們還是划船過了河。此時布思歡呼起來：「感謝上帝，我終於到了光榮、古老的維吉尼亞，我安全了！」

理查·斯圖爾德醫生是南部邦聯政府的特務，也是喬治王縣最富有的人，布思匆匆趕到這位醫生的家裡，指望著自己會被當作南方的救星那樣受到歡迎。可是，這位醫生先前曾因援助南部邦聯而數次遭到逮捕，現在，內戰結束了，他不打算冒著掉腦袋的風險去幫助這個正被舉國通緝的凶手。他非常精明，不會去做這種傻事，因此，他甚至不願讓布思跨進他的家門。他雖說不情願，卻還是給了這兩個逃犯一點吃的東西，不過，他是讓他們待在牲口棚裡用餐的，然後把他們打發到了一個黑人家裡去過夜。

即使是那個黑人家庭也不想接納布思，他只得嚇唬那家人，才使他們同意讓他和他們一起居住。這一切都是發生在維吉尼亞州的土地上！

請注意，這裡已經是維吉尼亞州了，布思曾信心十足地指望在這裡會出現這樣的情景：只要一提他的名字，群山之間就會轟然響起急不可待的歡呼聲，無數人會飛快地跑出來迎接他們的大英雄。可事實上，他在這裡依舊被當做是一個殺人逃犯，一個燙手山芋，沒人情願收留他。

現在，布思的末日即將來臨了，他就要在三天以後走完自己罪惡的人生道路。此時的布思在離開理查家之後走了沒多遠，他與三個因停戰而回

第四部　尾聲

家的南部邦聯軍騎兵搭伴，一起在羅亞爾港乘渡船過了拉帕漢諾克河。布思搭乘著他們的馬匹向南走了三英里，並在他們的幫助下，用哄騙手段迫使一位農場主答應收容他，他謊稱他名叫博伊德，是李將軍手下的一名士兵，在里奇蒙附近打仗時受了傷。

於是，在其後的兩天時間裡，他待在加勒特的農舍那裡，躺在草坪上晒太陽，忍受著腿部傷痛的折磨。他在檢視一張舊地圖，研究前往裡奧格蘭德的路線，研究有關逃亡墨西哥的路線，並作了詳細筆記。

他在那裡的第一天傍晚，當他坐在餐桌那裡吃晚飯時，加勒特年幼的女兒含糊不清地談起了林肯被人刺殺的消息，那是她剛從一個鄰居那裡聽說的。她不停地說著，很想知道到底是誰做了這件事，以及殺手拿了別人多少錢才勇於做這種事。

布思突然開口評說道：「依我看，他沒拿別人一分錢，他做這事只是為了出名。」

第二天是 4 月 25 日，這天的下午，當布思和赫羅爾德正四肢伸開躺在加勒特家院子的槐樹底下時，拉格爾斯，即曾幫助他們渡過拉帕漢諾克河的三位騎兵中的一位，突然飛奔到他們跟前並對布思喊道：「北方佬正在過河，你要小心啊。」

他們聽了這話後趕緊開溜，躲到了樹林裡面去，可是當夜幕降臨時，他們又偷偷回到了加勒特家裡。

這一情況在加勒特看來頗為可疑，於是他想把這兩個神祕的「客人」馬上打發走。是因為他懷疑或許是這兩人槍殺了林肯嗎？不是，他壓根沒想到這一點。他猜測他們大概是盜馬賊。在吃晚飯時，他們提到想買兩匹馬，這話加深了他最初的那種猜測。等到了就寢時間，兩位逃犯從安全形度考慮，拒絕上樓睡在臥室裡，堅持要睡在他家大門口或牲口棚裡，這一

反常舉動使加勒特確信他們就是盜馬賊。

於是，加勒特決定要採取措施防止他們下手盜竊，他把他們安排在一個多年前建造的倉庫裡過夜，早先那裡存放過菸草，現在則用來存放乾草和家具。把他們安置在倉庫裡後，他在倉庫大門外掛上了一把鎖把他們鎖了起來。最後，作為進一步的預防措施，這位老農場主讓他的兩個兒子——威廉和亨利——趁著天黑帶著毛毯躡手躡腳地走出家宅，到倉庫隔壁存放玉米的小屋裡過夜，在那裡，他們可以進行監視，以保證馬在夜間不被盜走。

在那個令人難忘的夜晚，加勒特一家人就寢了，此時他們多少有些期待會有點具有刺激性的事情發生。

第二天早晨來臨之前，果真發生了非常刺激的事情。

此前的兩天兩夜間，一支聯邦軍的騎兵隊一直在循著布思和赫爾羅德的逃跑路線窮追不捨，他們獲得了一個又一個線索：有一個老年黑人曾見到布思二人正在橫渡波多馬克河，追捕者和他談了話，還找到了手持篙子、用敞艙駁船把布思等人擺渡過拉帕漢諾克河的那位黑人擺渡工羅林斯。這位擺渡工告訴追捕者說，渡河後上馬離開時，讓布思搭騎在他馬上的那位南部邦聯軍人是威利‧傑特上尉。這位上尉有一位心上人，她住在十二英里外的鮑靈格林，傑特也許去那裡了。

這聽上去很有可能。於是，騎兵們立即跨上馬背，在月光的照耀下朝鮑靈格林方向疾馳而去。到那裡時已是午夜時分，他們砰砰地敲門，進了上尉心上人的家，找到了傑特上尉，把他從床上一下子拽了起來，用左輪手槍急速頂住他的胸膛並厲聲問道：

「布思在哪裡？你這該下地獄的惡棍，你把他藏到哪裡了？說！不然的話我們把你的心臟打得飛出來。」

第四部　尾聲

　　傑特騎上了他的矮種馬，帶領北方軍士兵出發，最後抵達了加勒特的農場。

　　這一夜漆黑一片，月亮已落山了，天上見不到星星，從疾馳的馬蹄下揚起的一團團令人窒息的塵土形成了長達九英里的「雲霧」牆。傑特的左右兩側各有一名騎兵和他並排而行，他的坐騎的韁繩被繫在這兩位騎兵的馬鞍上，這樣他就無法趁著天黑潛逃了。

　　凌晨三時半，騎兵們到達了年久失修，曾經粉刷過的加勒特家的大門口。

　　他們立即悄悄地把房子重重包圍起來，並把他們的槍口對準了每一扇門和窗戶，其首領用手槍柄開始砸門，厲聲要求屋主開門放他們進去。

　　過了一下，理查·加勒特手持蠟燭拉開了大門的門栓，此時，幾條狗狂叫起來，風揚起他長睡衣的下襬，然後又使它像鞭子似的抽打在他那哆嗦的腿上。貝克中尉立即用手抓住了加勒特的喉嚨，閃電般地用手槍頂住了他的腦袋，並厲聲要求他把布思交出來。

　　年事已高的加勒特嚇得張口結舌，他發誓說那兩個陌生人不在他家裡，說他們已經藏到林子裡去了。

　　這是一個謊言，而且聽起來非常虛假，於是騎兵們一下子把他拉出了大門，拿出一根繩子在他面前晃了一晃，威脅他說要立即把他綁在院子裡的一棵槐樹上。

　　就在這時，此前在玉米小屋裡睡覺的加勒特的兩個兒子中的一個跑到了大門口，並說出了真相，騎兵們立即三分鐘熱風似的包圍了那個早先存放菸草的倉庫。

　　追捕者在開火之前，費了不少口舌勸降，足足有十五或二十分鐘的時間，北方軍的軍官對布思講道理，催促他立即投降。他大聲回應說他是個

三十、惡貫滿盈，凶手末日

瘸子，請求他們「給一個腿瘸的人一次的表演機會」，提出假如他們願意撤退一百碼距離的話，他會出來與整個搜尋小隊的人一對一地比拚。

赫羅爾德此時已經喪失了勇氣，想投降，布思對此感到厭惡。

他對赫羅爾德大聲喊道：「你這該下地獄的膽小鬼，從這裡滾出去，我不想讓你繼續待在這裡。」

於是，赫羅爾德從倉庫裡走了出來，他的兩條手臂向前伸著，準備被戴上手銬。他口口聲聲懇求追捕者饒恕他，一再聲稱他喜歡林肯講的笑話，發誓他與刺殺林肯毫無關係。

康格上校把他綁到了一棵樹上，威脅說要是他不停止他的抱怨，就要用東西把他的嘴堵上。

但布思不願投降，他覺得他的行為是為了造福子孫後代。他對他的追捕者喊道，「投降」這個詞根本不存在於他的字典裡，而且他提醒他們說，當他們「在為光榮的旗幟上又添上一處新的血跡時」，應該為他準備好一副擔架。

康格上校決定用煙把他燻出倉庫，他命令加勒特家男孩中的一個貼著倉庫堆放起乾燥的柴草，為點火做準備。當布思看到男孩的所作所為時，他咒罵他並威脅說要是男孩不停止堆放，他就會把子彈射進男孩的胸膛。男孩被迫停止了堆放，但康格上校偷偷繞過倉庫，來到倉庫後側的一個牆角那裡，他透過牆上的一個裂縫將點燃的乾草扔進了倉庫內的乾草堆。

這個倉庫當初是為貯存菸草而建的，為了保證通風條件，倉庫的牆上留有四英寸寬的若干條縫隙，透過它們，追捕者們看到布思抓起一張桌子與越燒越旺的火焰展開了搏鬥——一位演員最後一次處於灰光燈下，一位悲劇演員在上演其告別演出的最後一戰。

務必活捉布思的嚴令已經下達，聯邦政府不想他被打死，因為計劃要

第四部　尾聲

對他進行一場聲勢浩大的審判，最後再把他絞死。

假如不是由於一位頭腦遲鈍的軍士，即宗教狂熱者波士頓·貝特(Thomas H. "Boston" Corbett)，布思還是很有可能被活捉的。

此前，每個人都已多次得到警告：沒有命令，不許開槍。科貝特在事後宣稱他接到了命令——直接來自萬能的上帝的命令。

透過起火倉庫牆上的較寬縫隙，波士頓看見布思扔掉了柺杖，丟下了他的長槍，舉起他的左輪手槍並向倉庫門那裡走過去。

波士頓斷定，布思會試圖以開槍射擊來殺出一條血路，盡力做最後的垂死掙扎，他會玩命一般一邊射擊，一邊奔跑，以求逃脫被逮捕而喪命的下場。

於是，為了避免追捕者一方白白流血，科貝特走上前去，把他的手槍架在他的一條手臂上，透過牆上的一條裂縫對準了目標，在為布思的靈魂做出祈禱後，便扣動了扳機。

槍聲響起，布思便慘叫一聲，他的身體跳離地面有一英尺高，隨即向前撲倒，臉朝下地倒在了乾草堆上，這一槍使他受了致命傷。

此時，熊熊火焰正迅速沿著乾燥易燃的乾草堆蔓延，貝克中尉怕布思會被燒死，急著要把這個垂死的可憐蟲從倉庫中弄出來，於是，他急速衝進著了火的倉庫，撲到布思身上，把布思的那把左輪手槍從布思緊握的手中連撐帶拉地奪了過來，把布思的兩條手臂捆在身軀的後側——貝克之所以會採取這些行動步驟，是因為他擔心布思有可能只是在裝死。

布思被迅速抬到了加勒特家那幢農舍的大門口，一位士兵跳上一匹馬，隨即沿著多塵的土道疾馳而去，他是前往三英里之外的羅亞爾港去請醫生。

加勒特夫人有一個妹妹，即哈洛韋小姐，她當時在她姐姐家寄宿，因

為她在附近的學校教書。當哈洛韋小姐得知大門口忍冬藤下躺著的那個垂死之人是扮演過情痴式名角的浪漫劇演員約翰・威爾克斯・布思時，她說布思必須得到細心照料。她讓人從屋子裡拖來一條床墊供布思躺在上面，她還從屋子裡拿來了她自己所用的枕頭，把它墊放在他的腦袋下面。她抬起他的腦袋放在膝蓋上，餵給他酒喝，可是他的喉嚨似乎已麻痺了，無法吞嚥。隨後，她把她的手帕在水裡蘸了一下，一次又一次地用它沾溼他的嘴唇和舌頭，她還為他的太陽穴和額頭做按摩。

垂死的布思和死神抗爭了兩個半小時，期間他痛苦不堪，懇求他身邊的人幫他翻身，使他臉朝下俯臥，或使他側身躺著，或使他後背朝下仰臥。他一邊咳嗽，一邊催促康格上校用雙手用力掐他的脖子，在極度的痛苦中，他大聲喊道：「殺了我吧！把我殺掉！」

他請求身邊的人把他最後的口信捎給他的母親，然後斷斷續續地小聲說道：

「告訴她……我做了……那件事我認為……非常偉大……此外，我死去……是為了我的祖國。」

當死神即將降臨之際，他請求身邊的人把他的兩隻手抬高一些，以便他能看到它們。可是，它們已經完全沒有知覺了，於是他咕咕噥噥地說：「廢了！廢了！」

這是他臨終時最後說的話。

加勒特家院子裡有幾棵樹齡很長的老槐樹，正當太陽昇到這些樹的樹梢上方時，布思死了。他的「下巴痙攣地歪著向下牽拉著，他的一對眼球轉動看著他自己兩隻腳的方向，而且腳部已經開始變腫了……隨著一陣咯咯似的笑聲和笑聲的戛然而止，他兩腳一伸，腦袋往後一仰」。布思就這樣斃命了。

第四部　尾聲

　　此時是早晨七點鐘，他死亡的時間與林肯去世的時間相差不到二十二分鐘。而且，波士頓·科貝特向布思射出的那發子彈擊中的也是後腦勺，其槍眼比布思在林肯腦袋上打出的那個槍眼大約只低一英寸。

　　醫生割下了布思的一綹捲髮，把它遞給了哈洛韋小姐，她一直儲存著這綹頭髮以及布思的腦袋枕過的那個沾滿血汙的枕套——她一直儲存並珍藏著它們，直至後來，歲月蹉跎，她陷入了極度的貧困之中，於是她只得用那個血漬斑斑的枕套換來一木桶的麵粉。

三十一、荒誕不經，虛假傳言

　　布思剛斷氣，騎探們就屈膝跪下搜他的身，他們找到了一個菸斗、一把長獵刀、兩支左輪手槍、一個日記本、一個被蠟燭的熔蠟弄得滑溜溜的羅盤、在一家加拿大銀行可以兌現大約三百美元的一張匯票、一枚鑲有鑽石的胸針、一把指甲銼以及非常喜歡他的五個美女的照片。五個美女中有四個是女演員，她們是埃菲·熱爾蒙、艾麗斯·格雷、海倫·韋斯頓以及「漂亮的費伊·布朗」，第五個美女是華盛頓上流社會的一名女子，為了尊重她及其子孫後代，我們在這裡就不提及她的姓名了。

　　搜完身之後，多爾蒂上校從一匹馬的馬背上猛地拉下一條鞍毯，從加勒特夫人那裡借來了針線，把布思的屍體縫在毯子裡，然後給了名叫內德·弗里曼的一個老黑人兩美元，要他把屍體拉到波多馬克河邊去，有條船已在那裡等著運送屍體。

　　拉法葉·C·貝克中尉在他的那本專著《美國特務史》，講述了把屍體拉到河邊一路上發生的情況：

三十一、荒誕不經，虛假傳言

大車啟程之後，布思本已基本不再流血的傷口又開始滴血了，鮮血透過大車車身上的縫隙向下滴落，滴落在車軸上，滴落在道路上——使路面出現了一個個很嚇人的紅色餅狀血跡。鮮血使大車車身的木板條血漬斑斑，鮮血使毯子都溼透了……一路上，屍體都在滴落著殷紅的鮮血，血滴落的速度很慢，但始終不停。

在此期間，有一件意料之外的事發生了。依照貝克的說法，內德·弗里曼的那輛又老又舊的大車是「一個瀕臨散架、滑稽可笑」的玩意兒，它行進時「嘎吱嘎吱作響，就好像隨時會散架子似的」，不僅如此，在這次緊迫的運送任務所要求的以最快速度行進的壓力下，這輛行進起來東倒西歪的破舊大車在途中真的開始散架了。大車的一根主軸啪地一聲斷了，大車立即散了架子，前輪離開了車體，只剩下了後輪，於是大車車廂的前端砰地一聲向下砸在地上，布思的屍體突然搖搖晃晃地移到了車廂「前部，彷彿在做最後的努力，意欲逃跑似的」。

貝克中尉決定拋棄這輛東倒西歪、又破又舊的運屍車，他從住在附近的一位農場主那裡另行徵用了一輛大車，把布思的屍體扔到了這輛車上，隨後繼續匆匆趕路到了河邊，把屍體裝上了一條官方擁有的拖船「約翰·S·艾德號」。然後，這條船就載著布思的屍體開往華盛頓去了。

第二天早晨黎明時分，有關布思的新聞就在華盛頓城裡迅速傳播開了：布思被人用槍打死了，在消息傳播出去時，他的屍體正躺在停泊在波多馬克河上的砲艦「蒙托克」號上。

消息在首都華盛頓引起了一陣大規模騷動，成千上萬的市民匆匆趕往河邊，饒有興味地凝視著那條載有布思屍體的軍艦。

那天下午過了一半時，特務隊長貝克上校急速趕到斯坦頓那裡，彙報了一件剛發生的事情；貝克說，他在「蒙托克號」船上抓住了一群直接違

第四部　尾聲

反命令的市民，其中有一位婦女割走了布思的一束頭髮。

斯坦頓一聽很是憤怒，他大聲說：「布思的每一根頭髮都可能會被叛匪當作文物珍藏起來的。」

他擔心布思的頭髮從意義和後果上說可能遠超一般的文物。他堅定地認為，刺殺林肯是傑弗遜·戴維斯與南部邦聯的領導人策劃和指揮的一個龐大陰險計劃的一部分；他還擔心，他們可能會奪走布思的屍體並利用它發動一場聲討，以激起南方奴隸主的憤怒情緒，使他們再度拿起來福槍，繼續南北戰爭。

他隨即釋出了命令，命令中稱，布思的屍體必須盡可能快地下葬並要埋葬在祕密地點，布思的屍體必須隱藏起來使其在世人的視線裡消失，必須銷毀布思的全部飾物、衣服和頭髮等相關物件，一件都不許留，以免南方的支持者利用它們來發動一場針對北方的聲討。

在斯坦頓釋出命令的當天傍晚，正當太陽落到火紅晚霞的後面時，貝克上校和他的表弟貝克中尉兩人登上了一條小艇，把小艇開到了「蒙托克」號那裡，並登上了這艘砲艦，然後在岸邊大群觀眾的圍觀下做了三件事情，使他們看得目瞪口呆。

首先，他們把已被裝在一個松木材質的槍枝包裝箱裡的布思屍體轉移到了小艇上。然後，他們把一個巨大的球狀物和沉重的鐵鏈從砲艦上挪動到小艇上；最後，他們返回小艇，隨後把小艇駛離砲艦，向河的下游行駛而去。

這時，好奇的岸邊觀眾所做的事情恰好是這兩位特務人員希望他們去做的：他們沿著堤岸奔跑起來，一邊你推我擠，一邊激動地議論著。他們踩著泥水坑飛速前進，下定決心要盯住那艘送葬的小艇不放，一定要弄清楚屍體要被怎樣處理掉。

足有兩英里的路程，這些觀眾與小艇上的兩位特務齊頭並進。隨後，夜幕在不知不覺中降臨了，雲彩遮擋住了月亮和星星，跟隨小艇的諸位觀眾中，即便是具有最敏銳目光的人都無法再看清河中央的那艘小艇。

當兩位特務抵達波多馬克河上最杳無人煙的地段之一——吉斯堡波因特時，貝克確信此時沒有任何人能看見他們藏身於此，於是，他把小艇駛入了一片大沼澤地——那是一個散發著惡臭的地方，長滿了燈芯草和泥沼野草，也是一塊亂葬崗——軍隊把宣告不治的病馬和死了的騾子都丟棄在此。

在這片可怕的沼澤地裡，兩位特務等待了數個小時，他們側耳傾聽，以便弄清他們是否被人跟蹤，可他們聽到的聲音僅有牛蛙的鳴叫聲和潺潺的流水聲。

午夜降臨了，這兩位特務偷偷划著船返回河的上游，途中他們極為謹慎，連大氣也不敢出地保持著安靜，他們不敢小聲交談，甚至對槳划水發出的嘩嘩聲和河水拍擊船舷的啪啪聲都警惕性十足。

最後，他們來到了歷史悠久的州立監獄的圍牆下，臨近水邊的堅實磚牆上已鑿好了一個洞口，為的是讓他們能穿過它進到牆的另一邊去，他們把船划到了洞口那裡：在一位軍官問詢他們口令，他們也正確回答出口令之後，他們將一口白色的松木棺材移交給了對方，其蓋板上用標準字型寫著「約翰‧威爾克斯‧布思」的名字。半小時後，這口棺材被埋葬在貯存著彈藥的政府軍火庫中一個大房間的西南角裡，在那裡挖出了一個淺坑，人們把他的屍體放入坑內並用泥土掩埋好。墳墓的頂部被仔細地扒平壓好，使其平整如初，這樣這部分地面看起來與房間裡其他部分的地面並無二致。

到第二天早晨日出時，情緒激動、手持打撈工具的人們已經在波多馬

第四部　尾聲

克河上開始了大規模打撈工作，有些人則在吉斯堡波因特後面的大沼澤地裡的死騾屍體間不斷搜尋。

舉國上下，無數人都在打聽屍體被怎樣處置了，只有八個人知道答案——八個發誓保證絕不洩漏機密的最忠誠的人。

在謎一樣的氣氛籠罩在全國大地上時，突然出現了各種捕風捉影的傳言，各家報紙把這些傳言散播到了全國各地。布思的腦袋和心臟已被存放到了華盛頓的全國軍醫學博物館中——《波士頓廣告人》如是說；其他的一些報紙聲稱，屍體已被葬入大海；還有一些報紙宣稱，屍體已經被燒掉了；此外，有一家週刊發表了一位「目擊證人」的筆錄，文中詳細描述了屍體在午夜時分被沉入波多馬克河中的全過程。

正當雜亂無章、相互矛盾的各種傳言弄得大家一頭霧水、無所適從時，又出現了一種新的傳言：士兵們打死的根本不是布思，真正的布思已經逃出生天了。

大概之所以會出現這一傳言，是因為布思的屍體看上去與他生前的模樣大相逕庭。接到斯坦頓的命令後，在西元 1865 年 4 月 27 日登上「蒙托克」號砲艦去檢驗屍體的人中有約翰·弗雷德里克·梅醫生——華盛頓的一位傑出的內科醫生，梅醫生說（當蓋著布思遺體的防水帆布被掀開時）：

所露出的屍體在面貌上與我先前所知道的布思毫無相像之處，這使我大吃一驚。由於驚異得難以置信，我當即對巴恩斯將軍說：「這具屍體一點都不像布思，我不相信它是他的屍體。」在我的請求之下，這具屍體被放置成坐著的體位，隨後我站在屍體前仔細檢視，最後，我終於從區域性辨認出了布思的相貌。不過，從我先前所見過的那位充滿活力、體質強健的人，變為了我面前的這具不成人樣的屍體，在其他任何人身上都從未發生過這麼大的變化：屍體的皮膚已毫無血色並且明顯發黃，腦袋上的頭髮

蓬亂且毫無光澤，由於布思經歷了一段餐風宿露和忍飢挨餓的日子，其臉頰明顯凹陷，使臉部的總體面貌顯得凹凸分明，猶如皮包骨頭。

其他見到布思屍體的人甚至沒能從「區域性」上認出布思來，他們在華盛頓城內到處訴說著他們的懷疑，於是，「那具屍體並不是布思」這一傳言就迅速傳播開來。

政府為布思的屍體祕密設定警衛，屍體被迅速而神祕地下葬，以及斯坦頓拒絕釋出相關消息，並沒有對無中生有的謠言加以批駁，因此這種傳言的影響力更大了。

首都出版的一家名為《立憲聯邦》的報紙說，政府在布思問題上的整個表現是一場騙局，其他報紙也加入到這一動議之中。《里奇蒙觀察者》報呼應道：「我們知道布思已經逃脫了。」《路易斯維爾日報》公開宣稱，有關此事的整個處理過程中存在著某種腐敗行為，「貝克與他的搭檔們處心積慮地設計欺騙聯邦財政部」。

責問和聲討聲甚囂塵上，而且，正如此類情況中人們通常會見到的那樣，無數名證人跳了出來，聲稱在加勒特倉庫火拚後過了好久，他們還碰到過布思並和他說了話，遇到他的地點也是林林總總，不一而足，簡直遍布了世界各地：他正逃往加拿大，他正飛速進入墨西哥，他乘坐在開往南美的船上，他正匆匆逃往歐洲，他正在維吉尼亞州布道，他正藏身於東方世界的一個島嶼上……

美國歷史上最家喻戶曉、持續時間最長、最具謎團色彩的傳聞就這樣誕生了，在接近四分之三個世紀的時間裡，它一直沒有消失，而且一直有新的說法出現；時至今日，依然有成千上萬的人相信「布思那時已經逃脫了」的傳聞，其中不乏社會名流。

甚至有一些在大學教書的知識淵博的教授坦言自己相信這種傳聞。美

第四部　尾聲

國最傑出的牧師之一曾來往於全國各地，在他的演講中對數百上千批聽眾宣稱布思最終逃脫了。本書作者在撰寫本章的過程中，曾從一位學過科技的人那裡聽說布思逍遙法外了，而且他是極為嚴肅認真，一本正經地對我這樣說的。

毫無疑問，布思被殺死了，這一點是無可置疑的。在加勒特菸草倉庫裡被槍打死的那個人使用了他可以想到的一切理由來救他自己的命，而且他具有出色的想像力，可是，在他命懸一線的緊急關頭，他並未去否認他是約翰·威爾克斯·布思，因為他否認自己是布思的做法未免顯得太滑稽可笑、太荒誕不經，因而，即使是面對死亡，也不值得去嘗試這種可笑的欺騙。

此外，為了使「布思被殺死了」的消息得到百分之一百的認定，斯坦頓在那具屍體被運到華盛頓後，曾派出了十個人去驗證它是否真的是布思的屍體，正如我們已經記述的那樣，其中一人是梅醫生，他此前曾為布思動過手術，割掉了布思脖子上「一個碩大的纖維瘤」，傷口癒合後留下了「一個難看的大傷疤」。藉助這塊傷疤，梅醫生認定那確實是布思的屍體。梅醫生說：

在抓捕者們展示給我們看的那具屍體上，幾乎找不到任何與那個人在世時相像的蛛絲馬跡，但是，生前動手術留下的那個疤痕在人死後是依然不會消失的，儘管當時有些人存有疑問，儘管後來有的人不斷找碴，但這個疤痕確實解決了這具屍體的「身分」問題——他就是那個暗殺了林肯總統的人。

牙科醫生梅里爾藉助不久前他為布思補好的一顆牙的填料，確定了屍體的身分。

國民賓館是布思生前曾下榻過的地方，該賓館的一位名叫查爾斯·道

森的辦事員藉助紋在布思右手上的姓名首字母「J・W・B」確定了死者的身分。

華盛頓有名的攝影師加德納認定那確實是布思的屍體。布思最知心的朋友之一亨利・克萊・福特也認定那是布思的屍體。

西元1869年2月15日，按照安德魯・約翰遜總統的命令，布思的屍體被挖掘了出來，其身分再次被布思的若干名親密朋友所認定。

隨後，屍體被運到了巴爾的摩，重新下葬在格林山公墓中布思家族的祖墳裡；而在重新下葬之前，屍體的身分再次得以認定，認定者是布思的兄弟和母親，以及在布思生前一直對布思十分了解的他的若干位朋友。

曾經生活在這個世界上的人中，恐怕沒有任何人在死後像布思那樣被反覆確認身分，這是毫無疑問的。

可是，有關布思的虛假傳聞依然沒有消失，在1880年代，有許多人相信，維吉尼亞州里奇蒙的J・C・阿姆斯壯牧師就是喬裝改扮後的布思，原因是，阿姆斯壯長著烏黑的瞳仁，有一條腿是瘸的，為人處世很有戲劇性，他還留著一頭烏黑的長髮，長髮遮擋著他脖子後側的一塊疤痕——據說是這樣的。

此外，還有其他「布思」在各地出現，總數在二十個左右。

西元1872年，有一位「約翰・威爾克斯・布思」面對田納西大學的眾多學生進行了戲劇臺詞朗誦表演和變戲法表演。他娶了一個寡婦，但後來又對她感到膩煩，於是他私下裡對她說，他就是那個真的刺客，他說他不久後要到紐奧良去獲取一筆正等著他的財富。在這以後，他就消失了，「布思夫人」從此再也沒有聽到過有關他的任何消息。

在1870年代後期，德克薩斯州格蘭伯裡有一位患有哮喘病的酒吧間老闆，他在喝醉酒後對一位名叫貝茨的年輕律師「坦承」，他就是布思，

第四部　尾聲

他給貝茨看了他脖子後側的一塊難看的疤痕，並對貝茨詳細講述了約翰遜副總統如何說服他刺殺林肯，如何許諾如果他被捉拿歸案，一定會暗中赦免他。

在西元 1903 年 1 月 13 日，一位名叫戴維·E·喬治的吸毒成癮的房屋油漆工在喝醉酒後，於俄克拉荷馬州伊尼德的大道賓館用番木鱉鹼（Strychnine）自殺了，但自殺之前他曾「坦白」說他就是約翰·威爾克斯·布思，他聲稱自己在射殺林肯之後，他的朋友們把他藏在了一個旅行用的大衣箱裡，並把他弄到了一艘開往歐洲的船上，他後來在歐洲生活了十年。

貝茨律師從報紙上讀到了喬治自殺的消息，他匆匆趕到奧克拉荷馬州檢視了屍體，隨後宣稱說戴維·E·喬治就是德克薩斯州格蘭伯裡那個患有哮喘病的酒吧間老闆，這位老闆在二十五年之前曾向他坦白，說自己的真實身分是布思。

貝茨讓殯儀人員把這具屍體的頭髮梳成布思往日的髮型，對著屍體哭泣了一番，讓人在屍體上塗上香料以防腐，然後把屍體運回到田納西州孟菲斯他的家裡。他把屍體放置在他家的馬廄裡，儲存了二十年之久，在此期間，他試圖把這具屍體硬「塞」給政府而認領政府許諾獎賞給抓獲布思者的鉅額懸賞金。

西元 1908 年，貝茨寫了一本內容荒誕不經的書，書名是《約翰·威爾克斯·布思的逃脫和自殺，或許是林肯被刺的首次真實記述，附布思犯罪多年後的自白全文》。貝茨這本內容駭人聽聞的平裝書賣了七千冊，引起了相當大的轟動。他曾主動向亨利·福特（Henry Ford）表示可以把他儲存的「布思」的乾屍交出來，開價一千美元。最後，他開始在南方各地展覽這具屍體，參觀者只要付出 10 美分就可以近距離觀看屍體。

現在，共有五個所謂的「布思顱骨」正在全國各地的馬戲團中巡迴展出。

三十二、林肯夫人的不幸晚年

在離開白宮之後，林肯夫人陷入了嚴重的困境中，她在這一時期的所作所為被國民廣為非議。

在家庭開支問題上，她這個人非常吝嗇。很久以來，白宮一直有一個傳統，即每個季節，總統都會主辦若干次國宴，可是，林肯夫人最終說服了她丈夫，使他破除了這一傳統。她對他說，這些宴會「非常昂貴」，當時正值內戰時期，舉辦公共招待會「更為經濟」。

有一次，林肯不得不提醒她：「除了省錢之外，我們還必須考慮到很多其他的事情。」

不過，在購買滿足她虛榮心的奢侈品時──譬如衣服和首飾之類──她不僅把「省錢」二字置之腦後，而且似乎變得毫無理智地沉溺於令人瞠目結舌的無度揮霍之中。

西元 1861 年，她離開了大草原，信心十足地期待她作為「總統夫人」會成為華盛頓社交界璀璨耀眼的核心人物，可是，使她十分驚訝、感到丟臉的是，她發現自己受到這個南部城市那些盛氣凌人的貴族的奚落和排斥。在他們看來，她這個肯塔基州人對南方是不忠誠的：她嫁給了一個把戰爭強加到他們頭上，既粗魯又笨拙的「喜歡黑鬼的人」。

另外，她幾乎沒有令人喜歡的任何個人特質。必須承認，她是一個刻薄、平庸、忌妒心強、裝腔作勢、毫無禮貌的潑婦。

第四部　尾聲

由於她自己在社交界沒有人緣，因此她對社交界中人緣好的人懷有深深的忌恨。華盛頓社交界那時的頭號名媛是有名的美人阿代勒·卡茨·道格拉斯（Martha Martin Adele Cutts），就是嫁給了林肯夫人的前男友史蒂芬·A·道格拉斯的那個女人。道格拉斯夫人暨薩蒙·P·蔡斯的女兒這種引人注目的吸引力使林肯夫人心中燃起了忌妒的火焰，於是她決定用金錢來取得社交上的勝利——把金錢花在置辦自己所穿的衣服和所戴的首飾上。

她曾對伊麗莎白·凱克利說：「為了保持吸引人的外表，我必須擁有金錢，擁有要比林肯先生可以給我的更多的金錢。他這個人太老實了，除了薪水之外沒有任何其他進帳，因此，無論過去或現在，我別無選擇，只能舉債。」

於是她陷入了債臺高築的境地，債務總額高達七萬美元！要知道，林肯總統的年薪也才不過2.5萬美元，單單她的服飾費用就需要花光林肯二年零九個月的全部收入，由此可見，七萬美元無疑是一筆鉅款。

我已數次引用伊麗莎白·凱克利說的話，這位黑人婦女非常聰明，她贖身成為自由人後來到華盛頓開了一家裁縫店。不久之後，首都社交界中的一些頭面人物就都成為了她的主顧。

從西元1861年到1865年，她幾乎每天都在白宮裡待在林肯夫人的身邊，或是縫製衣服，或是作為貼身傭人伺候她。最後，伊麗莎白不僅成為林肯夫人的知己和顧問，而且成了她最最親密的朋友。林肯生命垂危的那天夜裡，被林肯夫人叫去幫忙的唯一一個人就是伊麗莎白·凱克利。

凱克利夫人後來寫了一本有關她的親身經歷的書，這書已經絕版超過半個世紀了，不過，部分損壞的殘書不時還可從出售稀有書籍的書商那裡購得，書價是十美元或二十美元。該書有一個很長的書名：《幕後真相：三十年的奴隸生涯和四年的白宮生涯》。

三十二、林肯夫人的不幸晚年

伊麗莎白・凱克利在書中記述：西元1864年夏，當林肯正為贏得連任而忙於競選時，「林肯夫人擔心和憂慮得幾乎發瘋」。

為什麼呢？因為她的數位紐約債權人中的一位威脅說要起訴她。此外，林肯的政敵也許會得知她的債務問題，並在激烈的競選中，把這些問題當作是打擊林肯威信的重磅砲彈，出現這一情況的可能性幾乎使她精神錯亂。

「如果他在競選中獲勝而連任總統，我就可以繼續隱瞞住我的債務問題。可要是他在競選中失敗，那麼債務催繳單就會紛紛寄來，他就會什麼都知道了。」她歇斯底里般大聲啜泣起來。

她曾對林肯喊道：「我可以跪在地上，懇求公眾投你的票。」

他勸慰她說：「瑪麗，我擔心你會因為這種極度的焦慮而患病的。如果我注定能當選，那當然很好；如果不能當選，妳必須能承受得起這份失望。」

凱克利夫人曾經問林肯夫人：「林肯先生懷疑妳欠了別人許多錢嗎？」

下面是林肯夫人的回答，據《幕後真相：三十年的奴隸生活和四年的白宮生涯》一書所述：

「上帝在上，沒有！（這是她──林肯夫人──最喜歡使用的一句話）而且我不會讓他產生懷疑的。要是他知道我的債臺已經如此高築，那他會發瘋的。」

凱克利夫人在書中說：「林肯被刺殺一事中唯一值得慶幸的一點是，他去世時不知道他妻子欠債的事情。」

林肯下葬後過了還不到一星期，林肯夫人就試圖賣掉標記著他姓名首字母的若干件襯衫──它們被送到了賓夕法尼亞大道上的一家商店裡，擺在那裡出售。

第四部　尾聲

　　西華德聽說這事後心情沉重地來到了這家商店，並自己出錢把它們買了下來。

　　當林肯夫人離開白宮時，她帶走了二十多個大衣箱和五十多個裝著東西的包裝箱。

　　這使得人們在背地裡大說閒話，紛紛指責。

　　此前她已多次受到公開的譴責，有人說她在招待拿破崙親王一事上偽造支出帳單來欺騙聯邦財政部。此外，對她心存不滿的人指出，她入住白宮時只帶著幾個大衣箱，可現在她離開白宮時卻帶走了整整一車的東西。為什麼？她是否在擄掠白宮呢？她是否盡其所能地把白宮裡的東西都搬了個一乾二淨呢？

　　即便是到了後來的西元1867年10月6日——在她離開華盛頓後過去了差不多兩年半時——《克利夫蘭先驅報》在談到林肯夫人時說道：「國人應該知道，政府事後需要花費一萬美元才能彌補白宮因遭到掠奪所造成的損失。誰從這一掠奪中得到了好處呢，這件事情應該進行仔細查證。」

　　確實，在「玫瑰色皇后」當家的那段時間裡，白宮確實丟失了許多東西，但是，這事並不能完全怪罪於她，儘管她確實應當為此負有一定的責任。當然，她犯了一些錯誤：她開始當家時所做的重要事情之一就是把原先的管家和若干僱員都打發走，說她將親自主管那個地方，以最節約的方式進行運作。

　　她試著按自己的想法做了起來，而新來的僕人們除了門把手和廚房的爐子之外，幾乎什麼都偷。據西元1861年3月9日那期的《華盛頓星報》報導，出席首次白宮招待會的客人中有許多人丟失了大衣和晚間披戴的頭巾，過了不久，甚至連白宮的家具陳設都在被小偷用馬車裝著運走。

　　五十個包裝箱和二十多個大衣箱！那裡面都裝著什麼呢？絕大部分是

三十二、林肯夫人的不幸晚年

廢物：沒用的禮物、塑像，毫無價值的畫作和書刊，蠟製花冠、鹿頭裝飾，以及大量的舊衣服和許多款式老套的寬邊帽——那是多年以前，她還在春田市時曾經穿戴過的東西。

凱克利夫人說：「她熱衷於貯存舊物。」

林肯夫人準備離開白宮，正在打包時，不久前剛從哈佛大學畢業的她的兒子羅伯特勸她劃根火柴把她那些沒用的廢物都燒了。當她對他出的主意表示不屑一顧時，他對她說：「上帝在上，我真心希望載著這些箱子到芝加哥去的那節車廂著起火來，把你收集起來的這些舊破爛全都燒光。」

根據凱克利夫人的記述，那天上午當林肯夫人坐車離開白宮時，「沒有任何一個人向她說『再見』，冷清的場面令人十分難堪和痛苦」。

甚至連新任總統安德魯・約翰遜都沒到場為她送行：事實上，在林肯遇刺之後，約翰遜甚至從未給她寫過表示同情的信件，他知道她鄙視他，於是他也對她表示鄙視。

林肯夫人堅定地認為，安德魯・約翰遜是暗殺林肯陰謀的幕後支持者，雖然這一想法毫無根據，一直以來也沒有得到任何人的贊同。

林肯的遺孀帶著她的兩個兒子——塔德與羅伯特——坐車來到了芝加哥，他們在特里蒙特旅館住了一個星期，發現那裡的房費太貴，隨後就搬到了被稱為海德公園的一處避暑勝地，住進了幾個「面積不大、陳設簡樸」的房間裡。

雖說她因住不起條件較好的寓所而常常啜泣，但她拒絕與她的親戚或先前朋友中的任何人會面，甚至拒絕與他（她）們通訊，就在那個避暑地居住下來並開始教塔德拼寫單字。

塔德原本是他父親最喜愛的孩子，他的大名是湯瑪斯，但林肯給他起了個「塔德」或被稱作「蝌蚪」的小名，原因是，在他還是一個嬰孩時，他

第四部　尾聲

的腦袋大得出奇。

塔德通常與他的父親在一起睡，這孩子常在白宮林肯辦公室裡隨便找個地方躺下，躺著躺著就睡著了，此時，林肯總統會把他扛在肩膀上送到床上去。塔德一直有輕微的口吃毛病，他的父親卻總是遷就他，於是，以一個聰明孩子的那種機靈，他把自己的缺陷當作擋箭牌，用來避開所有讓他接受教育的嘗試。現在，他已經十二歲了，可是他既不會讀，也不會寫。

據凱克利夫人記述，在塔德的第一堂單字拼寫課上，他花了十分鐘時間來爭辯，說「a-p-e」拼綴出來的是「猴子」（monkey）這個詞；拼字課本中「無尾猿」（ape）這個詞配有一幅小小的木刻插圖，可他認為那幅插圖畫的是一隻猴子。結果，三個大人協力合作，費了好大力氣才使他相信自己錯了。

林肯夫人用了她所能使用的一切手段去說服國會給她十萬美元——假如林肯總統能活到第二任期結束，這是他能拿到的薪水總額。當國會拒絕了她的請求時，她言語尖刻地譴責了那些用「無恥、邪惡的謊言」使她的計畫落空的「魔鬼」。

她說：「當他們死了以後，製造邪惡和謊言的魔鬼會把這些白髮罪人收入門下。」

但最後，國會還是給了她一筆錢，金額是二萬二千美元——接近於林肯在這一年的剩餘時間依舊留在任上的情況下，他所能拿到的全部薪水。她用這筆錢在芝加哥購買了一幢大理石門面房屋，並為它添置了家具和室內陳設。

不過要到兩年之後，林肯留下的遺產才能處理完畢。在這兩年中，她的開支越來越大，她的若干債權人鬧著要她趕快還債。不久之後，她只能

三十二、林肯夫人的不幸晚年

把家裡的部分房間出租給別人住，後來又接受了一些人在她家共食吃飯。最後，她被迫把那幢房子賣了，全家搬到了一個兼供膳食的寄宿處去住。

她的經濟來源變得越來越枯竭，到西元1867年9月時，她已經——就像她自己說的那樣——「令人震驚地被逼到了難以維持生計的境地」。

於是，她把她的許多舊衣服、透孔織物和首飾包裝起來，把臉隱藏在一塊厚重的黑縐紗面紗下，帶著那些舊物隱匿身分趕到了紐約，自稱「克拉克夫人」，在那裡與凱克利夫人會了面。她從舊物中挑出了一捆舊衣服，登上一輛馬車，坐車到了第七大道上的一些二手服裝經銷商那裡，想把這些舊衣服變賣掉，可是他們願意支付的價錢低得令人失望。

接著，她試著去了百老匯大街609號的布雷迪暨凱斯公司，那裡有一些鑽石經紀人。他們帶著驚訝的表情聽完了她的講述，然後說：「現在聽我說，要是妳把事情委託給我們來辦，那麼只要幾週時間，我們就會為你籌集到一萬美元。」

這聽起來很不錯，於是她在他們的請求下，寫了兩三封述說她貧苦情況的信件。

之後，凱斯曾在共和黨領導人面前神氣活現地揮舞這些信件，威脅說要是他拿不到錢，他就會把它們公開登報。

可是，他從這些領導人那裡得到的唯一東西是他們對林肯夫人的鄙視。

後來，她曾慫恿布雷迪暨凱斯公司寄出一萬五千份公開信，請求各地慷慨大方的人們給予資助，可是幾乎請不到頭面人物在公開信上簽字。

此時的林肯夫人已對共和黨人感到怒火中燒，於是她轉向求助於林肯的政敵，想從他們那裡求得幫助。紐約的《世界報》是支持民主黨的報刊，它曾被政府下令暫停發行，它的主編曾被逮捕，原因是它曾激烈地對

第四部　尾聲

林肯進行抨擊。林肯夫人透過它的專欄申明自己現在經濟窘迫，自稱她想要出售的不僅有她的舊衣服，而且甚至還有諸如「一個陽傘頂」與「兩個服裝圖樣」這樣的瑣碎物品。

那時正好是舉行州選舉的前夕，於是，傾向於民主黨的《世界報》發表了她寫的一封信，她在信中強烈斥責了一些共和黨人，譬如瑟洛·威德、威廉·H·西華德以及《紐約時報》的亨利·J·雷蒙德。

以說話帶刺的手法，《世界報》一本正經地懇請屬於民主黨人的讀者把現金寄送到報社來，以此表示對第一名共和黨總統那被人遺棄、飽受痛苦的遺孀的關懷。但是，報社最後只收到了幾筆很少的捐款。

接著，林肯夫人試圖讓黑人民眾為她集資，她要凱克利夫人全心全意地投入到這項工作中去，並向她許諾，如果從黑人民眾那裡能籌集到二萬五千美元，那麼只要林肯夫人每在世一年，凱克利夫人就可以從這筆款子中「劃得」三百美元；如果林肯夫人去世，則這筆捐款的剩餘部分將完全歸凱克利夫人所有。

在那以後，布雷迪暨凱斯公司用廣告的形式宣布即將出售林肯夫人的衣服和首飾，紛至沓來的人群擠滿了他們的商店，人們擺弄著那些衣服並說三道四地評說著它們的缺陷，公開說它們過時了而且價錢貴得離譜，還說它們「穿舊了」、「袖子以下的部分和裙子的底部開衩了」、「襯裡上有汙跡」等。

布雷迪暨凱斯公司還在店裡擺放了一本被翻開的捐贈簽名簿，指望來到店裡的觀光客即便不買林肯夫人的東西，也可能會為她捐款。

最後，一籌莫展的這家商店把她的衣服和首飾運到了羅德島州（Rhode Island）的普洛維登斯（Providence），想以這些東西為展品在那裡搞個展覽，每張入場券收取二十五美分，但展覽因沒得到那裡的市政當局

批准而只好作罷。

布雷迪暨凱斯公司最後確實依靠變賣她的部分物品而換得了八百二十四美元,可是兩位老闆以自己提供了各項服務和開展各項行銷公關活動為理由,拿走了其中的八百二十美元。只拿到四美元的林肯夫人欲哭無淚。

林肯夫人的這場旨在為自己籌集資金的活動不但徹底失敗,而且還引起了一場針對她的公眾輿論的譴責風暴:在她的集資活動的整個過程中,她顏面盡失,而公眾對她的態度和評價也急轉直下。

奧爾巴尼的《日報》大聲疾呼:她「侮辱了她自己,也侮辱了她的祖國和不久前去世的她的丈夫在國人心目中的偉大形象」。

「她是個說謊者和小偷」——瑟洛・威德在寫給《商業促銷報》的一封信中是這樣指責她的。

《哈特福德晚間新聞報導》宣稱:早先在伊利諾州時,她多年間一直是「春田市鎮上的一個可怕人物」,她的「古怪是平民百姓日常聊天的主要話題」,「富有耐心的林肯先生在他自己家裡的處境堪比第二個蘇格拉底(古希臘大哲學家蘇格拉底的妻子是著名潑婦,蘇格拉底飽受其害)」。不過,春田市的《日報》在一篇社論中稱,多年間大家一直知道她患有精神錯亂的毛病,因此,對她的種種怪異表現,大家應懷著一顆憐憫心去看待。

麻薩諸塞州春田市的民眾則抱怨說:「那個共和黨立場的林肯夫人是個可怕的女人,她硬是要把她令人厭惡的個性展示在世人面前,結果對國家造成了很大的傷害。」

此類口誅筆伐使林肯夫人感到很受傷害;傷心之餘,她給凱克利夫人寫了一封信,信中傾訴了她自己的內心感受:

第四部　尾聲

「昨天晚上，羅伯特像一個瘋子似的走到我面前，他看上去毫無生氣，好像他的生命危在旦夕，原因是，我寫給《世界報》的那些信件在昨天的那期報紙上刊登出來了……我現在一邊流淚一邊寫信，我祈求上帝今天上午就能讓我死去，使我打消自殺念頭的唯一原因是我想起了我的寶貝兒子塔德。」

這段時間裡，她不僅與她的姐妹和其他親屬存在著隔閡，而且最後甚至與羅伯特也鬧翻了臉，她對他恨之入骨地挑釁和誹謗，以至她的信件的某些段落在發表之前只得被刪掉。

當林肯夫人四十九歲時，她曾經寫信給凱克利夫人，信中說：「我覺得好像除了妳之外，我在世界上已經沒有任何其他朋友了。」

美國歷史上沒有其他人像亞伯拉罕·林肯那樣被人如此的尊敬和熱愛；而美國歷史上可能沒有其他女人像林肯夫人那樣被人如此猛烈地抨擊和譴責。

林肯夫人試圖賣掉她的舊衣服一事過了不到一個月，林肯留下的遺產的處理問題被解決了，其總價值為十一萬零二百九十五美元，由林肯夫人和她的兩個兒子三者均分，每人獲得三萬六千七百六十五美元。

隨後，林肯夫人帶著塔德去了國外，在異國他鄉過著寂寞的生活，她對任何美國人都避而不見，有時會讀讀法國小說。

過了沒多久，她又喊起窮來，她請求聯邦參議院每年支付給她五千美元的撫卹金，這一提案在參議院進行討論時，議院裡響起了如潮的噓聲，議員席那裡則是一片罵聲。

來自愛荷華州的參議員豪厄爾大喊道：「這是一個見不得人的騙局。」

來自伊利諾州的參議員耶茨大聲說：「林肯夫人對她的丈夫不忠！她同情南方人的叛亂，她不值得我們給予施捨。」

三十二、林肯夫人的不幸晚年

在數月的拖延和如潮的譴責之後，她最終獲得了每年三千美元的撫卹金。

西元1871年夏，塔德死於傷寒熱，臨死的時候異常痛苦。這時她只剩下了羅伯特這一個兒子，而他已經結婚，並遠在他鄉。

瑪麗·林肯在孤獨、自閉和絕望之中開始像中了邪似的變得不可理喻。有一天，在佛羅里達州的傑克森維爾（Jacksonville），她購買了一杯咖啡，可隨後又拒絕喝下，還發誓說那杯咖啡有毒。

在登上一列開往芝加哥的火車後，她發電報給她的家庭醫生，請求他去救羅伯特的命，但羅伯特此時非常健康，他到火車站去接了她，並和她一起在太平洋賓館度過了一個星期，希望這樣做能使她平靜下來。

她常在午夜時分跑到他住的客房裡去，聲稱有幾個魔鬼正試圖謀殺她，還說印第安人「正從她腦子裡拉出鐵絲來」以及「醫生們正在把鋼質彈簧從她腦袋裡取出來」。

在白天，她去逛商店，荒謬可笑地亂買東西。例如，她花三百美元購買了帶有裝飾圖案的網織品窗簾，可實際上她連可以在其中懸掛它們的房子都沒有。

羅伯特·林肯心情沉重地向芝加哥法院提出申請，請求檢驗他的母親是否心智健全，一個由十二人組成的評判團判定她精神錯亂，於是她被送到伊利諾州巴達維亞的一家私人經營的瘋人院裡關了起來。

不幸的是，過了十三個月，她在病沒被治好的情況下就被放了出來。隨後，這位可憐的病人去了國外，開始在陌生人中間生活，她拒絕給羅伯特寫信，拒絕告知兒子她的最新地址。

在她孤身一人住在法國的期間，她爬上了一架梯子，想在壁爐上方懸掛一幅圖畫，結果梯子突然斷折，她從梯子上摔下來而傷到了脊椎。隨後

第四部　尾聲

的很長一段時間裡，她甚至連路都走不了。

她最終回到了自己的國家，想要死在她出生和長大的地方，她最後的那些日子是在春田市她妹妹愛德華茲夫人的家裡度過的，她一再說：「現在應該祈求上帝盡快把我帶到我的丈夫和孩子們那裡去。」

雖然那時她還擁有六千美元的現金和七萬五千美元的國庫券，可是她的心靈常因對貧窮的滑稽可笑的擔憂而受到折磨。而且，另一種擔憂也常常縈繞在她心頭——她擔心那時已擔任陸軍部長的羅伯特也會像他父親那樣被人暗殺。

由於她極想迴避壓抑著她的嚴酷現實，她對任何人都避而不見，她總是緊關房門和窗戶，拉下遮光簾，把她的房間弄得黯淡無光，即便是陽光明媚的大白天，她也要點著一支蠟燭。

她的醫生說：「無論怎麼勸說和催促她，她就是不願意到戶外去呼吸新鮮空氣。」

當她孤苦伶仃地一個人待在柔和的燭光照耀著的安靜房間裡時，她的記憶無疑展開了翅膀，它飛越過那些殘酷的歲月，最終停落在了珍藏在她心中的，當她還是個年輕女子時的一幕幕情景：她想像她自己又一次在和史蒂芬・A・道格拉斯翩躚起舞，她著迷於他溫文爾雅的舉止，傾聽著他悅耳的富有音樂感的母音和乾脆俐落的子音。

有時，她還會想起另一位心上人——一個名叫林肯的年輕人——亞伯拉罕・林肯——當天晚上要來向她示愛：確實，他只是一個貧窮而不英俊，還在為生計而苦苦奔忙的小律師，睡的地方是斯皮德店鋪的閣樓，但她相信，如果她能激勵他去努力奮鬥，他也許會當上美國總統，所以，渴望著贏得他的愛的她很想為了他，而把自己弄得漂漂亮亮的。雖然在十五年間，她除了深黑色的衣服之外，沒有穿過任何其他服飾，可是，當

她陷入美好的回憶與幻想時，她常常偷偷溜出門到春田市的那些商店去，而且——據她的醫生說——她購買並積存起了「大批次的絲織品和衣服，但她從來都不會去穿用這些東西。它們越積越多，直至別人真的擔心儲存室的地板會被壓塌」。

西元 1882 年夏季的一個寧靜夜晚，這個脾氣暴躁、對生活徹底厭倦了的可憐女人終於得到了她常常祈求獲得的解脫。在造成她癱瘓的一次中風之後，她平靜地死在了她妹妹的家裡，而從那時算起的四十年前，林肯就在那裡把一枚戒指戴上了她的手指，戒指上鐫刻著如下字句：「愛是永恆的。」

三十三、卑劣的盜墓事件

西元 1876 年，一夥假幣製造者試圖盜走林肯的遺體，這是一件令人震驚的事情，但有關林肯的書鮮有提及此事。

「大吉姆」基尼利幫派是曾使聯邦特務部門感到惱火而又不知所措的最機靈的假幣製造幫派之一，在 1870 年代，它的總部設在伊利諾州民風純樸，作為玉米和生豬交易中心的林肯鎮上。

此前的數年間，「大吉姆」手下那些彬彬有禮、舉止文雅的所謂「偽幣脫手者」一直偷偷溜出該鎮前往全國各地，他們利用商家的大意，在櫃檯那裡以購買東西為手段使面值五美元的偽鈔脫手，從中的獲利大得難以想像。可是，到了西元 1876 年春，這個幫派的活動像患了致命癱瘓症一般逐漸停滯下來，原因是他們的偽鈔貨源幾乎徹底斷絕了——為他們製造偽鈔底板的雕刻大師本·博伊德已進了監獄。

第四部　尾聲

「大吉姆」花了數月時間在聖路易斯和芝加哥兩個城市的城內各處進行祕密詢問，想找到另一個雕刻師來幫助製造偽鈔，可結果是一場徒勞。最後，他打定主意：一定得想個辦法使無價之寶本‧博伊德盡快出獄。

「大吉姆」起了盜走亞伯拉罕‧林肯的遺體並把它隱藏起來的邪念。若此事成功，則整個北方都會輿論大譁，這時大吉姆就會平心靜氣，絕不讓步地做一筆驚人的交易：他會同意歸還那具神聖的遺體，但條件是本‧博伊德必須獲得赦免並立即出獄，此外「大吉姆」幫派要求得到一大堆金條作為贖金。

此事危險嗎？一點也不。從伊利諾州當時的《法規大全》來看，該州沒有針對盜屍的法律條款。

於是，在西元1876年6月，「大吉姆」幫派開始著手進行盜屍活動的準備工作，他派遣同謀者中的五人前往春田市，他們在那裡開了一家酒吧兼舞廳的店鋪，以酒吧招待員的身分潛伏在該鎮，同時展開相關準備工作。

對「大吉姆」來說不幸的是，就在那個月某個星期六的夜晚，他的「酒吧招待員」中有一位喝威士忌導致了酩酊大醉，後來在不知不覺中走進了鎮上的一家妓院，並說了太多的話。這位醉酒者在那裡自誇說，不久之後他就會得到滿滿一桶的金子。

他小聲說出了細節：在即將到來的7月4號國慶節的晚上，當春田市鎮上燃放煙火時，他將在城外橡樹嶺公墓那裡「盜竊老林肯的遺骨」——這是他的原話。在那天深夜，他將把遺骨埋在橫跨桑加蒙河的一座橋下面的沙堤裡。

一個小時以後，這家妓院的老鴇已匆匆趕到了警察局，她要向警察報告她剛剛得知的令人震驚的消息。但這名老鴇顯然不知道什麼叫做保密，

三十三、卑劣的盜墓事件

到第二天早晨為止，她還把這一消息洩漏給了十多位其他男子。過了不久，全鎮都知道了這件事，於是那些以「酒吧招待員」身分做掩護的人立即逃離了鎮子。

可是，「大吉姆」並未失敗，只是他的行動時間被往後推遲了。他把他的總部從春田市遷到了芝加哥西麥迪遜大街294號，他在該處擁有一家酒吧。在酒吧的前室，他手下一個名叫特倫斯的人把酒送到來店喝酒的工人們那裡去，而酒吧的後室是個俱樂部似的活動場所，是偽鈔製造者祕密聚會的地方，吧檯的上方擺放著亞伯拉罕‧林肯的半身雕像。

一連數月，有一個名叫劉易斯‧C‧斯威格斯的小偷一直光顧這家酒吧並力圖獲得大吉姆那夥人的好感，他坦白說他曾因盜馬而被兩次關押在州監獄，還自誇說自己現在是「芝加哥的頭號盜屍者」，宣稱自己給該城的若干所醫學院校供應了它們擁有的屍體中的絕大部分。這話在那時聽來挺像是確有其事，原因是，掘墓盜屍是一種引起國人恐懼的行為，而醫學院校為了獲取足夠的屍體進行解剖研究，只得從盜屍者那裡購買，這些盜屍者往往會在凌晨兩點鐘偷偷溜到醫學院校的後門那裡，他們的帽簷被拉得低低的，低得別人無法看見他們的眼睛，後背上揹著鼓鼓囊囊的裝有屍體的袋子。

斯威格斯以及「大吉姆」手下的那夥人進一步完善了掘開林肯墓盜屍計劃的細節，他們將把屍體裝在一個長袋子裡，然後把袋子放在一輛車廂下裝有防顛彈簧的運貨馬車的底部，馬車每行進一段路程就換馬後再趕路，以這種接力的方式，馬車將以最快的速度把林肯的屍體運到印第安納州北部。在那裡，他們將把屍體隱藏在沙丘之中，看見他們藏屍的只有水禽，而且，湖面上吹過來的風不久之後就會造成沙土飄移而抹去留在沙地上的可能會洩漏機密的痕跡。

第四部　尾聲

　　在離開芝加哥前，斯威格斯買了一份倫敦出版的報紙，他從上面撕下一片紙，然後把報紙的剩餘部分塞進了西麥迪遜大街294號陳設在吧檯上方的那個林肯半身雕像內。11月6日那天的夜裡，他和「大吉姆」幫派中的兩個人登上了執行於芝加哥和奧爾斯之間，開往春田市去的一列火車，他們隨身帶著從報紙上撕下的那張碎紙片，打算在他們帶著屍體飛速逃離之前，把它留在空石棺的旁邊。偵查人員在發現這塊紙片後，會理所當然把它作為破案線索儲存起來，隨後，當舉國上下大吃一驚之時，「大吉姆」幫派中的一個人將到州長那裡去，主動提出可以歸還林肯的遺體，但條件是政府必須交付價值二十萬美元的金子，並釋放本・博伊德。

　　那麼，州長怎樣才能知道這位自稱是代言人的人不是一個騙子呢？去找州長的這個人將隨身帶去那份倫敦報紙被撕去一角後的剩餘部分，負責偵查的人把石棺旁的紙片和報紙被撕後剩下的那一頁拼接起來正好吻合時，就會認定他確實是盜屍者的代表。

　　盜屍幫派的那些人按照預定日期到達了春田市，他們為冒險行動選定的時間被斯威格斯稱作是「真他媽的是第一流時機」。11月7日是選舉日，此前的數月間，民主黨一直在抨擊格蘭特總統第二任任期內的政府團隊出現的腐敗問題，藉此打擊共和黨人；而共和黨人則當著民主黨人的面揮舞起南北戰爭的「血襯衫」。因此，這一年的選舉是美國歷史上競爭最激烈的競選之一。11月7日那天夜裡，當情緒繳動的人群在報社各個辦公室那裡轉來轉去或是擠滿了酒吧間時，「大吉姆」幫派的那些人匆匆溜出鎮子，來到了橡樹嶺公墓墓地，此時那裡很黑，而且見不到任何人影。他們把林肯陵墓鐵門上的掛鎖用鋼鋸鋸斷。走進墓室後，把石棺的大理石蓋板撬掉，然後把裡面的木棺抬起來，使其半露在石棺頂部的上面。

　　盜屍幫派中的一個人命令斯威格斯把馬匹和裝有防顛彈簧的馬車弄到林肯墓這裡來，此前，他已被委以重任：把馬和車準備好，並讓它們在紀

三十三、卑劣的盜墓事件

念碑東北二百碼處的一個深谷中待命。斯威格斯趕緊從陡峭的懸崖上向下走，直到他的身影消失在黑暗中。

斯威格斯並不是一個盜屍者，他曾是個罪犯，但如今已悔過自新，受特務部門僱傭充當誘捕犯罪分子的密探；沒有馬和車在那個深谷裡等他，倒是有八位精幹的探員在陵墓的紀念堂裡等候著他。於是，他一路小跑地來到紀念堂附近，發出了雙方事先商量好的訊號：他劃著一根火柴，點上一支雪茄並小聲發出口令──「洗」。

八位只穿襪子沒有穿鞋的特務探員飛快地從他們的藏身之處跑了出來，每個探員的左右手各拿著一把打開了保險的左輪手槍，他們跟著斯威格斯飛跑著繞過紀念碑，最後走進了黑洞洞的墓室並命令盜屍者立即投降。

但沒有人回答，於是這些特務人員中的隊長蒂勒爾劃著了一根火柴。他們看到木棺就在那裡擺著，半露在石棺的上方，可是，那些盜屍者在哪裡呢？探員們在整個公墓中四處搜尋。此時，月亮正從樹梢頂上露出臉來，正當蒂勒爾跑著登上紀念碑的底座平臺時，他隱約分辨出前方有兩個人的身影，他們躲在一組雕像的後面，正呆呆地望著他。在激動和慌亂之中，他雙槍齊發地向他們開起火來，而對方立即開槍回擊，可是這兩人不是盜屍者，而是另外兩名探員。

與此同時，一直在一百英尺外的暗處等待斯威格斯帶著馬車回來的盜屍者們穿過樹林跑掉了。

十天以後，他們在芝加哥被捉拿歸案，隨後，他們被帶回到春田市並關進了牢房，牢房周圍布設了大量警衛人員日夜值勤。盜屍事件發生後的一段時間內，公眾的情緒異常激動，可謂義憤填膺。林肯的兒子羅伯特此時已娶了富有的普爾曼家族的一位小姐為妻，他僱傭了芝加哥最好的一些律師幫他對盜屍者提出指控，雖然這些律師竭盡全力，但卻遇到了很大的

第四部　尾聲

困難：在那個時期，伊利諾州沒有針對盜屍罪行的法律；要是那些盜屍者在行動過程中確實盜走了那口木棺，那就可以因此而對他們提出起訴，但他們沒能盜走木棺，他們沒把它移出陵墓，因此，芝加哥的這些收費昂貴的律師們盡其所能最終做到的事是起訴那些盜屍者密謀盜取價值七十五美元的一口木棺，對犯有此罪者的最高懲罰是入獄五年。不過，在長達八個月的時間裡，這個訴訟案都一直沒有開庭審理，而等到終於開庭時，公眾的義憤已喪失殆盡，但兩大黨的政治紛爭卻在發揮作用，於是在首輪表決時，竟有四位陪審員投票贊成宣判那些盜屍者無罪，隨後又經過幾輪表決，陪審團的十二個人達成了折衷意見——把這些盜屍者送往喬利埃特監獄關押一年。

由於林肯的朋友們擔心其他盜屍者也許還會來盜屍，林肯陵墓聯合會把林肯的遺體藏到了別處。有兩年的時間，它一直躺在一口鐵質棺材裡，位於一處地下墓穴——差不多是個地下室——的後方，有一條又潮又暗的通道，通道裡擺放著一大堆散亂的木板，鐵棺就埋在木板的正下方。在此期間，成千上萬的拜謁者在林肯墓前表示敬意時，所面對的只是一口空石棺。

由於各式各樣的原因，林肯的遺體被先後遷移了十七次，可是，從今以後，它不會再被遷移了：裝有林肯遺體的棺材現在被埋置在一個用鋼筋和混凝土建造的碩大球型墓穴中，球體結構位於陵墓地下的六英尺處，棺材是在西元1901年9月26日被安葬進去的。

那天棺材曾被打開過，世人的眼睛最後一次俯視林肯的臉龐。那時見到他的人說，他的神態顯得非常自然。林肯那時已經去世三十六年了，可是，由於給屍體做防腐處理的人工作非常認真負責，他看上去與生前的模樣相比，基本沒有變化，只是他的臉色變得略為黝黑了一些，另外，他繫著的黑領帶的一根飄帶有發霉的痕跡。

三十三、卑劣的盗墓事件

美國首位遇刺身亡的總統——林肯：

從廢奴到人權，穿越蓋茲堡的回音！永恆的林肯，為自由與民主發聲

作　　　者：	[美] 戴爾・卡內基（Dale Carnegie）
翻　　　譯：	胡彧
發　行　人：	黃振庭
出　版　者：	崧燁文化事業有限公司
發　行　者：	崧燁文化事業有限公司
E-mail：	sonbookservice@gmail.com
粉　絲　頁：	https://www.facebook.com/sonbookss/
網　　　址：	https://sonbook.net/
地　　　址：	台北市中正區重慶南路一段61號8樓

8F., No.61, Sec. 1, Chongqing S. Rd., Zhongzheng Dist., Taipei City 100, Taiwan

電　　　話：	(02)2370-3310
傳　　　真：	(02)2388-1990
印　　　刷：	京峯數位服務有限公司
律師顧問：	廣華律師事務所 張珮琦律師

-版權聲明

本書版權為出版策劃人：孔寧所有授權崧博出版事業有限公司獨家發行電子書及繁體書繁體字版。若有其他相關權利及授權需求請與本公司聯繫。

未經書面許可，不得複製、發行。

定　　　價：399元
發行日期：2024年09月第一版
◎本書以 POD 印製
Design Assets from Freepik.com

國家圖書館出版品預行編目資料

美國首位遇刺身亡的總統——林肯：從廢奴到人權，穿越蓋茲堡的回音！永恆的林肯，為自由與民主發聲 / [美] 戴爾・卡內基（Dale Carnegie）著，胡彧 譯. -- 第一版. -- 臺北市：崧燁文化事業有限公司，2024.09
面；　公分
POD 版
ISBN 978-626-394-733-7(平裝)
1.CST: 林肯 (Lincoln, Abraham, 1809-1865) 2.CST: 傳記 3.CST: 美國
785.28　113012514

電子書購買

爽讀 APP　　　臉書